| 신앙의 정절을 지키기 위하여 한평생 십자가만 바라보고 달려가신 길 |

산 순교자 김윤찬 목사의 신앙과 삶

| 김재연 지음 |

쿰란출판사

산 순교자 김윤찬 목사의 신앙과 삶

1판 1쇄 발행 _ 2017년 1월 12일
1판 3쇄 발행 _ 2017년 1월 25일

지은이 _ 김재연
펴낸이 _ 이형규
펴낸곳 _ 쿰란출판사

주소 _ 서울특별시 종로구 이화장길6
편집부 _ 745-1007, 745-1301~2, 747-1212, 743-1300
영업부 _ 747-1004, FAX 745-8490
본사평생전화번호 _ 0502-756-1004
홈페이지 _ http://www.qumran.co.kr
E-mail _ qrbooks@gmail.com/qrbooks@daum.net
한글인터넷주소 _ 쿰란, 쿰란출판사
등록 _ 제1-670호(1988.2.27)
책임교열 _ 오완

 ISBN 978-89-6562-110-2 03230

책값은 뒤표지에 있습니다.

파본(破本)은 구입처에서 교환해 드립니다.

김윤찬 목사

김윤찬 목사

김윤찬 목사 내외

김윤찬 목사 내외

자택 뒤뜰에서

김윤찬 목사 내외의 다정한 모습

자택에서 삶의 여유를 즐기며

뒷줄 왼쪽부터 정도영 장로, 김혜옥 권사, 삼촌 엄마, 성혜숙 사모, 김재연 총장, 김재형 장로 내외, 김혜성 박사, 남정숙 박사, 김선옥 목사, 정윤두 목사, 앞줄 좌측부터 이봉각 사모(아내), 김윤찬 박사, 김성숙 사모(최의원 박사 사모)

뒷줄 왼쪽부터 김재근 장로(조카), 김재형 장로(이남), 김도찬 장로(동생), 김선옥 목사(정윤두 목사 사모), 앞줄 좌측부터 김윤찬 목사, 외손자, 최진호 목사, 김성숙 사모(최의원 박사 사모), 김혜옥 권사, 이봉각 사모, 김재천 집사, 김금녀 권사(제수씨), 김재연 총장(삼남)

김윤찬 목사의 3남 3녀 – 뒷줄 왼쪽부터 시계방향 여섯째 김혜옥, 다섯째 김재연, 셋째 김재형, 둘째 김혜성, 넷째 김선옥, 첫째 김성숙, 김윤찬 목사, 이봉각 사모

손자들에게 세배받는 모습. 1983년 1월 미국.

회갑 잔치

회갑 잔치

아내 이봉각 사모 팔순 잔치

1979년 영생교회 미국 LA

글렌데일 메모리얼 팍(Hall of the Crucifixion Resurrection) 발인예배

김윤찬 목사 천국 환송 예배 1993년 1월 9일

김광일 김지남 김희태

김재형 나영훈

부산 평양교회 주일학교 유년부 제1회 졸업기념 1952년 3월 23일(천막교회)

김윤찬 목사 중심으로 왼쪽 제일 끝 최창덕 목사, 오른쪽 동신교회 김세진 목사

삼각산에서 이북교역자 수양회 기념 1952년 8월

평양교회 김윤찬 목사 도미 환송기념 1954년 7월 18일

평안교회 장로, 권사들 도미 환송 기념

대한예수교장로회 제49회 총회 1964년 9월 26일

평양노회 교직자 회원 일동 1967년 12월 11일

평양노회 제78회 정기노회

대한예수교장로회 제169회 정기총회 1984년 9월 18일

평안교회

평안교회 상량식

평안교회 전경(마지막 종탑 공사)

평안교회 헌당기념 1967년 9월 21일

평안교회 헌당기념 1967년 9월 21일

평안교회 목사 위임식. 김윤찬 목사 기준으로 시계방향. 장남 김혜성 목사, 김도찬 장로 내외, 김재근 장로, 김재형 장로, 부인 이봉각 사모, 김성숙 사모(최의원 박사), 최진호 목사, 정선옥 박사, 감혜옥 권사, 김재연 총장

평안교회 경로회 기념 1971년 5월 9일

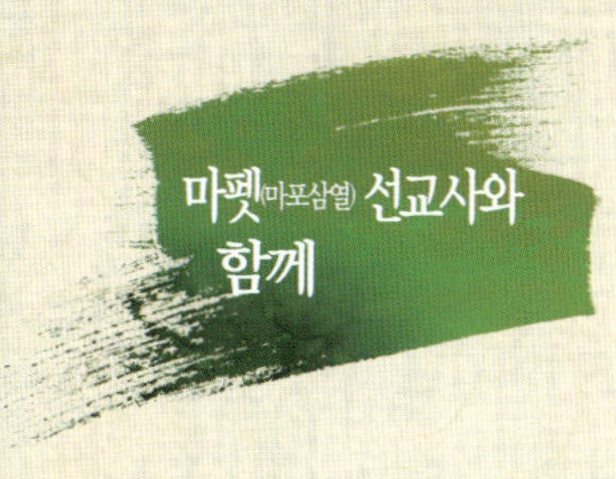

마펫(마포삼열) 선교사와 함께

마펫 부인의 진료소와 마펫 목사의 서고 1905년

마펫(Samuel Austin Mottett, 馬布三悅, 1864-1939)은 인디애나 주 매디슨에서 태어났다. 하노버 대학에서 자연과학을 공부했으며 시카고 맥코믹 신학교를 졸업하고 1890년 1월 한국에 파송되어 왔다. 1891년 게일과 함께 서울에서 의주를 거쳐 만주 삼양의 로스(John Ross) 목사를 방문하고 함흥과 원산을 거쳐 서울로 돌아온 선교여행은 한국 교회사에 기록된 최장거리 전도여행이었다. 이때 일행은 로스 목사로부터 네비어스 방법의 변형인 3자 정책과 토착화 정책을 조합한 로스 방법을 배웠다.

마펫은 1893년 평양에 선교지부를 개척한 뒤 1894년 1월 첫 신자 7명에게 세례를 베풀고 널다리교회를 세웠다. 1897년 12월 내한한 여의사(Allice Fish, 1870-1912) 피시와 1898년 혼인했으며, 1901년 평양 장로회신학교를 개설하고 교장으로 봉사했다. 마펫의 지도력으로 평양 지부는 곧 세계에서 가장 토착적인 선교지부가 되었고, 1920년대에는 세계에서 가장 큰 선교지부가 되었다.

평양 장로회신학교 학생과 교수 1905년

마펫과 초기 평양 신자들

장대현교회 제직회 1903년

실제 칼빈이 사용했던 의자에 앉은 김윤찬 목사의 모습

예수교대한장로회 총회신학교 창립기념 1951년 11월 12일

칼빈신학대학 신입생 1968년 3월 5일

칼빈신학교 제16회 졸업식 1972년 12월 14일

개강예배 설교하는 김윤찬 목사, 뒤에 이주영 박사와 강문석 박사 1984년

칼빈신학교 졸업식 앞줄 왼쪽에서 두 번째 최훈 목사, 바로 옆 가운데 김윤찬 목사, 이주영 목사

칼빈신학교 졸업생들과 함께 1967년 12월 12일

납북어부송환 촉구 및 평화통일을 위한 연합 예배 1974년 3월 10일

왼쪽에서 두 번째 최훈 목사와 김윤찬 목사

왼쪽에서 첫 번째 려용덕 목사와 김윤찬 목사

왼쪽 유응기 목사와 김윤찬 목사

신학생 수학여행 김윤찬 목사와 교수들. 뒷줄 왼쪽에서 첫 번째 유응기 목사, 세 번째 이주영 목사

사진 왼쪽 노진현 목사, 오른쪽 김윤찬 목사

왼쪽부터 김희보 목사, 김윤찬 목사, 유응기 목사

왼쪽부터 김윤찬 목사, 신복윤 목사, 유응기 목사, 이주영 목사

왼쪽부터 김영규 목사, 김윤찬 목사, 유응기 목사, 이주영 목사

기독교 세계대회 참석, 제일 오른쪽 김의환 박사, 김윤찬 목사

왼쪽부터 하문호 목사, 강문석 목사, 김윤찬 목사, 이주영 목사, 김영규 목사

첫째 줄 왼쪽에서 네 번째 김윤찬 목사

왼쪽에서 김윤찬 목사, 김근수 박사

왼쪽부터 한철수 목사, 김윤찬 목사, 김의환 목사

제52회 총회 임원 일동 1967년 9월 21일

평양신학교 제34회 졸업 기념(셋째 줄 두 번째 김윤찬 목사) 1939년 4월

가족

갈멜산 엘리야상 앞에서

김윤찬 목사 내외와 삼남의 자녀들

미국에서 한가하게 낚시를 즐기는 김윤찬 목사

낚시한 물고기를 들고 손자 Billy(현재 장로)와 함께한 김윤찬 목사

부흥회

서부교회부흥회 김윤찬 목사 기념 1942년 12월 25일

대한예수교장로회총회신학교 평양노회 학우 일동 1951년 11월 24일

춘천제일교회 대부흥회 1954년 3월 8일

양구장로교회 춘기대부흥회 1958년 3월 22일

김윤찬 목사 송별기념 상동교회 1959년 4월 24일

맥킨타이어 박사 내외와 함께 1960년

심령대부흥회 1962년 2월 26일~3월 3일

심령대부흥회 1962년 2월 26일~3월 3일

강동노회 부흥회 1960년 7월 2일

위임, 취임, 장립, 안수식 기념 부산평양교회 1962년 11월 9일

심령대부흥회 1963년 10월 7일

전국장로기도회 1964년 3월 23~27일

대한예수교장로회 제49회 총회 1964년 9월 26일

부흥 강설회 1964년 11월 7일

김제노회여전도회 CE연합회 임역원 일동 1965년 5월 10~15일

김제노회여전도회 CE연합회 합동대회 1965년 5월 10~15일

전북노회 장로회 수양회 제2회 1965년 8월 19일

심령대부흥회 1966년 3월 14~19일

수난연합예배 1968년 4월 12일

수난연합예배 1968년 4월 12일

경북여전도연합회 제42회 정기총회 1969년 3월 19-22일

칼빈신학교 입학기념 1969년

제88회 경안노회 1970년 5월 15–19일

박형용 목사 명예학장 추대, 김희보 목사 학장 취임 및 신입생 입학식 1972년 3월 2일

칼빈신학교 졸업식 1979년 1월 25일

대한예수교장로회 제67회 총회 1982년 9월 23일

산 순교자
김윤찬 목사의
신앙과 삶

저자 서문

한평생 십자가만 바라보고 달려가신 길

칼빈대학교 설립 60주년을 기념하면서 영암 김윤찬 목사님의 일생을 정리하여 조명하는데는 여러 해가 걸렸다. 1905년 출생으로부터 시작해서 평생 걸어오신 길을 글로 표현한다는 것이 이렇게 어려운 일인 줄 몰랐다. 88년 동안 이 땅에서 살다 가신 발자취가 목회자요, 설교자요, 신학교 교수요, 교계 지도자요, 살아 있는 순교자로서 살아오신 삶을 후세 사람들에게 전해주어 잃어버린 역사를 밝히는 일은 매우 중요한 일인 줄 안다.

일본 정치 말과 공산당 정치 하에서 신앙을 지키기 위해 수난 당하신 발자취를 세상에 밝혀 하나님께 영광을 돌리고자 함에 있다. 신앙의 정절을 지키기 위하여 한평생 십자가만 바라보고 쉴 새 없이 달려가신 길을 함께 걸어 보고자 하여 김윤찬 목사님의 일생을 조명하며 일목요연하게 정리하는 작업은 참으로 어려웠다. 그의 인생 여정은 급변하는 세계정세와 교계와 신학의 혼란 속에서 다양하고 복잡하고 가변적이었기 때문이다.

넓고 넓은 바다에 어깨동무하고 쉴 새 없이 달려오고 밀려오는 파도처럼 목사님의 일생은 조금도 쉴 틈이 없이 때로는 도망자로 때로는 두더지처럼 은둔생활로 때로는 생명을 내놓고 공산주의와 싸우고 감옥에서 갖은 고문을 당하면서도 신앙의 정절을 지키신 살아 있는 순교자로서의 삶은 외롭고 고독한 길이었다.

우리들은 한국 기독교 역사에 굵은 족적을 남기신 인물에 대해서 그 공과를 평가하는 일에 부족했고 공적에 대해 기념하며 감사하는 일에 소홀하고 인색했다. 그러나 이 책은 김윤찬 목사님의 일생뿐 아니라 숨겨졌던 한국 현대 기독교사를 바로잡는 길잡이가 될 줄 믿는다. 바라기는 이 책을 통해 학문적 연구 대상도 되고 오고가는 성도들의 신앙생활에 큰 힘과 용기를 심어주는 유익한 신앙서적이 되기를 바란다.

이 책의 집필을 위해 자료 수집을 하면서 많은 사람들의 도움을 받았다. 그동안 도움을 주신 분들에게 깊이 감사를 드린다. 특히 21세기 까마귀의 저자 박용규 목사님의 저서에서 항일투쟁기를 쓰신 김중희 장로님과 소설작가 최정열 집사님의 수고와 형제들에게 감사드리며, 여러 목사님들과 김상복 총장님께도 감사를 드린다. 이 책이 여러 신학생들과 사명자들, 그리고 수많은 성도들의 손에서 읽혀져 신앙의 큰 도움이 되기를 기도한다.

할렐루야!

산 순교자 김윤찬 목사의 책을 평안복지관을 운영하시는 이종현 목사님과 강은순 목사님 내외분께 선물로 드렸는데 읽으시고 너무나 큰 감동을 받아 읽고 또 읽으시면서 눈물로 기도하시다가 성령님의 음성을 들으시고 초판 2014년 12월, 재판 2015년 2월에 이어 수정증보판 1만 권을 출간하도록 도우심에 감사를 드리면서 하나님께 영광을 돌립니다.

바라옵기는 이 책을 통하여 신학생들과 모든 사명자들에게 큰 힘과 길잡이가 되고 목사님 내외분의 기도의 제목들이 다 응답 받으시길 기도드리면서…….

법화산 기슭에서 새벽을 깨우며

2017년 1월 2일

김 재 연 목사

김동권 목사(진주교회 원로목사 · 전 총회장)

김윤찬 목사님의 생애를 책으로『산 순교자 김윤찬 목사의 신앙과 삶』이 만들어져 모든 이들에게 귀감이 되게 하심을 먼저 하나님께 영광을 드립니다.

1959년 9월 제44회 총회에서 W.C.C. 지지자들이 미국 선교사들과 선교기관 단체가 분열 이탈하므로 우리 교단(총회)이 매우 어려운 처지에 있을 때 김윤찬 목사님께서 제49회 총회장으로 교단을 든든히 세워가는 향도적 길을 열어 가셨으며 제52회 총회장으로서 총회를 개혁주의 신앙노선으로 확고히 하여 오늘의 한국 교회 장자 교단으로 발전하는 단초가 되게 하셨습니다. 김윤찬 목사님은 그 인품이 근엄하시고 주관이 분명하시며 난관을 극복하는 뚝심이 있으면서도 지혜로운 처신과 인정 어린 자상함을 안겨주시는 우리 모두에게 존경받으시는 목회자시요 교정가이십니다.

일제 치하의 신사참배를 거부하고 끝까지 신앙의 정절을 지키신 영적 거장이시며 해방 후 북한 공산주의자들의 간악한 탄압과 생명 위협에서도 만난을 극복하고 6.25전란 중 가족과 같이 서울에 안착하심은 오직 하나님의 도우시는 “내가 너와 함께 있으매”의 강한 신앙적 승리였습니다. 폐허화된 전란 중에도 교회를 세우시고 평양노회를 설립하여 총회 발전에 크게 기여하시며 피난 성도들과 혼란에 어려움을 겪는 교역자들의 안전을 도모하신 일들은 김윤찬 목사님의 유 · 소년 성장과정에서 하나님의 특별하신 섭리와 용맹스런 다윗 왕 같은 신앙 기질에서 다져진 결과였습니다.

현실 한국 교회(교단)가 심히 혼란을 거듭하고 비성경적 이단과 불법이 난무하여 지도력이 상실된 무질서한 때에 본서를 통해 김윤찬 목사님 같은 훌륭한 영적 지도자상을 새롭게 교훈적으로 새김질하게 됨을 거듭 하나님께 감사를 드립니다. 이 책을 집필하신 칼빈대학교 총장 김재연 박사와 책 출간에 수고하신 분들께 주의 은총이 충만하심을 바라며 이 책이 많이 읽혀져서 특히 신학생들과 교역자들, 그리고 일반 신자들의 사명의식과 신앙생활에 큰 힘이 될 줄 믿고 기원 드리며 추천사를 가름합니다.

서기행 목사(대성교회 원로목사 · 전 총회장)

하나님은 보이지 않는 손으로 섭리를 이루시되 보이는 사람을 사용하셔서 그리하십니다. 언약의 은혜는 하나님의 자녀와 후사(後嗣)가 되는 데 그치는 것이 아니라 하나님의 일을 감당하는 데에도 불가항력적으로 역사합니다. 김윤찬 목사님은 하나님의 띠를 띠고 급변하는 시류 가운데서도 신심(信心)을 다하여 교회의 교역(敎役)과 교단의 교정(敎政)에 시종여일 전념하셨습니다. 서슬퍼렇던 공산 치하에서 평양 장대현 교회를 맡아 시무하셨으며, 월남하신 후에는 평안교회의 담임목사로서 근실히 섬기셨습니다.

목사님은 강직한 믿음과 온유한 성품을 지니셨습니다. 추호도 흔들림이 없는 정통 보수 신학적 주견을 지니시고 경건한 삶과 신앙에 있어서 후대의 큰 사표(師表)가 되셨을 뿐만 아니라 교회 내외적인 형편을 두루 살피고 사사로운 정에 이끌려 편협함에 천착하지 않으시고 다수의 견해를 경청한 후 하나님 앞에서 한 뜻을 이끌어내는 데 남다른 귀감(龜鑑)을 보이셨습니다. 이러한 신앙의 정절과 후덕한 성품을 지니셨기 때문에 김윤찬 목사님은 총회장을 두 번이나 역임하셔서 본 교단의 위상을 높이셨고 칼빈신학교 교장으로서 주의 일꾼들을 많이 양성하셨습니다.

본서는 이러한 큰 그늘 아래에서 나고 자라신 김윤찬 목사님의 막내 영식(令息) 김재연 목사님이 선진의 행적을 보고 느끼고 배운 바를 진솔하게 펼쳐낸 매우 귀한 책입니다. 김재연 목사님은 척박한 미국의 이민교회를 훌륭하게 일구어내셨으며 모국의 부름을 받아 현재 칼빈대학교 총장직을 수행하심으로 선대의 뜻을 충실히 계승하고 계십니다.

부족한 종은 여러 일로 김윤찬 목사님을 지근에서 바라볼 기회를 가졌습니다. 무엇보다도 목포노회의 일로 박윤선 목사님과 함께 김윤찬 목사님을 강사로 모시고 말씀을 들었던 기억이 아직도 생생합니다. 풍랑에도 부표(浮漂)가 있어 길이 가능하게 되고 암흑에도 등대가 있어 먼 곳을 바라보게 되듯이 본서를 통하여 우리가 서 있는 자리와 나아갈 길을 다시금 돌아볼 기회를 주시는 하나님께 모든 영광을 올립니다.

백남선 목사(광주 미문교회 담임목사 · 대한예수교 장로회(합동) 전 총회장)

1866년도에 토마스 목사님이 복음을 들고 우리 민족을 찾아와 대동강변에서 순교로 피를 흘리면서 복음을 전해 주었고 구한말 일제 강점기에 많은 기독교인들이 핍박 중에 피를 흘리면서 신앙을 지켰고 6 · 25 전쟁 중에 공산당에 의해서 흘린 순교의 피가 오늘의 한국 교회를 있게 하였습니다. 이것은 한국 교회의 자랑이고 우리가 잊어서는 안 될 보배이고 신앙의 큰 유산입니다. 그 어려웠던 시절에 한국 교회 부흥의 초석이 되었던 귀한 김윤찬 목사님의 일대기를 칼빈대 총장으로 재직 중에 있는 김재연 목사님이 펴낸 글을 통하여 훌륭한 믿음의 유산을 접하게 된 것을 뜻 깊게 생각하고 하나님께 감사를 올려 드립니다.

김윤찬 목사님은 바른 신앙을 기초로 하여 일편단심 하나님 나라 확장을 위하여 유능한 목회자로, 탁월한 지도자로, 언행이 일치한 경건 생활로, 한국 교회의 부흥을 이끌었던 귀한 목사님으로 기억되고 있습니다. 뿐만 아니라, 한국 장로교회의 정통 신학과 신앙을 수호하고 신학교를 세워 후진을 양성하여 명실상부하게 초대 교회의 정통 보수 신학을 계승시키므로 이 강산에 자유주의 신학 세력이 승리하지 못하도록 한 점은 한국 기독교회사에 큰 축복이 아닐 수 없습니다. 본서를 통해 모든 목회자, 신학자, 신학생, 성도들이 신앙의 순수성을 배워 하나님을 기쁘게 하는 영적 거장들이 한국 교회에 넘치기를 기원합니다.

안명환 목사(수원명성교회 담임목사 · 대한예수교 장로회(합동) 전 총회장)

130년 짧은 기간 동안 한국 교회의 빠른 성장은 하나님의 은혜와 축복이고, 복음을 위해 헌신한 초기 선교사들의 수고의 결과입니다. 그리고 일제강점기시대 신사참배를 강요할 때 이를 거부하고 북한 공산주의자들이 기독교를 탄압하고 핍박할 때 신앙의 순수성을 지키고 순교한 순교자들의 피가 있었기에 한국 교회가 영광스러운 복음의 자유를 만끽하며 성장할 수 있었습니다.

오늘날 한국 교회가 있는 것은 신앙 선배들의 순교적 헌신의 결과입니다. 우리는 그들의 수고와 헌신을 잊어서는 안 됩니다. 특히 우리의 신앙 선배 가운데 결코 잊어서는 안 될 한 분이 계십니다. 그분은 바로 평양신학교 출신으로서 일제강점기 시대 신사참배를 거부하고 고문과 핍박을 받으면서도 주님의 교회를 굳건히 지켰을 뿐 아니라 북한 공산주의자들의 회유와 핍박에도 굴하지 않고 신앙의 정절을 지키신 김윤찬 목사님이십니다.

김 목사님은 하나님의 놀라운 은총을 입어 북한에서 탈출하여 남하하셔서 평안교회를 세우시고, 총신대학교, 칼빈대학교, 서울장신대학교를 세우는 데 크게 기여하셨습니다. 특히 한국 장로교회가 성경무오성을 고수하면서 정통 개혁주의 신학에서 벗어나지 않도록 지대한 공헌을 하셨습니다. 본서는 박해와 고문 가운데서 신앙의 순결을 지키며 한국 교회를 튼실히 성장시킨 한 선한 목회자에 대한 감동 어린 인물 평전입니다. 참 목회자가 되기를 앙망하는 모든 목회자들과 신학생들에게 필독을 권합니다.

정성구 목사(총신대 · 대신대 전 총장 · 한국칼빈주의 연구원장)

저는 이 책을 그 자리에서 단숨에 다 읽었습니다. 책을 읽는 동안 때로는 가슴이 쿵쾅거리고, 숨이 막힐 듯 스릴이 넘치면서 하나님은 살아계셨고, 지금도 살아계심을 아멘으로 화답하고 감격했습니다. 김윤찬 목사님, 그는 일제의 신사참배의 강요와 회유에도 끝까지 견디고, 일제의 모진 고초를 온몸으로 막아 유일신 여호와 하나님만이 참된 하나님이심을 뜨겁게 외쳤습니다.

또 그는 북한 공산주의자들의 탄압과 핍박 고문 속에서도 의연히 맞서 싸우면서 여러 번 죽을 고비를 맞이했지만 하나님의 기적과 은혜를 온 몸으로 체험하여, 오늘의 한국 교회를 세운 산 순교자요 한국 교회의 위대한 영적 거목이 되셨습니다. 저는 지금부터 54년 전 1960년 겨울, 경남 진주교회(당시는 진주봉래동교회) 전국 SFC 동기 대회에 참석했습니다.

그 당시 진주교회 담임목사 황철도 목사님과 한상동 목사님, 한부선 목사님 등 출옥성도들의 설교와 강의를 듣고 영적으로 깨어지고 변화되어 목사가 되기 위한 소명을 다짐할 때, 하루 저녁은 김윤찬 목사님의 설교가 있었습니다. 그는 헌칠한 키에 음성은 가슴에서 나오는 소리가 목에 한 번 눌려서 나오는 부흥사의 독특한 카리스마적 감동의 설교였습니다. 당시는 에큐메니칼을 반대하던 총회와 고려파가 신학적으로 신앙적으로 더 이상 갈라질 이유가 없었으므로 SFC 전국대회에서 양쪽 강사들이 함께 했습니다.

그는 장로교 합동측 총회의 총회장을 두 번이나 지내고 칼빈신학교를 세웠을 뿐 아니라 교회정치, 설교에 뛰어난 인물이었습니다. 따라서 김윤찬 목사님의 걸어온 발자취가 바로 한국 교회의 역사요 수난사라고 할 수 있습니다. 저는 일찍 총신에 몸담고 학교 행정 책임을 여러 번 하는 동안 멀리서 가까이서 김윤찬 목사님을 뵈올 수 있었음은 축복이었습니다. 이제 김윤찬 목사님의 인물 평전을 통해 그동안 하나님의 영광과 주권, 진리를 향한 그의 순교자적인 몸짓과 그 삶의 간증들이 세상에 확실하게 밝혀지게 된 것을 기쁘게 생각합니다. 바라기는 이 책이 교파를 초월해서 모든 교역자들과 신학도들의 필독서가 됐으면 하는 바람으로 기꺼이 추천하는 바입니다.

장영춘 목사(뉴욕 퀸즈장로교회 원로목사 · 동부 개혁 장로회 신학교 학장)

김윤찬 목사님은 한국 기독교 역사에 기둥과 같은 인물이다. 김 목사님은 대한예수교장로회 총회장을 두 번이나 역임하셨다. 우리 대한민국은 1945년 일본제국의 압제에서 해방되었으나 북쪽이 공산화되면서 다시 분단의 슬픔을 겪어야 했다. 북한의 남침으로 6.25 동란이 일어나자 건국 대통령인 이승만 박사는 국군 지휘관들에게 지시하기를 "김윤찬 목사님의 인도로 월남하는 사람들은 누구도 그 길을 막지 말고 안전하게 월남하도록 도우라"고 하였다. 이는 김 목사님이 탁월한 지도력을 가진 기독교 지도자이신 것을 입증하고 있다.

목사님은 북한에서 월남한 피난민들을 위하여 시청 앞에 평안교회를 개척하시고 목회에 전념하셨다. 또한 칼빈신학교를 설립하시고 33년 동안 학장과 이사장으로 헌신하며 수많은 인재들을 배출하셨다. 국가적으로 가장 어려운 시기에 기독교 지도자를 배출하기 위해 혼신의 힘을 다하신 목사님이 계셨기에 오늘 칼빈신학교는 일 만여 명의 졸업자를 낸 아름다운 신학대학으로 우뚝 서서 하나님께 영광을 돌리고 있다.

아버님 김윤찬 목사님을 계승하여 칼빈대학교 총장으로 계시는 김재연 목사님 또한 탁월한 지도자이다. 항상 하나님과 함께 하시며 복음을 위해 일생을 바치신 김윤찬 목사님을 누구보다도 잘 아는 김재연 목사님이 한국 기독교의 지도자이신 아버님의 회고록을 집필하여 출간하게 됨을 크게 기뻐하며 마음 모아 축하하는 바이다.

이동원 목사(지구촌교회 원로목사)

서울 거리에 왜 평양교회가 존재하고 남쪽 땅 교회 노회 중 평양노회가 존재하는 이유 그것이 궁금했던 20대 시절이 있었습니다. 그 후 전도사가 되고 목사가 되면서 보수신앙의 한 거목 김윤찬 목사님의 이름을 알게 되었습니다. 그리고 평양교회와 평양노회가 그분과 관계됨도 알게 되었습니다.

이 책은 우리 시대에 잊혀지지 말아야 할 우리와 동시대를 살아간 한 신앙인의 치열한 흔적을 담고 있습니다. 신사참배와 공산주의라는 단어가 신화처럼 기억되는 오늘 이 두 단어의 거대한 폭력에 맞서 신앙의 절개를 지킨 또 한 분의 선배를 만나는 감격을 나누고 싶습니다. 그런 선배가 있어서 오늘의 우리가 존재함을 확인해야 하기에 신앙은 곧 역사입니다.

역사를 잊는 민족은 내일을 창조할 에너지를 갖지 못합니다. 한국 교회의 또 한 분의 보석, 김윤찬 목사님을 소개하는 이유 바로 한국 교회의 내일을 다시 세우기 위해서입니다. 나는 한국의 젊은 사역자들, 신학생들에게 그리고 뜻있는 역사의식을 가진 모든 성도들에게 일독을 권합니다.

김진웅 목사(칼빈대학교 이사장)

고 김윤찬 박사님의 일대기를 아들 되시는 김재연 총장을 통하여 출간함에 축사의 글을 쓰게 되어 기쁘게 생각한다. 많은 사람들이 세상에 살다가 돌아가지만 대개는 별다른 의미를 남겨 놓지 못하고 가는 것이 보통이지만 고 김 박사님은 별세 후 세월이 갈수록 그분의 삶과 믿음의 흔적이 더 그리워지는 분이시다. 그분은 우리 교단의 영적 거장으로서 한국 교회가 성경 중심의 칼빈주의 사상 위에서 설 수 있도록 헌신한 탁월한 역사적 인물이시다.

나는 학창 시절 교장과 학생의 위치에서 그분이 한마디 던져 주셨던 말씀이 지표가 되어 어른과 함께 찍은 사진을 벽에 걸어 교훈을 새기고 기리는 중에 그분의 아드님이신 김재연 박사를 총장으로 모시게 되었다. 김 총장께서도 부친의 일대기를 자식이 쓴다는 것이 경우에 따라서는 유해가 될 수 있다는 것을 아시지만 자신 역시도 부친의 생존 당시에는 그분의 훌륭함을 이해하지 못하였으나 늦게나마 깨닫고 세상에 남기는 것이 후진들에게 유익하리라 하는 판단으로 글을 쓰시는 것으로 안다.

고 김윤찬 박사님께서 사랑과 존경을 받는 데는 다음과 같은 분명한 이유가 있다.

첫째, 그분은 6.25라는 전쟁 속에서 신앙의 자유를 위해서 남하하셨고 보수주의 신앙으로 평안교회라고 하는 대 교회를 이루시어 목사로서 사역에서도 큰 업적을 남기셨다.

둘째, 칼빈신학교를 설립하여 후진을 양성하셨다. 그 결과 본교가 발전을 거듭하여 오늘의 칼빈대학교가 존립하게 되었다. 칼빈대학교 역사에 있어 그분이 지대하게 공헌한 부분은 잊을 수 없다.

셋째, 대한 예수교장로회(합동) 총회에서도 총회장을 두 번이나 하셨고 국가 정치나 사회에서도 엄청난 지도자로서 인정과 사랑을 받으셨다.

넷째, 마지막으로 하나를 추가한다면 그분은 후손들을 하나도 실패 없이 교회적으로나 사회적으로 유명한 인물로 키우셨다. 그 결과 미국 사회에서도 자녀 양육의 원리를 배우러 몰려오는 가정교육의 성공자로서 롤 모델이 되고 있다.

이토록 큰 공헌을 남기신 어른의 일대기가 읽는 모든 사람에게 큰 감명과 도전이 되리라 믿는다. 김 목사님의 일대기를 다룬 본서를 통해 한국 교회를 성경적 진리 위에 우뚝 세우는 탁월한 영적 지도자가 많이 배출되기를 바라며 하나님의 은총을 기원하며 축사를 가름하는 바이다.

임동선 목사(동양선교교회 원로목사)

한국 교회는 물론 미국에까지 산 순교자로 알려진 김윤찬 목사님은 나의 신앙의 선배요 영적 친구였습니다. 내 나이 젊었을 때 김 목사님이 시무하시는 평안교회에 여러 차례 집회 인도를 허락해 주시고 그 후에도 계속 저를 아껴주시고 사랑해 주셨습니다.

이 책은 산 순교자 김윤찬 목사님의 신앙 승리의 기록이며 또한 한국 기독교의 사도행전이기도 합니다. 사람은 어디서 살았는지가 아니라 거기서 무엇을 하며 살았는가가 중요하며 얼마나 배웠는가가 아니라 그 배움을 얼마나 값지게 사용하며 살았는가, 얼마나 오래 살았는가가 아니라 얼마나 보람되게 살았는가가 중요합니다. 또 마지막으로 이 세상을 떠날 때에 무슨 유산을 남겼는가가 그분의 사역을 말합니다.

김윤찬 목사님은 일찍 소년시절에 예수님을 영접하고 착실한 생활로 교회에서 인정받아 전도인이 되어 시골 4교회의 순회 목회를 시작하다가 정식 신학교를 졸업한 후 젊은 목사로서 교회를 크게 부흥시켰고 지역사회 교화와 봉사 활동에 크게 이바지했습니다. 물질 유산은 당대도 못 갈 때가 있지만 정신 유산은 3대까지 가며 신앙 유산은 천대까지 간다고 했습니다(신명기 7:9). 김윤찬 목사님은 그 자녀들에게 좋은 신앙을 심어주어 그 자녀들 중에 훌륭한 목회자들이 나왔고 그 후손들도 착실한 신앙생활을 하고 있으며 특히 일찍이 칼빈신학교를 창립하여 많은 주의 일꾼들을 양성했습니다.

김윤찬 목사님은 이 시대를 바로 보고 바른 말을 했고 바로 증거하며 바로 사시다가 가신 선지자요 선한 목자이십니다. 일제강점기 시대에 많은 교역자들이 일제에 아부도 하고 신사참배를 하는 우를 범하는 중에도 김 목사님은 신사참배를 반대하여 투옥되어 고문을 당하셨고, 해방 후 이북 공산치하에서 회유와 협조를 강요당했을 때도 끝까지 타협하거나 협력하지 않으셨습니다. 그 결과 소련 감옥의 관 같은 곳에 산 채로 갇힌 채 29일 동안을 극심한 고문을 당하면서도 오직 믿음과 기도와 찬송으로 견디셔서 하나님이 그의 귀한 신앙을 보시고 관에서 나와 밝은 빛을 보게 하셨습니다.

그 후 공산당이 그를 죽이려고 할 때에 목사님은 교회와 처자에 당분간 작별을 고하고 평안도에서 황해도 곡산 연진 깊은 산으로 피신하여 1년 3개월 동안 은둔 생활을 하시다가 1945년 8.15 해방으로 귀향하셨습니다. 그 후 공산당의 체포 사형을 피하여 극적으로 월남하셔서 서울에서 평안교회와 신학교를 창설했습니다. 김 목사님은 사시는 동안 이성에 대해서 깨끗했고 명예심도 깨끗했고 물질에도 깨끗하셨던 훌륭한 선배 목사님이셨습니다. 실로 김 목사님은 한국 교계의 거성이요 거목이십니다.

"많은 사람을 옳은 데로 돌아오게 한 자는 별과 같이 영원토록 빛나리라"(다니엘 12:3).

"나는 선한 싸움을 싸우고 나의 달려갈 길을 마치고 믿음을 지켰으니 이제 후로는 나를 위하여 의의 면류관이 예비되었으므로"(디모데후서 4:7-8).

본서는 우리에게 영적인 귀중한 메시지를 주고 있습니다. 모든 목회자들과 신학생들 그리고 평신도 여러분들이 이 책을 일독하기를 바라며 기쁘게 추천합니다.

김경원 목사(한목협 대표회장)

교단 100년 역사는 그 때마다 하나님께서 세우신 종들을 통하여 이어져왔다. 미안하지만 때로는 부끄러운 역사도 있었고 인물도 있었다(제27회 총회의 신사참배 가결한 홍택기 총회장). 그러나 대부분의 역사는 앞선 종들의 희생과 헌신으로 이루어졌고, 그래서 후배들은 그들을 존경한다. 그 여러 인물들 가운데 몇 분이 특별히 역사적으로 기억되는데 그 중의 한 분이 故 김윤찬 목사님이시다.

필자는 총신대학교 대학원 졸업반 때 그분을 처음 뵈었다. 과목이 교회 정치였는데 교수로 오셨다. 기골이 장대하시고 음성이 권위로 배어있는 분으로 첫눈에 완전히 압도당했다. 당시 평안교회를 목회하시면서 강사로 오셔서 강의하셨다. 강의 내용은 오래되어 별로 기억되는 것은 없으나 학생들이 질문했을 때 웃으시면서 답해 주시는 모습에서 권위보다는 친근감을 느낄 수 있었다. 목사님이 교단의 어른으로서, 후배들에게 존경 받으시는 것은 어떤 면에서일까? 그분의 흔적을 더듬어 보면 몇 가지로 압축할 수 있다고 생각한다.

먼저 그분은 존경받는 목회자이셨다. 남쪽으로 피난 오셔서 평안교회를 1953년도에 시작하셔서 1976년까지 24년 목회하시고, 원로목사로 추대되셨다. 60~70년대 평안교회는 우리 교단에서 몇 안 되는 대형교회였고 온 성도들의 존경받는 목회자로서 아름다운 사역을 하셨다. 또한, 본 교단 교회 정치가로서 교단을 잘 이끄셨다. 그리고 교단 역사상 총회장을 두 번이나 하신 흔치 않는 역사를 기록하셨다. 총회장 당시 교단의 지도자뿐 아니라 당시 보수교단 지도자이셨다. 지금보다 60, 70년대는 진보와 보수의 극한 대립이 있을 때였다. NCC로 대표되는 자유주의 교회들의 연합이 힘이 있었고 그들은 매년 부활절연합예배를 남산에서 드렸다. 당시 목사님은 DCC라는 보수교단 연합체를 만드셔서 NCC에 맞서서 덕수궁에서 부활절 연합예배를 드린 것으로 기억된다.

지금은 한국 교회가 연합과 일치운동이 활발하여 부활절연합예배가 한국 교회 전체를 대상으로 예배드리기도 하지만 그 당시로서는 보수교단 연합의 필요성을 인식하고 활동한 큰 지도자이셨음은 틀림없다. 끝으로 존경 받으시는 이유는 자녀들을 신앙으로 잘 양육하셨기 때문이다. 목사님은 슬하에 3남 3녀를 두셨고 사위로서 총신대학교 대학원 구약교수이셨던 故 최의원 박사, 큰아드님 김혜성 목사를 비롯해 목사만 4분이다. 그 막내 아드님이 현재 김재연 칼빈대학교 총장이시다. 뿐만 아니라 대를 이어가면서 목회자가 배출되고 있다.

특히 필자의 친구인 존경하는 김재연 총장을 볼 때 아버님과 너무 닮으셨다는 느낌을 가진다. 또 부친께서 세우신 칼빈대학교의 총장으로 봉직하심도 뜻이 있다고 사료되어진다. 이번 故김윤찬 목사님의 생애를 기록한 책이 출간됨을 진심으로 축하하고 한 분의 역사뿐 아니라 우리 교단과 나아가 한국 교회에 끼친 그분의 영향력을 볼 수 있는 것 같아서 대단히 기쁘게 생각하고 축하드린다.

김영한 박사
(기독교학술원장 · 숭실대 기독교학대학원 설립원장 · 한국개혁신학회 초대회장)

칼빈대학교 총장 김재연 박사의 부친 김윤찬 목사는 한국교회사에 보수신앙의 지도자로서 자리매김하고 있습니다. 그는 평양신학교를 졸업하고 일제하에서 신사참배 강요를 거부하여 고난을 겪었고, 해방 이후에는 북한 공산정권 치하에서 성수주일하다가 보위부에 의하여 체포구금되고 모진 고문 가운데서 신앙의 정결을 지키신 분입니다. 그리고 6.25 전쟁 때 남하하여 대구에서 열린 대한예수교장로회 총회에 평양노회를 가입시킨 남북노회 연합의 공로자입니다.

그는 1938년 9월 10일, 평양 제27회 조선예수교장로회 총회가 신사참배를 가결하자 이에 반대한 한부선 선교사, 박형룡, 주기철, 최봉석, 이기선 목사의 편에 섰습니다. 평안남도 강동군 승호읍 중부교회를 시무한 그는 신앙의 비밀결사조직을 만들었습니다. 그는 금서(禁書)로 된 요한계시록을 가르쳤고 주일 저녁과 수요일 저녁 예배를 드리고 일제의 신사참배를 죄라고 설교하였습니다. 그로 인해 일경(日警)에 투서가 들어가 1944년 4월 체포령이 내려지자 그는 일본 경찰을 피해 황해도 곡산의 깊은 언진산 동굴에 피신해 들어와 1년 3개월을 숨어 지냈습니다.

해방이 왔으나 반쪽 해방이 와서 북쪽은 소련군이 진주하게 되었습니다. 그럼에도 김윤찬 목사는 북한 공산당이 그를 초청하는 일체의 행사에 참석하거나 협력하지 않았습니다. 1946년 3월 김 목사는 북한 전역의 대대적인 기독교 탄압의 일환으로 체포되어 소련군 트럭에 일주일간 주야로 실려 가서 소련 감옥에 갇혔습니다. 그를 반동분자의 본보기로 처단하려고 했던 것입니다. 김 목사는 한 번 들어가면 죽어서 나온다는 관 같은 소련 감옥에서 29일간 갇혀 있다가 살아나왔습니다. 이 때 하나님의 음성을 들었습니다. “윤찬아! 무엇을 두려워하느냐? 무엇이 그토록 두려운 것이냐? 네가 두려워하는 것이 하나님의 진노보다도 더욱 무서운 것이더냐? 사탄의 권세가 주의 진노보다도 무섭단 말이냐?”

김 목사는 해방 이후 강양욱을 중심으로 하는 기독교연맹 가입을 거부하여 5인신앙동지회를 조직하여 이에 맞서면서 모진 고문을 받았습니다. 1948년 북한 김일성 정권이 세워진 후로 여러 차례 감옥에 투옥되었습니다. 136번 죄수번호를 달고 감옥에서 고문과 영양부족과 추위로 인한 병으로 탈진해서 죽기 직전에 이르렀을 때 주님의 위로를 받고 소생하였습니다. 그리고 이런 상황에서 또 한 번 하나님의 음성을 듣게 됩니다.

“윤찬아, 네 믿음의 굳건함을 내가 아노니 네 믿음이 너를 살렸도다. 일어나라 네 병이 치료함을 받았느니라.” 그 후 1949년 또다시 끌려가 고문을 받고 1950년 3월 병 때문에 가석방되었습니다. 6.25 전쟁 후에도 북한에서 기독교 탄압을 계속하여 2개월 동안 감옥에 갇혀 고문을 당하다가 취조실에서 극적으로 탈출하게 됩니다.

1950년 11월 중공군 개입으로 유엔군이 후퇴할 때 평양에서 허일 선교사의 도움으로 먼저 목사 가족을 군용트럭으로 대동강을 건너도록 피신시키고자 한 제안을 사탄의 유혹으로 물리치고 노인과 아이들을 먼저 피난하도록 한 것은 그가 진실로 하나님의 사람인 것을 보여줍니다. 또 그는 옥호열 선교사의 부탁으로 부산 수영포로수용소에서 하루 두 번 들어가서 포로들에게 복음을 전하고 저들을 돌봐 주었습니다.

6.25 전쟁 중인 1951년 5월 첫 주일 북에서 온 피난민 교인들이 부산

보수산에서 모여 첫 피난민교회를 세웠는데 그것이 평양교회였습니다. 그는 피난 온 목회자들을 모아서 평양노회를 조직하였으며, 1952년 대구 서문교회에서 열린 대한예수교장로회 총회에서 그의 간절한 호소에 의하여 평양노회가 총회에 가입하여 1945년 이후 7년간 분리된 남북노회가 하나로 된 역사를 이루었습니다. 이는 너무나 잘된 일이요 오로지 주의 교회를 세우려는 그의 목회역정의 열매라고 말할 수 있습니다.

이 저서는 한국 교회가 가장 어려웠던 세 시기, 일제의 신사참배 강요 시기와 해방 이후 북한 공산당 치하와 6.25 전쟁 시기 한국 교회 모습에 대한 생생한 증언을 읽을 수 있습니다. 본 저서는 하나님의 사람 김윤찬 목사 인물 평전으로서 번영과 성공의 목회가 우상이 되고 있는 우리 시대에 목회자들이 가야 할 참된 신앙의 길을 제시하고 있는 순교적 신앙의 간증서입니다. 연이은 고난 가운데 함께 하시는 하나님의 놀라운 은혜를 체험적으로 생생하게 전해 주는 순교적 간증서인 본 작품을 모든 목회자와 신학생들과 평신도 지도자들에게 필독을 권하고 싶습니다.

려용덕 목사(한국교회신문사 발행인)

겨울이 지났지만, 폭풍한설이 서릿발처럼 차갑게 휘몰아 칠 때에, 칼빈신학교를 세우시고 초대 이사장과 교장을 역임하신 영암 김윤찬 목사님의 아들이 승격된 칼빈대학교 총장으로 대륙 김재연 목사님이 미국 LA 세계비전교회 담임목사를 끝으로 총장으로 부임하신 후 발행되는 김윤찬 목사 일대기 축사를 하게 된 것을 큰 영광으로 생각합니다. 영암 김윤찬 목사님은 이 사람의 스승이십니다.

영암 김 목사님께서는 이 사람에게 당시의 현실을 직시하도록 도움을 주셨고, 미래를 열어주신 은인이십니다. 목사님을 만나게 된 것은 1960년대 초 목사후보생 고시를 볼 때였으며, 그 다음 이어진 것은 칼빈신학교 학생으로 편입되었고, 〈율법은혜지인 언행일치생활(律法恩惠之人 言行一致生活)〉이란 교훈을 가슴에 색인하고 그 교훈을 일생의 좌우명으로 살자니 힘들고 어려웠으나 지금 생각하니 참 잘했다는 생각입니다. 영암 김 목사님께서 어느 날 시골에 갔다 오셨는데 포도를 가지고 오셨다는 얘기와 그 포도를 함께 먹자는 초청이었습니다.

"려 목사, 노회가 달라서 목사 안수식에 참석 못하여 유감이네! 헌데 말이야 목사는 노회에 생명이 있어! 따라서 노회 생활을 잘해야 하는 거야! 명년 봄 노회에 출석할 터인데 말이야. 려 목사 성품으로 보아 무엇이 많이 보일 거야. 못 본 것으로 해! 그 다음해 봄 노회에 가면 무슨 말들이 많이 들릴 거야. 귀머거리 된 셈 치고 못 들은 것으로 해! 그 다음해 그러니까 3년째 되는 봄 노회에 출석하면 무슨 말을 많이 하고 싶을 거야. 그러나 말하지 마! 벙어리 된 셈 치란 말이야! 그랬는데도 주변에서와 노회에서 목사로 존경하지 않거든 칼빈신학교로 돌아와 재입학해서 다시 공부하란 말이야!”

이 말씀 속에 숨은 뜻은 스승의 제자로서의 어제를 돌아보고, 오늘을 직시하며, 가야할 향방을 제시하시는 스승님의 서슬 시퍼런 훈계였고, 그 책임을 스승께서 지신다는 제자에 대한 사랑의 선언이시었기에 그 말씀대로 하겠다고 굳게 결심하여 그대로 하였습니다.

이번에 출판되는 김 목사님의 생애를 다룬 책을 집필한 김재연 박사님은 10여년 걸리었다는데, 내용은 크게 말하면, 제1기는 김윤찬 목사님께서 일제와 싸운 신앙적이고 민족적으로 독립을 위한 삶이며, 제2기는 공산주의와의 사상적이고 국가적인 자유민주주의를 위한 삶이며, 제3기는 무너져 버린 한국 그리스도교회의 정치와 신학을 바로 세우는 일에 전념을 다하셨다.

특히 총회장을 두 번이나 역임하면서 한국 교회 정치를 바로 잡았고, 그 일환으로 총신대학교와 칼빈대학교와 기타 대학교와 신학교들에 끼친 영향이 다대하였음을 발견하게 됩니다. 존경하는 사부님 되시는 영암 김윤찬 목사님의 출판에 즈음하여 필자가 쓴 시(詩)를 삼가 바칩니다.

제자의 도

하나님을 섬기는 엘리야 선생을 스승으로 모신 엘리사는
따라오지 말라는
엘리야 스승의 명을 못 들은 체하고 따르다가
스승의 겉옷을 선물 받았고,

성령(聖靈)을 충만하게 받아 제자 양성에 일생을 바쳤다는
미담이야말로 제자의 도가 확실하도다.

예수의 제자를 사도(使徒)라 하는데,
이스카데리오 된 유다와 순교한 베드로, 나중 된 바울,
인도 땅 끝까지 선교한 도마, 죽기보다 어려운 생명을 부지한
요한은 묵시록을 써서 실망에 허우적거리는 성도들에게
희망의 메시지를 전하여 새 힘을 돋구어 오늘까지 이어졌도다.

천하에는 삼부(三父)가 있나니,
생부(生父) 날 낳아 주셨으니 자식번성(子息繁盛)해야 계대 잇고,
교부(敎父) 내게 영생 세례 주셨으므로 제도성성(弟徒聖成)해야
종사(宗師)되며,
사부(師父) 어제 돌봄, 오늘과 내일 삶의 향방을 주셨으니
제자학성(弟子學成)해야 사부(師父)께서 학조(學祖)가 되는도다.

김근수 목사(칼빈대학교 교수, 한울교회 담임목사)

김윤찬 목사는 선교사들이 전해 준 복음, 곧 한국 교회에 평양신학교로부터 내려온 장로교 정통의 칼빈주의 신앙을 그대로 계승 발전시킨다는 가장 중요한 이념에 매우 충실하셨습니다. 그는 다양한 자유주의 신앙 사조가 공존하는 초기 한국 교계에 정통 칼빈주의 신앙 이념을 지켜내기 위해 적극적으로 노력하셨습니다. 실제로 그는 김재준을 중심으로 한 성경무오성을 부정하는 자유주의 신학으로부터 장로교의 정통신학을 지켜내는 데 중추적 역할을 감당하셨습니다.

1930년대 당시 김재준은 성경은 구원에 관해서는 무오하나 과학적, 역사적인 측면에서는 오류가 있다고 주장하며 성경의 무오성을 부인하였습니다. 또한 김재준은 이 주장에 동조하는 세력들을 규합하여 교단 신학의 보루였던 '신학지남'을 장악하여 본격적으로 자유주의 신학의 중흥을 꾀하였습니다. 성경 무오성을 부인하는 김재준의 신학은 장로교 정통 신학과의 단절을 의미하였습니다.

1940년대 중반을 기점으로 더욱 적극적으로 성경 무오와 축자영감에 대해 날을 세워 공격하기 시작한 김재준을 중심으로 한 자유주의 신학의 약진 앞에 장로교 총회는 정통신학을 지켜내기 위한 용단을 내려야 했습니다. 결국 대한예수교 장로회 제38회 총회는 자유주의 신학을 표방하는 김재준의 목사직을 파면하기로 의결하였습니다. 이 용단의 중심적 역할을 감당했던 인물이 바로 김윤찬 목사입니다. 김윤찬 목사는 성경의 무오성을 파괴하는 김재준을 파면시키기로 결의한 제38회 총회에서 총회와 총회가 내린 김재준 목사의 목사면직 결정을 대표하여 총회 석상에서 기도를 담당하였습니다. 이 때 그를 주축으로 하여 내린 총회의 정치적 용단으로 인해 한국 교회는 김재준이 설립한 조선신학교를 중심으로 한 거센 자유주의 신학의 풍파 가운데서도 성경 중심의 정통 장로교 신앙을 계승해 올 수 있었습니다.

김윤찬 목사는 이에 그치지 않고 정통 장로교 신앙을 계승하기 위해 제도적 방안을 고안해 냈습니다. 그는 총회신학교의 신학적 정체성을 바로 세우기 위해 전임강사 이상의 교수에 대하여 매년 학기 초에 개혁신학에 충실하겠다는 서약 갱신을 받기로 하는 제도를 총신 이사장이자 당시의 총회장으로서 주도적으로 실시하였습니다. 한국 교회에 신앙의 순수성과 정통 개혁주의 신학이 뿌리 내리도록 크게 공헌한 김 목사님의 신앙과 삶을 다룬 책이 출간되어 기꺼이 추천합니다.

김상복 목사(할렐루야교회 원로목사 · 횃불트리니티신학대학원대학교 전 총장)

칼빈대학교 설립자이신 김윤찬 목사님의 일생을 담은 책이 출간되어 매우 기쁘게 생각합니다. 지금부터 55년 전인 1959년에 저는 대학교 3학년 때 김윤찬 목사님을 처음 만났습니다. 당시 김 목사님은 장로교단의 부총회장으로 섬기고 계셨고 서소문에 있는 평안교회의 담임목사님이셨습니다. 한국 교회가 WCC에 대해 거의 모르던 시대에 김윤찬 목사님은 미국에서 WCC를 가장 잘 안다는 네 분의 강사를 초청해서 WCC의 정체를 밝히기 위해 전국순회강연회를 조직하시고 준비위원장으로 섬기셨습니다. 한국의 장자 교단인 장로교가 WCC 지지자들과 반대자들 간에 극심한 갈등 끝에 통합과 합동으로 막 갈라진 직후였습니다.

미국에서 오신 강사들은 1948년 암스테르담에서 WCC 창립과 같은 달 거의 동시에 창립된 복음주의 기관인 ICCC(International Council of Christian Churches)에 속한 리더들이었습니다. 사실상 그 당시에는 장로교가 WCC회원이기는 했지만 WCC를 잘 아는 분은 거의 없었던 것 같았습니다. 대구 노회장이셨던 박병훈 목사가 1년 동안 일본에 유학을 갔다가 WCC가 성경을 부인하는 자유주의 신학과 친공산주의라는 이야기를 듣고 흥분해서 귀국하자 WCC 회원이 되어 있는 장로교가 제대로 알지 못하고 WCC에 가입했다며 WCC가 어떤 기관인지 알아보자고 총회에 제안을 했던 것입니다.

총회는 4인 위원회를 구성하여 1년간 연구조사해서 다음 총회에 보고하라고 결정 했으나 두 사람은 WCC 지지자, 두 사람은 반대하는 사람으로 구성된 위원회는 1년 동안 아무것도 할 수 없었고 조사위원회는 결국 다음해 총회 직전에 처음 만나 합의된 보고서를 내지 못하고 두 가지

다른 보고를 했을 뿐입니다. 그 때만 해도 반공주의가 국시였던 한국에 WCC가 친공산주의자란 소문은 엄청난 파문을 일으켰고 거기에다 자유주의 신학이란 이야기는 더욱더 한국 교회 보수측을 자극했습니다.

당시 경향신문사 김경래 사회부 기자가 ICCC의 초청으로 한국, 대만, 필리핀 세 나라 청년들 가운데 한 분으로 미국 순회를 마치고 돌아온 직후였는데, 김경래 장로를 통해 ICCC 회장 칼 맥킨타이어 박사, 미국 독립장로교선교회 회장 고든 홀드크로프트 박사, 캘리포니아 하일랜드대학 총장이고 ACC 회장이었던 클라이드 케네디 박사, ICCC 운영위원장 아더 슬레이트 박사 등 네 명이 한국에 오셨는데 그 때 김윤찬 목사님이 전국순회강연회 준비위원장이셨습니다. 이 네 분은 두 팀으로 나뉘어서 맥킨타이어와 홀드크로프트는 경상도 쪽으로, 또 케네디와 슬레이트는 전라도 지역으로 10일간 여러 도시를 방문하며 한국교계의 형편을 직접 듣고 보고 한국 교회가 궁금해 하는 WCC에 대한 연설을 하며 전국순회를 했습니다.

이 과정 중에 전라도 팀의 통역으로는 당시 미국에서 유학을 하고 귀국한 연세대 정치학과 주관중 교수(후에 대통령 비서, 경희대 명예교수)가 맡았고, 경상도 팀은 제가 통역을 맡게 되었습니다. 그 당시 저는 서울대 문리대 3학년 학생이었는데 학교를 가던 도중 김경래 장로를 길에서 만났는데 통역으로 가달라는 간곡한 부탁이 있었습니다. 교복밖에는 없었던 나에게 양복을 입히고 넥타이를 매주고는 지금 즉시 서울역으로 가서 경상도 팀에 합류해 달라고 요청했습니다. 나는 얼떨결에 서울역에 가서 김윤찬 목사님과 맥킨타이어, 홀드크로프트 그리고 말스베

리 선교사를 만났고 그들과 함께 경부선 기차를 타고 먼저 대전역에 있는 큰 공회당으로 갔습니다. 청중은 설자리도 없이 꽉 차 있었고 그 분위기의 열기는 대단했는데 이렇게 순회강연이 시작되었습니다. 가는 곳마다 인산인해를 이루었고 때로는 극장, 때로는 그 도시의 제일 큰 교회당에서 진행되었습니다.

대학교 3학년인 나는 교회, 신학, 특히 세계 동향에 대해서는 아무것도 모르는 학생이었는데, 한 마디 한 마디 듣고 통역을 하면서 나는 놀라고 또 놀랐습니다. 연사들은 WCC가 왜 자유주의들과 친공산주의자들이 모인 단체인지 조목조목 문서를 들이대고 이름과 WCC 지도자들의 출판된 글과 말을 문서로 사진과 함께 증거를 보이며 연설을 진행해 갔습니다. 나는 그들의 강연을 들을수록 더 충격을 받았습니다.

기독교인이면 다 기독교인이지 성경을 믿지 않을 기독교 지도자들이 있다는 사실을 알게 되면서 큰 혼란이 왔습니다. 강사들은 WCC 안에 친공주의자들이 있어 공산주의를 두둔하고 특히 소련연방과 공산권 정부를 대변하고 선전하는 지도자들의 나라, 이름, 교회, 사상을 계속 제시해 갔고 그들의 강연을 들은 한국 교인들은 나처럼 충격을 받고 있었습니다. 이 연사들이 언제나 문서로 증거를 인용했는데 인용할 때마다 통역이었던 나는 그 문서를 함께 보면서 통역을 해야 했습니다. 때로는 WCC계 미국 선교사들과 공개 논쟁을 벌이기도 했었습니다.

장로교 총회는 교단이 일단 WCC에서 탈퇴하기로 결정을 했으나 WCC로 인해 장로교는 둘로 갈라지고 말았습니다. 이 순회강연회는 이제 막 두 쪽으로 갈라진 직후에 있었던 일이어서 교계의 관심은 극에 달해 있었습니다. 이렇게 열흘 동안의 강연회는 끝이 났고 김윤찬 목사님을 비롯한 모든 것을 잃은 합동측 지도자들은 현장을 다 보고 듣고 돌아온 ICCC 강사들에게 도와달라고 간곡히 하소연을 했습니다. 미국 강사팀은 최대한의 도움을 주겠다고 약속하고 귀국했습니다.

맥킨타이어 박사는 순회 중에도 현장 상황을 일일이 공중전화를 통해 미국의 크리스찬 비컨 신문에 기사를 보내면 그의 말이 바로 기사화되었습니다. 그리고 또 공중전화를 통해 '20세기 종교개혁'이란 전국의 400개 방송망을 통해 매일 30분 동안 생방송으로 한국의 상황을 방송하기도 했습니다. 여행을 하면서도 신문과 방송을 매일 하는 그의 모습은 젊은 대학생에게 강한 인상을 주었습니다. 그는 전 세계 보수교회들을 ICCC를 통해 하나로 묶어 WCC를 적극적으로 반대하는 일을 하고 있었습니다.

강사들은 WCC로 인한 분열과 혼란의 현장을 생생하게 보고 미국으로 떠났습니다. 그 이후 맥킨타이어 박사는 그 해 1959년 말 크리스마스를 기해 본인의 전국 라디오 방송망을 통해 당시로서는 거금인 10만 달러 한국 교회 성탄 모금을 시행한 결과 모금에 성공했습니다. 그 다음 해 1960년 4월 내가 4학년이 되었을 때 당시 80세이신 홀드크로프트(1902-1944년 평양에서 선교사, 한국명 허대전) 박사가 10만 달러를 가지고 한국에 다시 오셨습니다. 소공동 사보이 호텔에 머무시면서 나를 불러 한 달 동안만 도와달라고 요청을 하셨습니다. 이제 가져온 10만 달러를 한국 교회를 위해 어떻게 쓸 것인지 상황을 파악하고 결정해야 하는 중요한 시기였습니다. 10만 달러는 지금도 큰 돈이지만 54년 전인 1960년에는 엄청난 돈이었습니다. 돈이 온 것을 알게 된 한국교계는 사보이호텔로 몰려들었습니다. 나는 교계 지도자들과 허 박사 사이에서 또 다시 그들의 귀와 입이 되어 소통의 채널이 되었습니다.

이 때 김윤찬 목사는 합동측 교단을 위해 가장 앞서 많은 일을 하셨는데 특히 두 가지 큰 공헌을 하셨습니다. 첫째, 총회신학교 건물이 없는 합동측 교단은 허 박사가 가져온 돈으로 용산에 신학교 건물을 구입했습니다. 둘째, 교단신문이 없던 시절 김윤찬 목사는 교단신문인 현재의 기독신보(현 기독신문)를 발행하는 계기를 만들었습니다. 그리고 서소문에 있던 김 목사님이 목회하시던 평안교회에 허 박사님을 모셔가 설교를 하도록 하셨습니다. 그 때 나는 처음으로 평안교회 강대상에 통역으로 서 본 일이 있었습니다.

김윤찬 목사는 1959년 통합과 합동이 분리된 후 한국 교회에 WCC의 정체를 알리고 보수교단을 강화하는 데 주역을 담당하셨습니다. 또 그 다음 해 1960년 ICCC가 보낸 10만 달러를 통해 합동측에 크게 기여하는 그 분의 리더십을 대학생이었던 나는 직접 목격한 적이 있습니다. 오랜 세월이 지난 오늘 칼빈대학교 김재연 총장을 만나면서 거의 잊어버리고 있었던 김윤찬 목사에 대한 생생한 기억을 되살리며 한국 교회에 특히 합동측 교회에 ICCC의 모금으로 사라졌던 신학교와 신문의 기초를 다시 시작하신 김윤찬 목사의 생애를 조명하는 책이 나오게 된 것을 다시 한 번 환영합니다.

김명혁 목사(강변교회 원로목사)

우리는 김윤찬 목사님의 생애를 다룬 본서를 통해 수많은 시련과 핍박과 환난 중에서도 이 세상 그 누구와도 타협하지 않고 오직 주님께 대한 믿음과 사랑과 충성을 온 몸에 지니고 꿋꿋하게 살아오신 한국 교회산 순교자이신 영적 거장 김윤찬 목사님에 대한 지극한 존경과 경외심을 지니게 됩니다. 그는 무엇보다 주님의 교회와 양 무리들을 자신보다 더 뜨겁게 희생적으로 사랑하신 참 목자이십니다. 김 목사님은 자신과 수많은 북한 신자들에게 혹독한 고문과 폭행을 자행한 공산당 원수들에게까지 십자가의 복음을 전하신 복음의 전령자이십니다.

그래서 그분의 순수한 아가페적 사랑에 대해서 지극한 존경과 경외심을 지니게 되며 김 목사님을 한국 교회에 보내주신 하나님께 깊은 감사를 드리면서 주님께 이런 기도를 드리게 됩니다. "주님, 우리도 우리 신앙의 선배님들이 걸어가신 십자가의 길을 조금이라도 걸어갈 수는 없습니까?" 오늘날 참 목자를 애타게 기다리는 우리 시대에 김윤찬 목사님은 한국 교회의 참 목자의 사표가 되시기에 본서를 기쁘게 추천합니다. 모든 목회자와 신학자, 신학생 그리고 평신도 지도자들에게 필독을 권합니다.

목 차

사진으로 보는 김윤찬 목사의 신앙과 삶 3

저자 서문 54

추천사 56

1. 예비된 길 89
2. 언약의 무지개 102
3. 애기 장로 114
4. 다가오는 시련 125
5. 비밀결사 138
6. 체포령 152
7. 피신 167
8. 언진산 180
9. 산속에서의 생활 195
10. 해방 208
11. 내가 너와 함께 있으매 226
12. 엘리야의 까마귀 241

13. 석방, 그러나 또 다른 고난의 시작 254

14. 주여, 저들을 불쌍히 여기소서 270

15. 사람이 내게 어찌하리오 284

16. 탈출 297

17. 주여, 저들의 눈을 멀게 하사 312

18. 내가 네 앞길을 밝히리니 330

19. 주여, 형제가 내게 죄를 범하면 348

20. 평양노회의 탄생 364

21. 총회(합동)의 발전과 부흥을 위한 노력 371

김윤찬 목사 연보 409

김윤찬 목사의 가계도 411

1

예비된 길

거친 땅에 뿌려진 복음

1897년 조선. 세상은 일본의 군사행동에 의해 온통 벌집을 쑤셔 놓은 듯 혼란한 상황이었다. 온 조선 천지의 백성들은 조선을 둘러싼 열강들의 각축전과 일본 침략의 마수로 인해 불안해했다. 청일전쟁에서 승리한 일본은 1895년 명성황후(속칭 민비)를 시해하는 을미사변을 저질렀고, 조선을 개혁시킨다는 미명하에 온갖 만행을 저지르고 있었다.

1896년 러시아가 조선에 대한 주도권을 잡기 위해 고종황제를 궁궐에서 빼내오는 아관파천 사건이 벌어졌다. 이런 열강들의 싸움의 소용돌이 속에서 고종황제는 마침내 국가의 자주권을 확실히 하기 위해 국호를 바꾸고 왕을 황제로 승격시키는 황제즉위식을 단행하였다. 바로 1897년의 일로써, 조선의 국호는 이로써 대한제국이라고 칭했고, 연호는 광무였다.

1897년 평양. 대한제국의 백성들은 점점 흉포해가는 일본 세력에 지극한 불안감을 느끼고 있었다. 비록 백성들 사이에 자주에 대한 생각이 키워져갔고, 서재필의 주도로 독립협회가 결성되었다고는 하지만, 그것으로 일본의 세력을 견제하기는 무리였다.

"주여, 이 민족을 도와주시고, 이 민족에게 하나님의 도가 전해지도록 도와주소서. 저에게 십자가의 도(道) 이외에는 어떤 도라도 이 민족에게 전도하게 마시고, 하나님의 뜻에 따라 구원의 복음만을 전하게 하소서. 사도 바울의 결심과도 같이 그리스도 십자가의 복음 외에 다른 것을 전하면, 이 종에게 저주를 내려주소서."

달빛이 어스름히 온 세상을 비쳐주는 밤. 만물은 만유의 주재이신 하나님의 축복을 향유하는 듯, 어둠 속에서 신선한 공기를 마음껏 숨 쉬고 있었다. 어지러운 세상에도, 혼란한 상황에서도, 하나님의 은총과 섭리는 인간들을 한시라도 잊지 않으시니, 평양의 한 교회당 안에서 하나님의 은혜를 온몸으로 가득 받으며 마포삼열 목사는 이렇게 기도하고 있었다. 십자가에 험하게 박힌 굵은 쇠못이 자신의 가슴에도 한 치의 빈틈없이 박히는 듯한 고통과, 예수님의 고통을 조금이라도 나누어 가졌다는 생각에서 오는 환희가 그의 마음속에 가득 찼다.

벌써 이곳 조선에 온 지 어언 7년여. 마포삼열 선교사는 주님의 복음 하나만을 들고서 이역만리 낯선 땅에 왔던 것이다. 오로지 땅 끝까지 전하라는 말씀 하나에 모든 것을 의지한 채로 말이다. 그는 열성적으로 7년 동안 하나님의 일을 해왔고, 주님의 복음이 이 평안도 땅에, 가뭄에 갈라진 땅에 단비가 스며들듯이, 흠뻑 스며드는 은혜를 체험해 왔다. 이 기도가 끝나면 잠시 휴식을 취한 후에 또 다른 곳으로 전도를 위해 떠나야만 한다. 그는 전도에 앞서서 이렇게 하나님이 뿌려놓은 은혜의 경건한 달빛을 받으며 온 가슴으로 기도드리는 것이다.

예비된 하나님의 종

평안도 대동군 청룡면 산사리. 수 천 년의 역사적 한(恨)을 안고, 상처로 찢어진 평양시를 어루만지며 지나치는 대동강. 온갖 악들도 깨끗이 씻어질 듯한 그런 푸르른 대동 강물을 거슬러 올라가면 나타나는 조그만 마을들이 있으니, 강서봉, 신필봉, 차락봉이 연봉으로 이어져 병풍처럼 둘러쳐진 마을들이다.

어머니의 따스한 품처럼 아늑한 미소를 띠며 소박하고 은은한 마음씨를 가진 사람들이 사는 마을. 이곳이 바로 27대를 걸쳐 광주 김씨들이 보금자리를 틀고 있는 산사리 마을이었다. 약 100여 세대의 김씨들 천여 명이 모두 친족관계에 있는 이 마을은 전통적인 조선의 씨족마을이면서, 대대로 유교적 전통에 흠뻑 젖어 살아오는 그런 마을이었다.

그 산사리 마을의 한복판에 그 마을을 대표하듯이 거대한 기와집이 한 채 버티고 있었고, 그 'ㄷ'자 형의 집이 남향으로 위엄을 띠면서 전통적인 유교 양반의 멋을 한껏 풍기고 있었다. 바로 그 집에서 20세의 청년 김락환은 이제 2살 된 아들 영찬이를 자애로운 눈길로 바라보고 있었다. 그가 이렇게 아들 영찬이를 찬찬히 들여다보고 있을 때, 밖에서 소란스러운 소리가 나고 마을은 어지러워졌다. 김락환은 무슨 일인가 궁금해서 초롱초롱한 눈을 빛내며 집밖으로 나섰다.

때는 1897년 여름. 가만히 앉아만 있어도, 벳잠방이에 땀이 송송 배어나오는 더운 날씨였다. 김락환은 집밖으로 나오다가 이상한 광경을 보고는 가슴에 덜컥 심한 충격을 받아 걸음을 멈추었다. 그의 눈앞에 믿지 못할 일이 벌어지고 있는 것이다. 집 앞에 있는 마을 운동장에 마을 사람들이 모두 모여 있었고, 그 중간에는 이상한 사람이 서서 무슨 말을 외쳐댔다.

그 동리의 모든 사람이 전부 검은 머리 검은 눈이었는데, 운동장 중앙에 서서 말하고 있는 사람은 노랑머리에 파란 눈, 그리고 새하얀 피부를 갖고 있었다. 쓰는 말은 분명히 평안도 사투리인 조선말로 외쳐대고 있었으나, 키가 크고 머리는 노랑색이었으며, 코는 이상스럽게도 커서 얼굴 중앙에 툭 불거져 있었다.

젊은 김락환의 눈에는 그 사람이 인간이 아닌 어떤 짐승이나, 또는 원숭이 정도로밖에 보이지 않았다. 마을 사람들은 그런 이상한 용모에 신기한 듯이 쑥덕댔다. 그의 머리가 말갈기 같다느니, 아니면 눈이 고양이 같다느니 하면서 모두들 킬킬대었다. 동네 아낙들은 그 사람이 무슨 귀신인 양 무서워서 집안에 틀어박혀 있었고, 아이들은 가슴을 졸이면서도 신기한 구경을 놓치지 않았다. 이 하얀 피부의 사람 앞으로 김락환은 믿기지 않는다는 표정으로 걸어나갔고, 그때야 비로소 그의 말소리가 귀에 들려왔다.

"자, 여러분. 하나님을 믿으세요. 하나님은 땅과 하늘의 주인이시고, 사람들을 만드셨으며, 복을 주시며, 우리 인간들을 이 땅에 살게 하셨습니다."

김락환은 그 사람의 말에 새로운 충격을 받았다. 분명히 자신의 상식으로는, 세상이 이(理)와 기(氣)로 이루어진 것인데 그 사람은 세상을 만든 신(神)이 있다고 말했기 때문이다. 그것은 유교적인 이기론(理氣論)을 믿고 있는 청년 김락환에게는 정말로 충격적이고도 신비로운 말이었다.

마포삼열 목사. 그는 어찌하여 이 먼 산사리에 나타났을까? 주님이 예비하신 길이 이 길이던가? 평양신학교의 설립자이고, 한국선교의 대표적인 대인물인 미국인 마포삼열 선교사는 그의 나이 34세에 하나님이 예비하신 길을 열기 위해 이곳 산사리에 와서 그렇게 젊은 청년 김락환을 만나게 되었다. 이때가 한국에 복음이 들어온 지 12년. 평양에서 마포삼열 목사가 선교를 시작한 지 7년째 되는 여름이었다.

"자, 여러분. 나는 하나님의 말씀에 따라서 먼 미국 나라에서 여러분의 나라 조선에 온 마포삼열 목사입니다. 하나님이 이 땅을 사랑하사, 우리의 고통을 덜어주시고…."

마포삼열 목사는 열정적이면서도 간절하게 자신의 주위에 몰려든 마을 사람들에게 전도를 했다. 약 1시간이 지나고 마포삼열 목사의 전도는 그 열기를 더해갔으나, 마을 사람들은 마포삼열 목사의 이상한 모습에만 정신을 빼앗겼지, 그가 무슨 말을 하는지 생각하지 않고 있었다. 마침내 마포삼열 목사는 전도를 마치고 모여 있는 마을 사람들에게 예수 믿고 싶은 사람은 손을 들라고 했다. 그러나 마을 사람들 중에는 아무도 손을 드는 사람이 없었다. 마포삼열 목사는 재차 사람들에게 물었으나 아무도 그의 말에 귀를 기울이는 사람이 없었다. 그는 실망감이 밀려왔으나 포기하지 않고 이렇게 말했다.

"그것 참 섭섭하고 안되었습니다. 그러나 다음에 다시 오겠습니다. 그때에는 하나님을 믿겠다는 사람들이 있을 줄로 믿습니다."

특별한 만남

마포삼열 목사는 이렇게 말하면서 천천히 평양 쪽으로 말을 몰았다. 어디쯤 갔을까? 그는 누가 자신을 따라온다는 생각이 퍼뜩 들어서 말을 멈추었다. 뒤돌아서니 자신을 총명한 눈빛으로 또렷이 쳐다보는 청년과 눈이 마주쳤다. 마포삼열 목사는 첫마디를 던졌다.

"안녕하십니까, 청년! 하나님이 당신을 예비하셨습니다!"

청년 김락환은 마포삼열 목사의 말이 무슨 의미인지 몰라서 어리둥절했다. 한참 후에야 김락환은 이렇게 말했다.

"당신이 말하는 그 신을 알고 싶습니다. 그러니 좀더 자세히 가르쳐줄 수 없습니까?"

마포삼열 목사의 눈빛이 청년 김락환의 열정적인 눈빛과 만났다. 청년 김락환의 눈은 밝게 열렸고 입가에 함박미소가 번졌다. 이것이 바로 청년 김락환과 마포삼열 목사와의 처음 만남이었고, 청년 김락환이 하나님의 부르심에 처음으로 응답한 사건이었다.

거친 땅에 피어난 생명

마포삼열 목사의 기도와 인도로 청년 김락환은 점차 하나님을 믿고 신앙이 성숙해졌다. 마포삼열 목사는 그 후로 전도사 송친서를 산사리에 보내서 교회를 세웠고, 청년 김락환은 열심으로 그 교회에 출석하며 충실한 주의 종이 되어 갔다.

전통적인 유교마을 산사리의 유망한 청년이었던 김락환이 예수를 믿자마자, 바로 제사를 폐하고 성황당나무를 찍어 넘기니 마을 사람들이 모두 그를 손가락질했고, 온갖 저주를 다 퍼부어댔다. 그러나 김락환은 그들의 이러한 행동에 눈 하나 깜박하지 않고 신앙에 충실하며 하나님을 믿었으니, 드디어 1900년에 그는 세례를 받기에 이르렀다.

1905년 8월 23일. 민심은 한일협약에 의해 들끓고 있었다. 1904년 러일전쟁에서 승리한 일본은 한일의정서를 작성하고, 다시 제1차 한일협약을 강제로 맺고서는 조선 침략에 박차를 가하고 있었다. 이때 산사리 김락환의 집 지붕 위에는, 흉흉한 때에 걸맞지 않게 까치가 울어대고 있었다.

"무슨 좋은 소식이 있으려나…?"

동네 노인들의 이 같은 중얼거림도 나라의 위급한 상황을 바꾸기에는 턱없는 한탄 이상이 되지 못했다. 다만 그때 까치가 울고 있는 김락환의 집에서 기이한 기운이 은은히 비쳐났으니, 그것은 마치 캄캄한 밤에 야광주에서 나는 듯한 은은하고도 아늑한 빛이었다. 그 빛이 비치자 곧 김락환의 집안에서 천지를 깨울 듯한 울음소리가 터져나왔다.

"으아앙!"

바로 김락환의 둘째 아들인 윤찬이가 태어난 것이다. 첫째가 영찬이고, 둘째는 딸인 신찬, 그리고 지금 막 셋째인 아들 윤찬이가 태어났으니, 신앙으로 꽁꽁 뭉쳐진 김락환과 그 부인 정신행의 사랑 안에서 둘째 아들 김윤찬은 모태신앙을 안고 태어난 것이다. 김락환과 정신행에게 예수님이 찾아와 그들에게 충만한 축복과 넘치는 은혜와 변치 않는 믿음을 주신 것은 바로 이 둘째 아들을 세상에 보내기 위한 하나님의 지극하신 뜻이었는지도 모른다.

처음엔 기독교에 반대하던 사람들이 모여 살던 마을에 교회당이 들어섰고, 한 명 두 명 예수를 믿자 마을 사람들의 생각이 변해 갔다. 마을 사람들은 점차 동네 한복판에 서 있는 예배당에 모였고, 그에 따라 기독교인으로 변화되어 갔다. 그중에서도 김락환은 독실한 신자가 되어 있었고, 그의 아내 정 씨도 믿음의 반석이 되었다. 마을사람들은 신앙심 깊은 김락환의 가정을 자신의 모범으로 삼았고, 모든 행실이나 행동을 김락환과 그의 가족들 모습을 표본으로 삼아 그대로 따르고자 노력했다. 예수를 온전히 믿고 예수 닮기를 원하는 김락환 가정을 본받으려 한 것이었다.

김락환은 매주 주일마다 성실히 교회당에 나갔으며, 어린 윤찬이는 어머니의 등에 업혀서 교회에 나갔으니, 모태신앙으로 어머니 태(胎)에서부터 예수님을 믿은 어린 윤찬이는 태어나서 한 주도 쉬지 않고 예수 안에서 숨 쉬고 살아가는 삶을 시작한 것이다. 그렇기에 그의 생은 시작도 예수요, 과정도 예수요, 그 끝도 또한 예수밖에 없었다.

어린 윤찬이는 교회에 가서 생활하는 중에 교회 안에서 일어나는 모든 일을 머릿속에 새겨 두었다. 찬송도, 묵도도, 기도와 성가도 모두 그의 총명한 머릿속에 하나하나 박혔다. 전도사가 설교를 하면 그것을 따라 웅얼거려 보기도 하고, 찬송 인도자가 손으로 지휘를 하면 어린 손을 흔들며 따라서 지휘하는 흉내도 내 보았다. 어린 그의 가슴속에는 불보다 뜨거운 신앙이 타오르기 시작한 것이다.

위대한 떡잎

어린 윤찬이가 6세 되던 어느 날이었다. 윤찬이 아버지 김락환은 마을 뒷쪽에 위치한 선산에 올라갔다가 까무러치게 놀랐다. 선산에 빽빽이 들어선 선조의 묘소 중에 제일 큰 묘소의 꼭대기가 시뻘건 흙이 드러나도록 벗겨져 있었던 것이다. 항상 묘소를 돌보는 효성스러운 김락환이 대노했을 것은 뻔한 일이었다. 그는 너무나 놀라고도 화가 나서 견딜 수가 없었다. 그래서 그는 그 짓을 한 자를 잡으려고 온 마을을 돌아다녔다. 묘지의 꼭대기가 그렇게 벗겨진 것을 보면, 누군가가 묘지에 올라서서 밟았기에 그렇게 된 것이리라. 김락환이 화가 나서 온 마을을 돌아다녔지만, 기어코 묘지를 그렇게 만든 자를 찾지 못했다. 하긴 그 묘지를 그렇게 만든 자가 불처럼 화난 김락환에게 순순히 다가와서 자신이 했다고 그러지는 않을 것이었다.

김락환은 그날부터 선산의 주위에 숨어서 과연 누가 그런 짓을 하나 하고 살펴보고 있었다. 그런 짓을 한 자를 잡아서 혼쭐을 내주려는 심사였다. 며칠 후, 그가 선산에 있는 나무 뒤에 숨어 있을 때, 어린 아들 윤찬이가 선산에 나타났다. 그리고는 아버지가 숨어 있는 줄도 모르고 주저 없이 그 묘지 위로 올라서는 것이 아닌가. 김락환은 어이도 없고 화도 나서 그대로 윤찬이에게로 뛰어나가려 했다. 그런데 어린 윤찬이의 행동이 그의 발목을 붙잡았다. 갑자기 어린 윤찬이가 전도사가 하는 듯이 주위를 둘러보더니 이렇게 말했다.

"여러분, 묵도합시다!"

윤찬이는 이렇게 말한 뒤에 묵도를 하더니, 바로 품에서 찬송가를 꺼내는 흉내를 내고는 주위에 늘어선 묘지와 나무들을 둘러보면서, 그것들이 마치 신도들이나 되듯 손을 천천히 올렸다.

"자, 찬송합시다. 찬송가 314장(합동찬송)을 부르겠습니다."

어린 윤찬이의 고사리 같은 손은 찬송가 곡조에 따라 능숙하게 움직였고 그의 목소리는 청아하게 울리며 찬송을 불렀다.

"내 평생 소원 이것뿐, 주의 일 하다가 이 세상 이별하는 날, 난 주 앞에 가리라…."

김락환은 그것을 보고 정신이 나간 사람처럼 멍하니 있다가 무엇인가 깊은 생각에 빠지게 되었다. 그동안 어린 윤찬이의 예배는 계속되었다.

"하나님의 말씀은 요한복음 3장 16절입니다. 읽겠습니다."

윤찬이는 이렇게 말하고 성경을 암송하더니 무엇을 설교하는 것처럼 열을 내며 발을 구르며 연설을 했다. 그러고는 한참 후에 설교를 끝냈는지 이렇게 말했다.

"주기도문으로 예배를 마치겠습니다."

김락환은 그 묘지를 그렇게 만든 것이, 바로 윤찬이가 예배 흉내를 내서 그렇게 된 것이라는 것을 그제야 알고, 윤찬이가 예배 흉내를 마치자, 바로 숨어 있던 나무 뒤에서 앞으로 나섰다.

"윤찬이, 너 게 섰거라!"

아버지의 노한 음성을 듣고 어린 윤찬이가 놀랄 줄 알았는데 의

외로 윤찬이는 태연했다.

"아버지, 나 예배 본 거야."

김락환은 어이가 없었다. 하지만 예배를 본 것을 꾸짖을 수는 없지 않은가? 그는 할 수 없이 윤찬이에게 이렇게 말했다.

"네가 예배 보는 흉내를 내느라고 묘지를 이렇게 만들었기에 아버지가 용서하겠다. 그렇지 않았더라면 용서하지 않았을 것이다. 알았니?"

윤찬이가 아버지의 말을 알아들었다는 듯이 고개를 끄덕이자, 아버지는 그에게 바위 하나를 가리켰다.

"다음부터는 이 묘소 위에서 예배 보지 말고 저기 저 바위 위에서 하거라."

아버지의 타이르시는 말씀에 윤찬이도 그렇게 하겠다고 총명한 눈동자를 또랑또랑하게 빛냈다. 그것을 보는 김락환은 무엇을 생각했을까? 아마 그가 읽었던 교회사의 한 사건을 생각하고 있지 않았을까? 아무튼 그 일을 계기로 김락환은 어린 윤찬이를 목사로 키우리라는 마음을 굳혔고, 그것을 위하여 어린 윤찬이를 준비시켰으리라.

아타나시오 이야기

주후 313년경 한 순교자의 추도일에 감독(감독은 장로와 같은 직분으로 사도들에 의해서 교회를 다스리도록 세움 받은 지도자를 말한다. 장로란 명칭은 유대인의 회당에서 나왔으며, 감독이란 명칭은 헬라, 즉 그리스 전통에서 나온 것이다. 유대인들이 많은 교회에서는 장로라는 호칭이 주로 쓰였고, 이방인이 많은 교회에서는 감독이라는 호칭이 통용되었다. 후에 감독이라는 명칭은 그리스 정교에서 주교라는 이름으로 바뀐다.) 알렉산더(니케아 종교회의의 주도적 인물)는 창문을 통해서 아이들이 놀고 있는 것을 지켜보고 있었다. 아이들은 물가에서 교회에서 예배하는 흉내를 내면서 놀고 있었다.

그런데 그중의 한 아이가 감독이 되어 아이들에게 세례를 베풀어주는데, 그 아이의 행동이 너무도 성스럽고 자연스러워서 알렉산더는 그 모습에 큰 감명을 받았다. 그래서 그 아이를 불러서 특수교육을 시켰고, 그 후 그 아이가 자라나서 대성(大聖)이 되었으니, 바로 그 아이가 성경, 고문학, 교부의 글에 통달했던 아타나시오(Athanasius, 296-373: 알렉산더의 후임이 된 감독이며 정통교회의 대표자로서 저서에 《로고스의 성육신》, 《변증론》, 《안토니오의 전기》 등 다수가 있음)이다.

주후 325년에 니케아회의에서 아리우스파와 이단 논쟁 때 대활약을 벌여서 이단 아리우스파를 곤경에 몰아넣고 현재의 기독교의 기초를 이룩했다. 이러한 아타나시오도 어릴 때부터 그 행위가 하나님 닮기를 원했던 것이니, 바로 김락환이 생각했던 어린 윤찬이의 예배 흉내가 이것이 아니었겠는가?

2

언약의 무지개

소년 김윤찬

7세가 된 소년 윤찬이는 키도 크고 머리도 명석해 형인 영찬이가 공부하는 것을 어깨 너머로 보고도 글 읽는 흉내를 곧잘 냈다. 아버지 김락환은 그것을 보고 윤찬이를 학교에 보낼 때가 되었다고 생각했고 특히 소학교에 보내고자 했다. 고개 넘어 최씨 집단촌 마을에는, 최성택이라는 사람이 명치대학에서 공부를 하고 고향으로 돌아와, 소학교를 세워서 신학문을 가르치고 있었다. 김락환은 윤찬이를 그곳으로 보내어 신학문을 배우게 하려 했다.

하지만 완고하신 윤찬이 할아버지 생각은 그와 달랐다. 할아버지 생각으로는 사람이 마땅히 배워야 할 것은 구학문으로 보았던 것이다. 다행히도 김락환은 완고하신 윤찬이 할아버지를 간신히 납

득시켜서 윤찬이를 소학교에 보냈다. 그런데 어느 날 소년 윤찬이는 학교에 다녀와서 할아버지에게 자랑스럽게 이런 말을 했다.

"할아버지, 오늘 학교에서 최 선생님이 하시는 말씀이, 서양에서는 비행기라는 기계를 만들어서 사람을 잔뜩 안에다 싣고는 하늘을 독수리처럼 날아다닌데요."

소년 윤찬이는 배운 것이 너무도 신기해서 한 말이었는데, 그 말을 들은 할아버지는 노기를 띠셨다.

"어떤 미친 놈이 그런 말을 하는고. 세상 천지에 어떻게 쇠붙이로 만든 기계가 하늘을 날아다닌단 말이냐? 선생이란 놈이 그런 미친 말이나 가르치니, 어찌 우리 애들을 그런 미친 말이나 가르치는 학교에 보내겠는고. 이제 다시는 학교에 가지 말아라! 알겠느냐?"

청년 김윤찬

할아버지의 이런 호된 꾸중과 함께 소년 윤찬이는 그때부터 소학교에 얼굴도 못 내밀게 되었다. 그래서 그는 할아버지의 뜻에 따라 구학문을 배우게 되었다. 하늘 천, 땅 지, 검을 현, 누를 황을 배우면서 그는 소년 시절을 보냈고, 이어서 명심보감과 논어, 맹자, 중용, 대학의 사서를 다 마쳤을 때, 그는 이미 18세가 된 청년으로 성숙해 있었다. 서당에서 다른 어린 학생들을 가르치기도 했고, 어려운 한문과 구사상을 배워 가면서 그는 이제 어엿한 청년이 된 것이다.

1923년 어느 날 청년 김윤찬은 더 이상 구학문으로 만족할 수가 없었다. 하루는 평양 거리에 나갔다가 까만 양복에 사각모를 쓰고 거리를 누비는 신(新)학교 다니는 학생들을 목격하고는, 학문에 대한 열정으로 그의 온몸이 불타올랐다. 숭실학교의 모표와 배지는 그의 가슴에 한가득 벅찬 감동을 주었다. 나도 언젠가 저 모자를 쓰고 저 양복을 입으리라. 청년 김윤찬의 가슴이 이런 생각으로 가득 부풀어 올랐다.

당시 조선에는 평양에 신민회가 주체가 된 대성학교가 세워져 있었고, 근대적 관립학교인 육영공원, 한성사범학교가 한성에 있었다. 또 보성학교가 있었고, 선교사들의 주도로 많은 학교가 세워져 있었으니, 1885년 8월 서울 정동 아펜젤러의 사랑방에서 2명의 학생으로 시작된 배재학당, 1886년 봄 정동 언더우드 사랑방에서 시작되어 예수교학당, 민로아학당의 이름을 거쳐 확정된 경신학교, 1885년 5월 정동 스크랜턴 대부인의 사랑방에서 1명의 여학생으로 시작된 이화학당, 1888년 엘러스 양에 의해 예수교학당으로 출발하여 연지동으로 옮긴 정신여학교 등이 있었고, 평양에 숭의여학교, 감리교계의 격물학당(광성학교의 전신), 정의여학교가 있었으며, 1906년에 숭실대학과 세브란스 의학교가, 1909년에는 연희전문이 설립되어 있었다. 또한 애국계몽 활동을 위해 기독학교, 민족학교, 사립학교들이 조선 곳곳에 세워져 있었다.

사회 분위기는 일본의 본격적인 조선 탄압으로 인해, 일본에 대한 증오가 극대화되었고, 일본은 이른바 문화탄압 정책으로 집회취체법, 보안법, 신문지법, 출판법 등으로 조선의 언론, 출판, 집회, 결사의 자유를 박탈했고, 조선교육령, 사립학교령, 서당규칙 등의 법령을 제정하여 식민지 교육을 강요했던 상황에 처해 있었다.

이런 것들에 대한 반동으로 1919년 3.1운동이 벌어졌으니, 이 3.1운동을 정점으로 일본은 자신들의 조선에 대한 문화정책을 바꾸었다. 하지만 가시적으로는 그들의 문화탄압을 조금 누그러트린 것처럼 보였어도, 실제적으로는 더욱 잔혹한 교육적 탄압이 묵인되었으니, 이런 어려운 상황에서 청년 김윤찬은 신(新)학문을 배우기로 결심한 것이다.

김윤찬은 아버지의 허락을 얻어서 산사리 장로교회에서 중학과정을 가르치는 삼성중학교에 18세의 청년으로 1학년에 입학했다. 나이가 많음에도 불구하고 김윤찬은 영어, 일본어, 산수, 국어, 역사, 지리 등의 신학문을 열정적으로 배웠으며, 그가 모든 것을 어느 정도 깨우쳐 삼성중학교를 졸업했을 때에는 그의 나이 어언 22세, 벌써 4년이란 세월을 삼성중학교에서 학문을 배우느라 쓰게 되었다.

그리고 결혼

청년 김윤찬이 22세가 되고 중학교를 졸업하던 해에 아버지 김락환은 그에게 결혼을 하라고 종용하였다. 조혼(早婚)이 성행했던 시기라, 15살 결혼도 늦었다고 하는 판국이었는데, 청년 김윤찬은 아버지 어머니의 결혼하라는 성화를 물리치고, 결혼을 미루어왔던 것이다. 그는 열심히 공부해서 꼭 훌륭한 사람이 되리라고 마음먹고, 결혼을 일찍 하는 것은 공부에 방해만 될 뿐이라고 생각했다.

중학교에 다니고, 교회 잘 나가는 신앙 좋은 청년인데다, 부잣집 아들인 미청년 김윤찬을 탐내어, 이 마을 저 마을에서 중매쟁이들이 몰려왔었으나, 김윤찬은 그것을 모두 물리쳐 왔었다. 그러나 중학교를 졸업하고 그의 나이 22세가 되자, 부모는 더 이상 결혼을 미룰 수만은 없다고 생각하고, 김윤찬의 결혼을 강행하였다.

청년 김윤찬의 배필은 중화군내 상원 내동교회 영수인 한두형의 딸 부흥 양이었다. 신앙 좋고 부유한 집안인 한두형의 딸 부흥 양은, 20세의 나이로 믿음이 굳고, 신앙생활에 열심인 처녀로서 평생을 예수 안에서 남편을 모실 수 있는 양갓집 규수였다. 김윤찬과 한부흥 양은 1927년 3월 12일 중화군 내동예배당에서 김홍기 목사의 주례로 백년가약을 맺었으니, 이로써 청년 김윤찬은 하나님의 은혜 안에서 가정을 이룬 것이다.

연단을 통한 제2의 인생

청년 김윤찬은 결혼 후에도 학문에 대한 열정을 버리지 못하고 숭실전문학교에 입학하여 1년을 다니던 중에, 하나님의 크나큰 은총으로 그가 나아갈 길을 인도받는다. 하지만 그로써는 온몸이 깨어지고, 온 신경이 발기발기 찢어지는 고통 속에서 제2의 생을 맞이하게 된 연단의 시간이 이어진 것이었다.

1928년 3월 학교가 방학을 한 뒤에 청년 김윤찬은 즐거운 마음으로 부모님과 가족이 기다리는 산사리에 들어섰다. 그런데 이상한 기분이었다. 가슴이 쿵쿵 뛰는 벅찬 느낌이 들어야만 할 텐데, 오히려 심장이 두근두근거리고 다리가 후들후들 떨리는 불안감이 온몸에 엄습해왔다. 무슨 일일까? 내가 왜 이럴까? 김윤찬은 가슴을 진정시키려고 무진장 노력했지만 그의 불안감은 점점 더 커져갔다. 한번 일기 시작한 불안한 느낌은 그의 온몸을 헤집고 다니면서 떨게 만들었다. 그는 어쩔 수 없이 떨리는 가슴을 부여잡고 간신히 산사리고개를 넘어서 집으로 들어온 다음에야, 그 불안감의 원인이 무엇인지 알았다.

"어머니" 하고 집안으로 뛰어든 그를 당연히 반겨주어야 할 어머니가 안 보이는 것이다. 그는 불안한 마음에 황급히 안방으로 뛰어드니 자신의 어머니가 하얀 병자가 되어 있었다. 항상 어린 윤찬이를 업고 비가 오나 눈이 오나 교회에 다니시던 어머니시다. 따듯한 예수님의 사랑을 몸으로 체험케 하시고, 말없이 윤찬이의 커가는 신앙을 바라보시며 미소 지으셨던 그런 어머니. 청년 김윤찬은 방안에 누워서 하얗게 굳어져 가는 어머니를 보며 그대로 굳은 돌처럼 서 있다가, 그 자리에 무너졌다.

"어머니!"

그의 두 눈에서 뜨거운 눈물이 하염없이 솟아났다. 한참을 그렇게 울던 그는, 가족들에게 왜 어머니의 병환을 자신에게 알리지 않았느냐고 따지듯이 물었다. 그러나 어머니는 그런 윤찬의 말을 듣고, 힘없는 어조로 입가에 미소를 띠며 이렇게 말했다.

"윤찬아. 우리 윤찬아. 네가 며칠 후면 방학을 해서 돌아올 터이고, 또 내가 아프다고 기별하면 네 공부에 지장이 있을 것 같아서, 알리겠다는 아버지를 말려서 내가 알리지 말라 했다."

어머니의 눈가엔 축축한 물기가 고여 있었다. 그것을 보는 윤찬은 격해지는 감정을 추스리지 못하고 다시 그 자리에서 통곡을 했다. 자신의 공부를 위해서 어머니는 병환을 숨기셨던 것이다.

어머니의 병세는 점점 더 심해졌고, 윤찬이의 지극한 간병에도 소용없이, 윤찬이 집에 돌아온 후 3일 되던 날, 1928년 3월 14일 김윤찬의 어머니 정신행은 결국 하나님의 부름에 따라 하늘로 올라갔다. 부모의 죽음이란 하늘이 무너지고 땅이 꺼지는 듯한 슬픔이라고 했던가? 윤찬의 가슴은 갈가리 찢기고, 머릿속은 온통 공허하고 가슴은 모조리 허망하여 있었다. 그는 이미 싸늘히 굳어져 있는 어머니를 부여잡고 통곡을 하며 소리쳤다.

"어머니, 어머니. 천당에 가셨습니까?"

참으로 엉뚱한 말이었다. 모태신앙을 가지고 여태껏 신앙생활을 하는 윤찬의 입에서 이런 소리가 나오다니…. 그는 하나님을 믿지 못해서 그런 말을 했을까? 아니다. 그는 참으로 하나님을 믿었다. 그러나 지금 윤찬의 심정에는, 어머니가 천당에 드셨는지 아닌지, 그것이 절실하고 심각한 문제였다. 그는 어머니께서 천당에 드셨다고 믿고 확신하고 있었다. 그러나 그것을 확인해보고 싶은 것이 그의 마음이었다. 마치 기드온이 하나님을 확인해 본 것과도 같이…. 윤찬은 어머니의 시신을 앞에다 놓고 땀이 피가 되는 기도를 올렸다. 정신은 오로지 한곳으로 집중되고 가슴에는 시뻘건 불길을 지닌 채로, 그는 목타게 소리치며 기도했다.

"어머니, 천당에 드셨습니까?"

기도하고, 울고, 몸부림치고, 다시 기도하니, 그의 눈에서는 피눈물이 흘렀고, 그의 온몸은 물동이를 뒤집어 쓴 듯이 진땀으로 흠뻑 젖었다. 그러나 이렇게 간절히 기도해도 그에게 돌아오는 응답은, 어머니의 싸늘한 시신에서 흐르는 냉기뿐이었다. 그의 가슴에 불안감이 하염없이 일어나서 그는 마구 소리를 쳤다.

"주님, 어머님이 천당에 드셨습니까?"

그의 기도는 절실했고, 간절함으로 방바닥에 찧어댄 그의 이마는 선홍빛 피로 얼룩지고 있었다. 입술은 바싹 말라서 터져나갔고, 눈에서는 쉴새 없이 뜨거운 눈물이 솟아 나왔다. 그러나 그는 멈추지 않았다. 기진해서 쓰러질지라도 멈출 수가 없었다. 그것이 그의 생명을 건 기도였고, 앞으로의 생을 결정할 간절한 물음이었다.

산사리에서 윤찬의 아버지인 김락환과 절친한 김진용이라는 영수가 있었다. 그는 윤찬의 어머니가 세상을 뜨자, 그 첫날부터 윤찬이네 집에 와서, 상(喪)을 위해 밤낮으로 힘을 썼다. 하루는 그가 너무도 피곤해서 잠시 자기의 집에 쉬러 갔다가, 깜박 잠이 들었다. 그때 그의 귀에 비몽사몽간에 이상한 소리가 들려왔다.

"진용아, 일어나라. 일어나서 이것을 보고 속히 증거하여라."

비몽사몽간이지만, 들려오는 소리는 너무도 맑고 깨끗하여 김진용은 분명히 그 소리를 기억할 수 있었다. 그는 그 소리를 듣자마자 너무나 놀라 자리에서 일어났고 잠시 꿈에 취한 듯 얼얼해 하다가 그 생생한 소리를 잊을 수 없어서 황급히 밖으로 나갔다. 그리고 도저히 믿지 못할 광경을 보고는 숨을 멈추고 두 손을 모았다. 그의 입에서 '주여'라는 소리가 절로 나왔다.

동쪽 하늘에서 이상한 광채가 마치 쌍무지개처럼 흘러나와서, 빈소, 즉 윤찬의 집까지 길게 이어져 있었던 것이다. 김진용은 그 성스럽고도 이상한 현상에 온몸을 부르르 떨었다. 얼마 동안 이렇게 정신없이 그것만을 바라보고 있던 김진용은 이러고 있으면 안 되겠다는 생각이 번쩍 들었다. 그는 윤찬의 집으로 정신없이 뛰기 시작했다.

그것은 의심은 아니었다. 다만 불확실했을 뿐이다. 그것을 의심이라고 한다면 기드온이 하나님을 시험했던 것도 의심이라고 볼 수밖에 없으리라. 그러나 기드온이 하나님을 시험했던 것은 의심이 아니라 불확실한 자신의 마음을 강건케 하려는 피나는 시도였고 노력이었다.

청년 김윤찬도 마찬가지였다. 자신이 앞으로 걸어가야만 될 예비된 길. 평생을 바쳐서 가야만 할 주님의 길. 험악하고 고단하며 죽음을 무릎쓰고 가야만 하는 악마와의 투쟁의 길을 시작하려는 출발점에 선 그가 어쩔 수 없이 취해야만 할 마음의 준비태세였는지도 모른다. 아무튼 그는 주님이 자신의 어머니를 천당으로 인도하셨다는 것을 확인하고 싶었고, 그것으로 앞으로 평생을 살아가려는 무기로 삼으려 했던 것이다.

밤낮을 피눈물을 흘려가면서 소리치고 기도했어도, 그에게 보이는 것은 아무런 증거도 없었다. 기도가 부족한 것인가? 열성이 부족한 것인가? 아니면 자신의 나아갈 길이 주님이 원하시는 길이 아닌가? 청년 김윤찬은 이런 복합적인 마음을 가지고 간절히 기도하면서 어머니가 천당에 드셨음에 대해 알기를 원했다. 바로 그 때, 밖에서 숨이 턱까지 차오르도록 뛰어온 김진용은 허겁지겁 안으로 들어오며 혼이 나간듯이 소리쳤다.

"윤찬아! 윤찬아! 밖으로 나와 봐라, 빨리!"

그는 숨을 거칠게 몰아쉬며 윤찬을 불러댔다. 김윤찬은 무슨 일이 일어났다는 것을 직감하고는 자리에서 벌떡 일어섰다. 웬만한 큰일이 아니고서는 조용해야 할 빈소에서 저렇게 소리 지르지 못할 것을 잘 알고 있었던 김진용은 목이 터져라고 소리를 지르고 있었고, 정신이 나간듯이 하늘만을 바라보았다. 윤찬이 허겁지겁 뛰어나가 김진용이 넋이 나간 듯이 쳐다보는 지붕 위를 올려다 보았다.

아! 그의 입에서 감탄의 외마디가 새어나왔다. 너무도 은혜로워 탄성조차 크게 나오지 않았다. 그 성스러운 광경에 청년 김윤찬의 온몸이 뜨거워졌고 관자놀이를 불꼬챙이로 쑤신 듯한 충격이 왔다. 그리고 이어서 그의 등줄기로 불기둥이 훑고 지나갔다. 그는 후들후들 떨면서 자신도 모르게 무릎을 꿇었다.

"주여! 주여!"

온몸을 엄습하는 환희와 기쁨 속에서 정신이 나간 채로, 주님만을 부르다가 한참 후에야 그는 자신의 옆에서 많은 사람들이 꿇어 엎드린 채로, 그 성스러운 현상에 기도드리고 있음을 알았다.

쌍무지개. 주님의 언약. 홍수 이후에 언약의 증거로써 인간에게 보이신 그 무지개. 바로 그 무지개를 주님은 청년 김윤찬에게 언약의 증거로써 보이신 것이다. 빈소에서 하늘로 길게 이어진 성스러운 두 갈래의 무지개는, 지금부터 너는 내 일을 맡아서 평생을 내 일만 하라는 주님의 말씀이기도 했고, 이 무지개로 너의 무기를 삼아 이 세상 끝까지 전하라 하는 말씀이기도 하다는 것을 청년 김윤찬은 가슴 속 깊이 새겨 넣었다. 그는 자리에서 벌떡 일어서서 모여 있는 사람들에게 소리쳤다.

"찬송합시다. 해보다 더 밝은 천국, 믿음만 가지고 가겠네"

사람들은 감동의 가슴을 부여잡고 온몸을 떨면서 목청껏 윤찬을 따라 찬송을 했다. 이제 청년 김윤찬의 가슴에는 강한 확신과 함께 어머님이 천당에 드셨다는 것과 하나님의 뜻을 온전히 받들어, 평생을 하나님의 일을 하며 살리라 하는 강한 의욕이 용솟음쳤다.

기드온 이야기

기드온은 아비에셀 사람 요아스의 아들이었다. 때에 이스라엘 사람들은 하나님 앞에서 악을 행하여 하나님의 진노를 받아, 미디안 사람의 억압을 받고 있었다. 이스라엘 백성들이 미디안 사람들에게 핍박과 수탈을 당하여, 험한 고통을 받고 있을 때, 하나님의 사자가 기드온에게 임하여 하나님의 명령을 전했다. 이스라엘을 구원하라는 명령을 받은 것이다.

그러나 기드온은 자신이 없었다. 그의 집은 미디안 사람의 억압 하에 있는 이스라엘 지파 중에서도 작은 므낫세 지파에 속해 있었고, 므낫세 지파 중에서도 제일 작은 집이 바로 그의 집이었다. 하지만 하나님은 그를 택하셨고, 그에게 하나님의 사명을 맡긴 것이다.

기드온은 하나님이 자신에게 준 사명을, 그리고 하나님이 자신과 함께 하신다는 것을 확인해 보고 싶었다. 그래서 그는 어느 날 하나님께 기도하길, '자신이 양털을 마당에 내놓겠으니, 이슬이 밤새 내리되 땅에는 말고 양털에만 내리게 하소서'라고 했다. 이튿날 아침 기드온은 바싹 마른 땅에서 이슬에 푹 젖어 물이 뚝뚝 떨어지는 양털을 집어 들고는 하나님이 자신과 함께 한다는 것을 확인한다.

그러나 그는 그것으로 만족하지 않고 다시 하나님께 기도드렸다. 이번에도 양털을 마당에 내놓겠으니, 이번에는 양털에만 말고 사방에 이슬이 내리라고 기도한 것이다. 다음날 그는 온 땅에 이슬이 내려 축축한 가운데에 바싹 마른 양털을 집어 들고는 이제야 진실된 하나님의 명령을 받아들인다. 그리고 그는 이 믿음을 무기로 삼아 하나님의 도움으로 미디안 사람들을 물리치고 이스라엘을 구했다. 청년 김윤찬의 삶에도 동일한 역사가 일어난 것이다.

3

애기 장로

첫 번째 사역지로

청년 김윤찬은 하나님께서 자신에게 내려준 사명을 이루기 위해, 숭실전문에서 숭신고성으로 옮겨가, 본격적으로 성경과 신학을 공부하기 시작했다. 신학과 성경공부에 열정을 쏟던 1929년 어느 날, 드디어 그는 하나님의 사역을 처음으로 맡게 된다. 공부만을 하고 하나님의 명령을 기다리며 준비하던 그에게 내려진 첫 번째 사명은, 주님을 기다리는 산골교회의 교인들에게 주님의 복음을 전하라는 것이었다. 그는 이 사명을 받고서 사뭇 긴장과 큰 설렘으로 가슴이 떨리는 것을 느꼈다.

평양노회 동언시찰회에서 청년 김윤찬에게 산사리교회와 또 한 교회, 하늘 아래 첫 동네라고 일컫는 산골 송탄교회의 조사 일을 맡아보라는 사명을 내려준 것이다. 송탄교회는 하늘 아래 첫 동네라는 이름에 걸맞게, 산골 깊숙이 자리하고 있어 아무도 가지 않는 곳이었고, 집들도 많지 않았다. 산사리에서 송탄교회로 가려면 여러 산을 넘고 물을 건너고, 계곡을 지나야만 도착할 수 있는 멀고도 험한 길이었다.

그러나 젊은 교역자 김윤찬에게 그 일이 하나님이 기뻐하시는 주님의 말씀을 전하는 숭고한 사명이었고, 또한 자신이 그토록 원했던 길이었으며, 하나님이 자신을 잊지 않고 자신에게 합당한 일을 주신 것이기에 즐거이 그 일을 맡았다. 아무리 길이 험하고 멀지라도, 아무리 골이 깊고 물이 그의 갈 길을 막는다 할지라도 즐거이 찬송하며, 청년 교역자 김윤찬은 자신의 맡은바 사명을 다하기 위해 두 교회를 다녔다.

그가 처음 송탄교회에 도착하니 교인은 산골 아낙네 넷과 남자 세 명, 그렇게 일곱 명이 교인의 전부였다. 교회도 움막으로 대충 지어진 초막이었고, 성경도 제대로 준비되어 있지 않았다. 그러나 청년 교역자 김윤찬은 이런 한심한 상황에도 실망치 않았다. 아니 오히려 이런 것들을 기뻐했다. 아무리 험한 산골의 교회라도, 주님의 말씀을 간절히 원하고 믿는 사람들이 있다는 것이 그에게는 기쁨이었고, 또 이런 곳에 자신을 선택해서 세워주신 하나님께 감사하는 마음이 들었다.

아무리 고립된 곳일지라도, 아무리 험난한 곳일지라도, 주님은 주님을 간절히 부르는 하나님의 백성들을 한 사람이라도 가벼이 여기지 않으시는 것이다. 그래서 그 외로운 곳에 외로운 심령을 가진 자들의 마음을 위로하시고, 말씀을 증거하는 귀한 사역자로 자신을 선택해주신 하나님의 깊은 은혜에 무한한 감사의 마음을 품었다.

확장되는 사역

비가 오면 온몸이 온통 비에 젖어서 오들오들 떨고, 눈이 오면 미끄러지고 깨어져서 온몸이 만신창이가 되어도, 주님의 말씀만을 전하기 위해 한 번도 거르지 않고 송탄교회를 나간 지 어언 1년, 청년 교역자 김윤찬은 이제는 7명에서 40여 명으로 불어난 교인들을 바라보면서 감동의 눈물을 흘렸다. 산골 이곳저곳에 처박혀서 세상에 버림받고 사는 이들이, 모두 입에서 입으로 전해들은 하늘 말씀을 믿고 모여 이렇게 40여 명이 된 것이다.

비록 몸은 곤하고 생활은 빈궁해도, 하나님의 말씀 하나만을 의지하여, 상한 심령을 위로받고자 모인 그들을 보면서 청년 교역자의 가슴에 벅찬 감동과 함께, 그의 눈에서 진한 눈물이 흘러내렸다. 주님의 역사하심이 이렇게도 큰 것인가?

이렇게 하나님의 복음을 전하는 중에, 노회에서는 그에게 다른 사명을 더하여 맡겼다. 정성으로 복음을 전하는 그를 인정해준 노회에서 삼합리와 천호리의 두 교회를 더 맡으라는 것이었다. 교역자 김윤찬은 비록 몸은 피곤하고, 네 교회를 맡는다는 것이 자신의 힘에 벅찰지는 모르겠으나, 모든 것이 주님의 은혜라고 믿고서 순종하는 마음으로 그 사명을 받아들였다.

네 교회를 맡았으니, 한 주일에 한 교회씩을 돌아다녀 네 교회가 끝나면 한 달이 후딱 지나가 버렸다. 그는 한 달에 한 번씩 들르는 교회에서, 모든 교인들이 복음에 목이 말라 목을 빼고 기다리던 생명의 말씀을 나누어주는 기쁨에 피곤한지도 모르고 네 교회를 돌아다녔다. 교인들은 모두 한 달에 한 번밖에 못 오는 조사 김윤찬이 오는 주일이 되면, 모두가 하늘의 천사가 오는 듯이 그를 맞았고, 예배시간에 그의 설교를 마치 가뭄에 만난 비처럼 빨아들였다.

청년 교역자 김윤찬은 24세에 숭신고성을 졸업하고, 자신이 하나님에게 받은 소명이 바로 부흥이라는 것을 깨닫고는, 각처의 교회에 부흥회 인도를 하러 다녔다. 그래서 교인들에게 믿음을 심어주고, 신앙의 성장을 꾀하는 믿음과 성장의 부흥에 힘쓴 것이다. 27세 때, 그는 산사리교회에서 장로 장립을 받아서 가장 나이 어린 장로로서, 열성적으로 맡은 바 하나님의 일에 충성을 다했다. 그래서 평양노회에서는 김윤찬을 애기 장로라고 불렀으니, 하나님이 그를 사랑하심이 이렇게도 큰 것이었다.

두 번째 시련

이런 하나님의 크신 은총과 기쁨 속에서 살아가고 있는 그에게 두 번째 시련이 닥쳐오고 있었으니, 달군 쇠는 때릴수록 강해지고, 비바람을 겪은 나무는 점점 강해진다고 했던가? 하나님이 그를 크게 쓰시려고 하는 것인가? 아무튼 시련은 다가오고야 말았다.

1933년 조선 땅에 기독교가 들어온 지 49년 되는 해이다. 일본은 조선 침략을 서서히 마무리 짓고 있었고, 조선의 문화도 그들의 만행에 무자비하게 말살되어 갔다. 10년이 넘는 일본의 지배에 조선 독립이 막연하다고 생각한 사람들은 하나 둘씩 친일파로 전향했고, 조선 백성들 중 독립을 포기하는 사람들이 늘어만 갔다. 하지만 아직도 곳곳에서는 독립을 위해 힘쓰며 항일운동을 하는 단체들도 많이 생겨났다.

기독교단체들은 직접적으로 항일운동에 가담하지는 않았지만, 마음속으로 또는 비밀리에 항일운동에 동참하고 있었다. 상해에 위치했던 대한민국 임시정부의 국무령(대통령) 김구 선생은 바로 전 해인 1932년 1월에 이봉창 의사를 보내 일본 천황을 폭살게 했으나 실패했고, 그 해 4월에 홍구공원에서 일으킨 윤봉길 의사의 의거는 성공했다. 이때가 바로 신사참배 강요로 일제가 조선기독교계를 시험하기 시작한 때였다.

바로 이런 어지러운 상황하에 있었던 1933년 정월에, 청년 교역자 김윤찬은 상원 구계비교회 집회를 일주일간에 걸쳐 인도하고 부지런히 집으로 돌아왔다. 그는 상원으로 떠날 때, 만삭이었던 아내를 보고 갔기에 아내의 건강과 곧 태어날 자식에 대해 걱정을 하고 있었다. 집에 돌아와 보니, 아내가 벌써 아이를 순산해서 3일이 지나 있었다. 김윤찬은 부인에게 미안하기도 하고, 또 아들을 봐서 기쁘기도 했다. 이미 첫째 딸 재옥이가 다섯 살이었고, 맏아들인 재성(혜성이라고 불리움)이가 두 살이었지만, 또 하나의 아들은 그에게 무한한 기쁨을 주었다.

이 아이가 셋째 재진이다. 김윤찬은 갓난 재진이를 아내의 손에서 건네받고는 흐뭇한 미소를 띠었다. 만삭이 된 아내를 집에 홀로 놔 두고 부흥회를 다녀온 그로서는 아내에 대한 죄스러움과 미안함이 가슴속에 가득 차 있었고, 또한 아무 일도 없이 순산한 데 대한 안도감에서 그는 한숨을 길게 내쉬었다.

한 주일을 아내의 산후조리에 신경을 쓰면서 지냈고, 그 다음주일에 중판간도읍 교회에서 부흥회 부탁이 들어왔다. 교역자 김윤찬은 다음날 부흥회를 떠나기에 앞서 그 준비를 하고자 서재에 들어가서 기도를 하고 있었는데, 아내가 부르는 소리가 들렸다.

안방으로 들어선 김윤찬은 아내의 안색을 보고는 가슴이 철렁 내려앉았다. 아내의 얼굴은 분칠을 한 것처럼 하얗게 변해 있었고 얼굴 전체에 진땀이 범벅이 되어 있었다. 아내는 윤찬에게 춥다고 했다. 그는 허겁지겁 이불을 끌어내려 덮어 주었는데, 아내는 이불을 덮고 또 덮어도 춥다고만 했다. 윤찬은 이불이란 이불은 몽땅 끌어내려서 덮어 주었다. 그런데도 아내는 덜덜 떨고만 있었다. 아내의 심상치 않은 안색을 보고 윤찬은 불길한 예감을 느끼며 밖으로 뛰쳐나갔다.

"도찬아! 도찬아!"

윤찬은 급히 동생 도찬이를 불러서 의사 선생님을 데려오라고 황급히 지시하고는 다시 안방으로 뛰어 들어갔다. 정신이 하나도 없었다. 무엇을 해야 할지 생각조차 나지 않았다. 아내의 옆에 앉으니 아내가 힘없이 손을 내민다. 윤찬의 눈에서는 눈물이 왈칵 쏟아져 나왔고 열이 펄펄 끓고 있는 아내의 연약한 손을 잡는 것이 그가 할 수 있는 전부였다.

"여보, 부인. 정신 차리시오, 부인."

그러나 이런 윤찬의 외침과 간절한 소망도 아무 소용이 없었고,

그저 아내의 숨소리만 점차 약해져 갔다.

"여보, 주님이 부르시는군요. 아이들을 잘 부탁합니다."

이것이 아내가 윤찬에게 남긴 마지막 말이었다. 윤찬은 정신이 아득해지며, 넋이 나가서 아내의 잡은 손을 마구 흔들었다. 그러나 이미 아내의 손에는 아무런 힘이 없었다.

"부인, 부인! 일어나시오! 애들이 불쌍하지도 않소? 당신이 먼저 가면 저 갓난아이는 어쩌란 말이오. 일어나시오, 부인!"

윤찬은 몸부림을 치며 통곡을 했다. 이곳저곳 부흥회를 다니면서 한 번도 따듯한 말 한마디 건네 보지 못했던 아내이다. 일 년 내내 교회 일에만 매달려서 한 번도 신경을 써주지 못했던 아내가 아닌가. 그런 아내가 이 무정한 남편 윤찬을 남기고 떠난 것이다. 윤찬은 울부짖으며 몸부림치다가 다시 소리쳐 아내를 불렀다. 바로 그 순간 김윤찬은, 청년 교역자도, 애기 장로도, 그리고 김 조사도 아니었다. 오롯이 아내를 잃어버린 상한 심령의 슬픈 남편일 뿐이었다.

다시 일어서는 사명

장례식 후에 김윤찬은 세 아이를 무릎에 앉혀놓고 실성한 것처럼 멍하니 있었다. 재옥이, 재성이, 재진이. 삼남매는 아직 어려서 무엇이 어떻게 되었는지 모르는 채, 아버지가 슬퍼하니 따라서 슬퍼하고 있었다. 이제 낳은 지 한 달밖에 안 되는 재진이는 배가 고프지 윤찬의 품에서 칭얼대고 있었다. 이제 어떻게 하나? 이 어린 것들을 데리고 무엇을 해야 하나? 모든 것이 허망하게 느껴졌다. 훌륭한 목사가 되겠다고 그가 여태까지 마음에 품고 있던 생각도, 하나님의 일만을 열심히 하겠다는 각오도 그 순간에는 모두 다 한 줌의 재처럼 싸늘하게 식어버렸다. 지금 당장 그가 생각하는 것은 이 어린 것들을 어떻게 해야 하는지에 대해 대책 없는 절망감뿐이었다. 한참을 이렇게 절망감에 빠져 있던 그에게, 갑자기 하나님께서는 간도교회를 생각나게 하셨다. 아내의 상 때문에 부흥회를 하려다가 갑자기 취소된 그 간도교회 말이다. 그러면서 그의 눈앞에 두 줄기의 무지개가 선명하게 나타났다.

'윤찬아, 윤찬아. 나는 네게 언약의 무지개를 보여주었는데, 너는 무엇을 하고 있느냐?'

주님의 꾸지람이 그의 귀에 들려오는 듯했다. 윤찬의 가슴속에서 다시 무엇이 불을 댕긴 듯 끓어오르기 시작했다. 그의 가슴속에서 엄청난 불길이 일고 있었다. 그는 자리에서 벌떡 일어섰다. 어린 삼남매를 부여안고서 다시 주님의 성스러운 말씀을 온 세상에 전하기 위해 분연히 일어선 것이다. 여태까지 가슴속에 미진하게나마 품고 있었던 절망감은 자취도 없이 사라져 버렸다. 그리고 그의 온몸이 감동으로 불타고 있었다.

청년 교역자 김윤찬은 그때까지도 자신이 없어서 유보 중에 있었던 간도교회로 편지를 보냈고, 간도교회에서는 부흥회를 인도해

달라는 부탁을 해왔다. 그는 간도교회 부흥회를 위해서 온 마음을 다해서 준비하기 시작했다. 갓난아이 재진이는 유모에게 맡기고 재옥이, 재성이는 형수에게 부탁을 한 다음, 슬픔을 잊고서 그는 힘차게 주님이 인도하는 길로 발걸음을 옮겼다.

항상 그렇듯이 윤찬은 부흥회를 하면서 세상의 모든 생각을 잊어버렸다. 삶에 대한 걱정이나, 세상에 대한 근심들은 부흥회 기간 동안 하나도 남김없이 그의 머리에서 떠나버리고, 오로지 하나님의 말씀만 증거하는 데 힘썼다. 그는 복음을 증거하며 부흥회를 이끌어나가면서, 자신의 어머니가 천당에 가신 것을 상기했고, 곧이어 자신의 아내도 천국에 들어서 주님 곁에서 피곤한 심령을 위로받고 있다는 것을 확신했다.

그러자 마음이 편해졌다. 모든 것은 주님의 뜻이다. 흔들리기 쉬운 인간 김윤찬의 마음을 올바로 잡아주시기 위한 주님의 은총이었다. 윤찬은 이런 마음이 들자, 감사한 생각에 주님을 위한 찬미의 기도를 올렸다. 이제 그는 다시 한 번 더 태어난 것이다. 그의 곁에 주렁주렁 달려 있었던 온갖 미혹과 가득한 의심이 한 꺼풀씩 벗겨지고 있었다.

유능한 청년 교역자, 그리고 신앙심 깊은 김윤찬 조사가 상처했다는 소식이 곳곳에 퍼지자, 그에게 재혼을 청하는 사람들이 많이 당도했다. 그러나 윤찬은 재혼하고픈 마음은 없었다. 천당에 간 전처의 문제도 그랬지만, 더욱더 그의 결심을 굳힌 것이 아이들 문제였다. 전처의 소생을 제 자식처럼 키워주고 또 교역자의 아내로서 험한 삶을 순종하며 받아들일 수 있는 여자가 어디 있으랴? 그의 결심이 굳어져 가고 있는 가운데, 윤찬은 주님의 일을 온전히 하면서는 자신이 아이들을 제대로 보살필 수가 없다는 것을 깨달았다. 사람은 혼자서는 살지 못하는 것인가? 아니면 주님은 그를 더 크게 쓰시려고 오로지 주님의 일에만 전념하게 만드시려는 것인가?

곳곳에서 혼처가 났으나, 김윤찬이 처녀들에게 자신은 아이가 셋이나 딸린 홀아비에다 시골 조사이며, 평생을 주님만을 위해 살아갈 사람이라는 것을 편지로 알리자, 모두 고개를 저었다. 그러나 주님은 이런 청년 교역자 김윤찬을 홀로 내버려두지 않았다.

새로운 만남

1934년 김윤찬이 보낸 서신 중에서 답장이 온 곳이 딱 한 군데 있었다. 그 많은 혼처에서 단 한 장의 서신만이 주님의 인도 아래, 김윤찬에게 당도한 것이다.

'조사님. 저는 평남 숙천에 사는 23세 처녀 이봉각이라고 합니다. 항상 주님 안에서 생활해왔고, 신앙 속에서 살아왔던 저는 하나님의 일을 하는 사람 이외에는 결혼하지 않겠다고 주님과 굳게 맹세해 왔습니다.'

하얀 종이에 정갈히 써내려간 글에 청년 교역자 김윤찬의 가슴이 벅차오르고 있었다. 아, 하나님의 은혜가 얼마나 큰 것인지…. 윤찬은 이렇게 생각하며 다시 편지를 읽어 내려갔다.

'엄마 없는 아이들은 제가 그 아이들의 어머니가 되어 주님의 은혜로 기도하며 키울까 합니다. 우리는 주님이 짊어지셨던 십자가의 고통을 따르지 않으면 절대로 주님을 향해 나아갈 수 없습니다. 주님이 겪었던 십자가 고통의 만 분지 일도 안 되는 작은 일이나마 힘을 다함으로써, 조사님이 하시는 주님의 일을 도울 수 있다면 이 또한 주님의 크나큰 은혜로 믿사옵고…'

김윤찬의 입술에서는 자신도 모르게, '주여, 감사합니다'라는 말이 튀어나왔다. 이렇게 해서 주님의 인도 아래, 청년 교역자 김윤찬은 그의 나이 30세인 1935년 10월 18일 평남 숙천교회에서 황봉찬 목사의 주례로 23세의 신앙심 깊은 처녀 이봉각 양을 맞아서 새 가정을 이뤘다. 새 신부 이봉각 양은 결혼하자마자, 세 남매를 친자식처럼 키웠고, 또한 교역자 김윤찬이 하는 주님의 사역에 지장이 없도록 내조했음은 물론이었다.

4

다가오는 시련

주기철 목사

때는 다시 청년 교역자 김윤찬이 재혼했던 때부터 거슬러 올라간다. 1916년 평북 정주. 애국자였고 후에 3.1 운동 때 33인 중의 한 명이셨던 이승훈 장로가 세웠던 오산중학교. 평양 산정현교회 장로였던 조만식이 교장으로 있었던 오산중학교를 뜻이 곧은 한 청년이 졸업했으니, 그는 졸업식을 마친 후에 하늘을 올려다보면서 자신의 앞날을 가늠해 보았다. 공부를 계속해서 출세를 할 것인가? 아니면 후배를 양성할 것인가? 아니면 가슴속에 조그맣게 싹튼 신앙을 위한 공부를 할 것인가? 그의 가슴에는 온통 앞날에 대한 희망으로 부풀어 있었으나, 진실로 자신이 원하는 길이 무엇인지 분명치가 않아 방황하고 있었다. 그 사람이 바로 한국 기독교의 위대한 순교자로 남은 청년 주기철이었다.

주기철은 공부를 계속하자고 마음먹고 연희전문학교 상과에 입학했다. 무엇을 하든지 우선은 배워야만 한다는 생각이었다. 그는 조국 조선에 미약한 힘이나마 보태기 위해 공부를 열심히 했다. 그러나 인간이 아무리 자신의 길로 가려고 노력하여도, 주님이 불러주시면 주님의 길로 따라가야 하는 것이다. 주님이 청년 주기철에게 가기를 원하셨던 길은 다른 길이었나 보다.

공부 중에 그는 이상하게 눈이 아파왔다. 처음 그는 그것이 일시적인 현상이라고 생각하고는 대수롭지 않게 생각했는데, 며칠이 지나도 아픈 것이 낫지 않고 점점 더 심해가자, 불안한 마음이 들었다. 그는 안질을 낫게 하려고 여러 약을 사용해 보았지만 소용이 없었다. 이제 그는 책도 보기 어렵고, 공부할 수도 없을 만큼 안질이 번져서, 그만 공부를 포기해야만 할 운명에 처해졌다. 조금만 더 있으면 낫겠지 했던 소망도 시간이 지나자 암담한 희망이 되어 버렸다. 할 수 없이 그는 퉁퉁 부어 거의 보이지 않는 눈으로 연희전문학교를 떠나야 했다. 그는 고향인 경남 창원군 웅천면으로 병 구완을 하러 내려갔다.

이기선 목사, 김익두 목사

1920년 당시 경남 김해읍 김해읍교회에서는 신유와 복음의 일꾼이요, 신앙으로 단단히 무장한 이기선 목사를 맞이했다. 평북 박천 출신이고 1915년에 평양신학교를 졸업한 평안도 사람인 그가 경남의 조그만 교회에 내려온 이유는 오직 하나님만이 아실 것이다. 그렇게 하나님의 인도하심으로 경상도에 내려온 이기선 목사는 주기철 목사에게 지대한 영향을 주었고, 경상도의 주기철 목사가 다시 평안도에 올라가 신학 공부를 마치고 평안도의 김윤찬 목사에게 지대한 영향을 미치게 된 과정은, 참으로 신기하고도 오묘한 주님의 신령한 뜻일 것이다.

아무튼 이기선 목사가 김해읍교회에 시무하고 있을 때, 청년 집사였던 주기철의 가슴에 조그만 불씨로 남아 있었던 신앙의 불꽃이 활활 지펴지기 시작했다. 청년 주기철은 이기선 목사를 만난 후에야 자신의 안질이 하나님의 뜻이라는 것을 깨달았다. 자신의 온몸이 이제는 활활 타오르는 신앙의 불덩어리로 변한 것을 느꼈다.

그때 주기철이 사는 웅천에 또 한 분의 목사가 부흥회 때문에 내려왔으니, 그가 바로 신유의 능력을 하나님에게서 받았던 김익두 목사다. 청년 집사 주기철은 이기선 목사와 김익두 목사의 교화를 흠뻑 받아 자신의 길이 하나님의 복음을 전하는 데 있다는 것을 확신하게 된다. 그는 두 목사의 권고로 1921년 평양신학교에 입학했고, 1926년 졸업하고 안수를 받음으로써 목사가 되었다.

시련의 그림자

1931년 이기선 목사는 평북으로 올라와 의주군 위화도에서 교회를 맡고 청년 일꾼 수십 명을 길러낸다(이 청년 일꾼들은 대부분이 후에 신사참배 반대운동을 하고 일제의 탄압을 받고는 주기철 목사와 함께 순교했다). 1936년 주기철 목사는 평양 산정현교회로 부임했고, 그 산정현교회에는 조만식 선생이 장로로 있었다.

1934년 조선 선교 50주년인 해였다. 선교사, 목사, 교인들은 이 해를 기독교의 '희년'이라고 정하고 희년 기념행사가 평양에서 이루어졌다.

숭실학교 운동장엔 수도 셀 수 없는 수많은 인파가 모여, 이 땅에 주님의 선교가 이루어진 지 50주년이 되는 해를 기념하고 있었다. 선교사, 목사, 장로, 교인 등의 모든 기독교인들이 참여한 가운데 평양신학교의 설립자이며 한국선교의 큰 인물인 마포삼열 목사의 말씀으로 기념식은 시작되었다. 오로지 십자가의 도(道)와 복음만을 전하겠다는 마포삼열 목사의 말씀은 숭실학교 운동장에 모인 모든 교인들의 가슴에 깊이 새겨졌다. 기념식과 예배는 하나님이 함께 하셔서, 은혜와 영광이 충만한 행사가 되었다. 그러나 그런 기독교인들의 모임을 좋지 않은 눈으로 쳐다보는 자들이 있었다.

일제 치하에서는 일반적으로 집회가 금지되어 있었다. 그런데 그렇게 많은 인원이 모였으니 일본인들이 극도로 경계했던 것은 당연한 일이었다. 특히 1919년의 3.1운동, 1926년의 6.10만세운동, 1929년 광주학생항일운동을 겪었던 일본인들이 수많은 인파가 모인 이런 집회를 묵인하지 않았다. 그래서 시작된 것이 기독교인에 대한 무조건적인 신사참배 강요였다. 물론 신사참배는 그전에도 있었으나, 그렇게 심한 강압적 성격을 띠지는 않았다. 그러나 이제부터는 신사참배에 반대하는 것을 생명까지도 위협하는 중대한 형벌로 다루기 시작했다.

신사참배는 일본인들의 조상신을 믿고 경배하라는 일종의 민족말살정책이고, 또한 우상숭배였다. 수백의 잡신들이 난무하는 일본은 자신의 시조신 격인 천조대신(天照大神)을 조선으로 들여와, 조선신궁(朝鮮神宮)을 세우고 조선 백성에게 신사참배를 강요했고, 또 조선 곳곳에 신사를 세워 이에 참예를 요구하였다. 신사참배는 점점 일본의 조선침략 수단이 되어 비중이 큰 행사로 자리잡아 갔고, 신사참배의 반대자는 가차 없이 혹독한 형벌을 받았으며, 심한 경우에는 사형까지도 당했던 것이다. 결국 신사참배 반대자는 대부분 일제에 의해 살해되었고, 그 가족들까지도 참혹한 대우를 받아야만 했다.

다신교를 믿는 조선의 불교도들도 모두 이 신사참배에 반대를 했는데, 하물며 우상숭배를 죄악시하는 유일신 하나님만을 믿는 기독교인들의 반대와 분노는 이루 말할 수 없었다. 그러나 신사참배 반대에 대한 일본의 대응은 잔인하고도 참혹했다. 일반 신도들은 신사참배를 거부하면 쥐도 새도 모르게 없어져 살해되었고, 어떤 사람들은 주재소로 끌려가서 죽도록 얻어맞고 고문도 당하면서 기어이 신사참배에 대한 찬성을 강요받기도 했다.

1935년 가을 평양숭실전문학교 교장 맥큔(한국명 윤산온(尹山溫), George Shanon McCune) 박사는 평남지사에게 소환당해 신사참배를 60일 기한부로 강요받았다. 맥큔 박사는 신사참배의 의미가 무엇인지 익히 알고 있었고, 또 조선인 목사들의 결의에 따라 신사참배를 거부했다. 60일이 지나고서도 맥큔 박사가 신사참배를 하지 않자, 일본인들은 그것을 빌미로 맥큔 박사의 교장직을 박탈했고, 맥큔 박사는 출국 조치를 당해 자신의 나라로 추방되었다. 이것을 계기로 일본은 선교사에게까지 신사참배 반대자는 잔혹한 형벌을 일삼았으니, 1936년 선교사회의가 열려 이 문제를 전격적으로 의논했으나 이렇다 할 결론에 도달하지 못했다.

신사참배

바로 이런 때에 청년 교역자 김윤찬은 하나님의 일을 더욱 열심히 하기 위해 평양신학교에 입학한 것이다. 신학을 연구하고, 성경을 공부하고, 또 예배에 참석하면서 김윤찬은 하나님에 대한 신앙을 한껏 키워나갔다.

1938년 김윤찬은 평양신학교 졸업반이었고, 당시 기독교계나 조선에 당면한 가장 큰 문제 중 하나를 신사참배로 보았다. 일본제국주의자들은 조선사람이면 누구에게나 무조건적인 신사참배를 강요하였고, 기독교계에서는 신사참배가 성경에 위배된다며 이를 정면으로 거부했다.

그러나 일본 정부의 잔혹하고도 무자비한 탄압과 고문에 의해, 신사참배를 인정하는 기독교인들도 늘어났고, 또한 출세를 위해 신사참배를 인정하고서 일본 세력에 아부하는 기독교인들도 늘어만 갔다. 이때 평양신학교에 주기철 목사의 집도로 경건회를 마련했다.

주기철 목사는 성경대로 살다가 성경대로 순교해 간 조선 기독교의 대변인이다. 그의 가슴에 심어졌던 모든 것은 오직 하나뿐이었다. 오직 예수! 주기철 목사는 김윤찬이 참석해 있던 예배에서 조금의 두려움도 없이 소리 높여 외쳤다.

"우리는 오로지 하나님을 의지해서 하나님을 믿고 하나님을 중심으로 하는 삶을 살아야 합니다. 하나님만이 우리의 구원이시며, 주님만이 우리가 믿고 의지하며 따라야 할 분이십니다. 신사라는 것은 잡신을 숭배하는 것으로, 신사참배는 잡신에게 경배를 드리는 우상숭배와 동일합니다. 그러므로 신사참배는 엄연한 죄인 것입니다. 세상에서 죽음을 두려워하는 자는 천국에서 사는 것을 두려워하는 자이고, 세상에서 죽음을 두려워하지 않는 자는 천국에서 사는 것을 두려워하지 않는 자들입니다. 일시적인 사탄의 우세에 굴복하여, 사탄의 지배에 빠지는 것은 자신의 영혼을 팔아먹는 짓이고, 우리 주님으로부터 멀어져 가는 지름길인 것입니다…."

평양 산정현교회 목회자 주기철 목사의 죽음을 무릅쓴 피 끓는 설교는 그 예배에 참석했던 모든 교인, 전도사, 사역자, 목사들에게 뜨거운 감명을 주었다. 주기철 목사의 설교는 이미 일본이 죽을죄로 금지한 신사참배 반대에 대한 기독교도들의 입장을 설파한 것이었다. 신사참배를 강요하고 있던 일본제국주의자들은 신사참배 반대자들을 혈안이 되어 색출하고 있는 가운데, 주기철 목사는 의연히 신사참배를 반대한다고 설교한 것이었다.

그는 생명을 걸고, 사탄의 일시적인 우세에 굴복하여, 위협과 두려움 때문에 또는 인간의 협박 때문에 주님의 일을 거짓 증거할 수 없다는 신념하에서 이같이 천명했던 것이다.

그 당시 목숨을 걸고 신사참배를 반대했던 기독교 사역자들은 담대하게 나아가서 복음을 전했다. 평양의 호랑이라고 불리던 최봉석(권능) 목사는 새벽 4시에 거리에 나와, '신사참배는 죄다'라고 부르짖으며 밤이 깊도록 가두 전도를 했고, 이기선 목사를 포함한 신의주교회의 젊은 전도사들은 신사참배 결사반대를 결의했으며, 평양 산정현교회에서는 주기철 목사의 검거 후에도 산정현교회 신도 대부분이 신사참배를 완강히 반대하며 그에 대항하여 항거했다.

이외에도 채정민 목사, 박관준 장로 등 수없이 많은 기독교 사역자들이 신사참배 반대를 죽음으로써 주장하였으니, 후에 주기철 목사, 최봉석 목사, 박관준 장로는 평양형무소에서 순교하였고, 박의흠 전도사, 김윤섭 전도사, 서정명 전도사 등이 매를 수없이 맞고 고문을 잔혹하게 받아서 옥사했으며, 수도 없이 많은 기독교인들이 신사참배 반대로 박해와 고초를 받았다.

청년 김윤찬은 주기철 목사의 죽음을 두려워 않는 의연한 기상을 가슴에 품고, 생과 사가 인간의 힘이 아닌 하나님의 능력과 뜻에 의해 결정된다는 주기철 목사의 설교를 가슴속 깊이 새겼다.

1938년 김윤찬은 평양신학교를 졸업하고 안수를 받아 목사가 되었다. 신학교 때 그는 동료 전도사들과 좋은 때가 올 때까지 목사 안수를 받지 말고, 좋은 때가 오면 안수를 받아 목사가 되자고 결의한 적이 있었다. 그것은 그 당시에 일본에 아부하는 썩어가는 기독교계를 보면서, 한탄하며 혈기에 넘치는 젊은 전도사들이 함께 결의한 것이었다.

그러나 김윤찬은 수많은 양 떼를 버리고 자신만이 안전하게 살아갈 수 없다는 생각을 하고는, 같이 만주로 도피하자는 동료 전도사들의 말을 거절하고, 평양노회에서 목사안수를 받았다. 그는 죽음을 초개와 같이 여기는 주기철 목사 이하, 많은 기독교 사역자들이 고초를 받는 것을 보면서, 자신만이 안전한 길을 간다는 것은 주님의 뜻이 아니라는 것을 깨달았기 때문이었다.

목사가 된 김윤찬에게 처음으로 하나님께서 맡기신 교회가 평남 강동군 승호읍 승호리에 위치한 중부교회였다. 김윤찬 목사는 교회를 맡자, 오로지 주님만을 의지하며 믿고, 주님만을 모시고 섬기는 마음으로 시무에 임했다.

1938년 9월 10일, 평양 제27회 조선예수교 장로회 총회가 열리고 있었다. 주된 안건은 역시 신사참배 문제였다. 일본 경찰이 곳곳에서 눈을 시퍼렇게 뜨고 지켜보고 있는 가운데, 조선의 독립은 그 앞날을 가늠조차 하기 어려웠고, 일본의 압박은 기독교계에 점점 커다란 힘으로 다가오고 있었다.

당시 일본의 명령에 항거하는 자들에게는 참혹한 죽음만이 기다렸다. 칼로 살을 저미고, 뼈란 뼈는 모조리 부수어지는 고통 속에서, 고문이란 고문은 모두 받아가면서, 비참하고 잔인하게 죽어가는 그런 무시무시하고도 악랄한 죽음이었다.

총회는 일본 경찰의 무언의 압력 속에서 숨 막히게 거행되었다. 그 순간 신사참배를 반대하는 사역자에게는 죽음만이 기다리고 있을 따름이었다. 모든 것은 잘 짜여진 각본처럼 움직여가고 있었고, 악귀의 커다란 입은 그 총회에 참석한 모든 사역자들을 기다리고 있는 듯이 딱 벌어져 있었다. 그 사탄의 입에서 빠져나갈 사람은 없었다.

마침내 총회장은 회원들에게 신사참배의 찬성 여부를 물으며, 신사참배는 종교의식이 아닌 국가의식인 고로, 신사참배를 받아들이는 것은 기독교에 반하지 않는다고 주장했다. 그리고 총회장은 자신의 결정에 따라, 회의를 찬성 쪽으로만 몰아갔다. 숨 막히는 긴장이 감도는 중에, 그 자리에서 반대를 하는 자는 한 명도 없었다. 사역자들은 자의반 타의반으로, 또는 찬성이건 묵인이건 간에, 혹은 방관 형식이나 포기 형식으로 신사참배를 찬성하는 격이 되어 버렸다. 총회장은 그렇게 신사참배 찬성의 결의안을 채택하였다.

"신사참배 의식은 종교적인 의식이 아닌 국가적 의식으로서, 우리 기독교의 신앙과는 무관한 것입니다. 그러므로 우리 기독교는 신사참배에 동참할 것을 여러 회원들의 동의하에 찬성하는 바입니다."

기어코 기독교인으로서는 나오지 못할, 사탄과 타협하는 결의가 나온 것이다. 총회장은 이렇게 말하면서 회의장 주변에 수없이 깔려 있는 일본 경찰과 형사들을 쳐다보며 이마에 흐르는 땀을 닦았다. 그런데 바로 그때 총회장에게 정면으로 도전하고 나서는 사람이 있었다.

"신사참배는 엄연히 우상숭배이며, 하나님께 죄 짓는 행위입니다. 그리고 총회장은 반대의사는 묻지도 않고 찬성만을 물었으니, 이 결의안은 불법… 윽!"

갑자기 들이닥친 사복 형사들이 이렇게 반대하는 자의 발표를 무자비하게 멈추었다. 사복 형사들에게 둘러싸여 고통스러운 표정을 짓고 있는 사람은 한부선 선교사였다. 그는 살벌한 분위기에 둘러싸여 있어도 항의를 계속했으나, 일본 형사들은 그를 강제로 회의장에서 끌어냈다. 한부선 선교사는 끌려가면서도 신사참배는 하나님에게 죄를 짓는 행위라고 소리쳤다.

그가 끌려 나간 뒤에는 아무도 그 결의안에 반대하는 사람들이 없었고, 조선예수교 장로회 제27회 총회에서 이렇게 해서 신사참배를 받아들이자는 수치스러운 결의가 이루어졌던 것이다(이 결의는 총회장과 일부 회원들의 임의적 결의이고, 전체 기독교인들의 결의가 아니므로, 1954년 안동에서 열린 대한기독교 장로회의 제39회 총회에서, 제27회 총회는 불법이라고 정하고 정식으로 그 총회를 취소했다. 이때에야 비로소 기독교계는 신사참배를 찬성했다는 오점을 씻게 된 것이다).

신사참배를 결정한 제27회 총회원들은 자발적으로 평양신사에 참배함으로써 대한 기독교사에 커다란 오점을 남겼다.

김윤찬 목사의 결단

이런 시점에서 김윤찬 목사는 주기철 목사의 의연했던 설교를 사무치게 그리워했다. 신사참배는 엄연히 죄라는 것을 의연히 설파했던 그 감동적인 설교를 말이다. 그리고 비양심적이고 불신앙적인 많은 설교자들을 혐오했다. 그는 주기철 목사가 신사참배에 대한 반대 설교를 할 때 보았던 두 명의 사역자를 머리에 떠올렸다.

한 명은 주기철 목사의 설교에 전적으로 동감을 표했던 평양신학교 박형룡 박사(후에 고려신학교 3대 교장이 된다.)이고, 다른 한 명은 주기철 목사의 설교에 강한 반감을 표시했던 채필근 목사(후에 평양신학교, 선교사들이 세운 것과는 다른 학교에 초대교장이 된다.)였다. 똑같이 하나님을 섬기는 사역자들 사이에도 이런 크나큰 차이가 나는 것이다. 이것이 그 당시 사역자들의 상황을 나타내는 대표적인 예였다. 주님만을 섬기느냐, 아니면 더러운 협박에 못 이겨서 세상과 타협을 해야 하는가?

김윤찬 목사는 자신에게 어떤 위협과 고난이 닥친다고 해도 주님만을 섬기기로 결심했다. 어차피 주님이 주신 목숨, 주님이 거두어 가실 것이다. 모든 것은 하나님 안에서 주님만을 위해 행동할 것이라고 그는 마음속으로 굳게 다짐했다.

1938년 9월 30일 평양신학교는 더 이상 신사참배 때문에 하나님께 죄를 짓지 않겠다는 의도하에 무기휴학을 선언했다. 이에 따라 선교사들은 모두 자신의 나라로 귀국하였고, 박형룡, 남궁혁 교수가 일제의 손을 피해 국외로 망명했다. 이것을 기회로 일본 정부는 교회에서 예배 보는 횟수를 제한했다. 예배는 주일날 낮 예배 딱 한 번만 보라는 지시였고, 신사참배는 꼭 동참해야 한다는 명령이 내렸던 것이다. 신사참배 문제와 예배 횟수의 제한은 그 당시 교회가 안고 있었던 가장 어려움이었다.

항상 기독교도를 예의주시하던 일본 정부는 어떤 종류의 꼬투리라도 잡으려고 혈안이 되어 있었고, 이런 시행령을 내림으로 기독교인들에게 더 큰 박해를 가하게 된 것이다. 이 시행령을 어긴다는 것은 곧 사역을 하고 못하고의 문제가 아니라, 죽느냐 사느냐 하는 문제였다.

그러나 이런 험악한 상황에도 불구하고, 김윤찬 목사는 신사참배를 반대하여 이에 대한 설교를 했으며, 또 주일 저녁예배와 삼일예배까지 보고 있었다. 만일 이런 사실이 발각되면 목숨이 몇 개라도 모자라겠으나, 그는 주님 앞에서 아무런 두려움도 없었다. 사탄과의 타협으로 말미암아 주님과 멀어지느니 차라리 죽음을 택하겠다는 것이 그의 결심이었다.

일제는 조선기독교의 여러 교파를 하나로 통합시켜서 일본기독교에 속하게 했고, 제1회 총리로 채필근 목사를 임명했다. 채필근 목사는 친일파의 거두로서 신사참배를 찬성하고 주일 일회 예배를 각 교회에 강요하였다. 그런 그의 귀에 승호읍 중부교회의 김윤찬 목사가 신사참배를 반대하고 삼일예배까지 본다는 소문이 들려왔으니, 그가 노발대발했음은 당연한 일이었다.

김윤찬 목사는 채필근 앞으로 소환되었다. 채필근의 책망은 대단했고, 지독한 말로 김윤찬 목사를 위협했다. 그러나 김윤찬 목사는 눈 하나 깜짝하지 않았다. 그의 가슴에 무서운 것은 오로지 주님의 진노 외에는 없었다. 채필근은 나중에는 그를 달래도 보았으나 아무런 소용이 없었다. 그는 채필근 목사에게 소환을 당한 후로도 계속해서 신사참배를 반대했으며, 삼일예배를 드리며 주님께 순종하고 섬기는 데 최선을 다했다.

5

비밀결사

어두운 현실

김윤찬 목사가 중부교회에서 조용히 신사참배를 반대하고, 교인들에게 민족사상과 함께 올바른 기독사상을 심어주고 있을 때, 조선 땅의 모든 것은 이미 일본이 먹어치웠고, 그에 따라 친일파들의 악독한 행위도 점점 그 도를 더해가고 있었다.

1940년 4월 선교사들과 국내 신학자들의 부재에 따라서 신학교가 문을 열지 않자, 서울에서 채필근, 김영주, 함태영, 이정호 목사 등이 일어나 조선신학교를 개교했다. 이것이 우리 민족 자체의 손으로 세운 최초의 신학교이다.

1939년 11월 민족주의자인 김석창, 윤하영, 고려위, 김관식 등의 주도하에 평양신학교를 개교하려고 했으나, 일본 측의 방해로 개교를 하지 못하고, 난항을 거듭하던 중 일본 측의 지시하에 채필근 목사를 교장으로 하는 절충안으로 평양신학교가 개교했다. 물론 이 학교는 김윤찬 목사가 졸업했고 마포삼열 박사가 몸담았던 평양신학교와는 다른 학교다.

1944년 4월 21일 평양 장별리 2번지 채정민 목사의 집에서 김인희, 김형락, 이주원 전도사, 한상동 목사, 오윤선 장로, 이광록 전도사, 방계성 장로, 안이숙 여사, 박인흡 전도사, 최봉석 목사, 김의창 목사, 그리고 주기철 목사 부부가 모여 신사참배와 기독교인의 가야 할 길에 관한 비밀결사가 있었다.

그러나 이 비밀결사는 일본 경찰에 포착되었고, 평양 산정현교회의 주기철 목사가 처음으로 검거되었다. 이어서 일경의 검거 열풍은 최봉석 목사, 이기선 목사, 채정민 목사의 순서로 불어닥쳤고, 8월 하순에는 대대적인 신사참배 반대자에 대한 검거가 시작되었다.

"오, 주여! 어찌하여 우리에게 이런 혹독한 시련을 주시나이까?"

젊은 목사 김윤찬의 가슴은 슬픔과 괴로움으로 찢겨져 나가는 것 같았다. 이제 조선 기독교계는 두 개의 파로 갈라져서 정면으로 충돌하고 있었고, 신사참배를 찬성하는 친일적인 목사들은 일본 세력에 편승하여 악행을 일삼았다. 이와는 반대로 신사참배를 반대하고 끝까지 투쟁하는 참사역자들은 곳곳에서 피를 흘리며 죽어갔다. 이어서 신사참배를 반대하는 목사들의 비밀결사가 곳곳에서 이루어졌고, 그에 따른 일제의 강압이나 검거도 아울러 심해지고 있었다. 벌써 신사참배 결사 반대자였던 목사들이 검거되어서 잔혹한 고문을 받고 있었고, 이어서 박의흠 전도사, 김윤섭 전도사, 서정명 전도사가 신사참배를 반대했다는 이유로 일경에게 매 맞고 피 흘리며 죽어갔다. 이기선 목사에게는 일본육군형법위반이란 이름도 알 수 없는 죄를 뒤집어 씌워 군법에 회부할 조짐을 보이고 있었고, 군법에 회부되면 사형을 면치 못할 것은 불을 보듯 분명했다.

이런 살얼음판을 맨발로 밟고 지나는 살벌한 판국에서도 참교역자들은 죽음을 두려워하지 않고 용감히 신사참배에 저항했고, 그 때문에 그들은 피를 흘리며 죽어갔다. 마치 주님의 일을 위하여 돌에 맞아 죽은 스데반 집사처럼 말이다.

하나님을 믿고 신앙으로 무장한 교역자들은 죽음을 두려워하지 않았다. 오히려 그들은 즐거이 하나님을 증거하며, 피가 터지고 살이 찢기는 고통 속에서도 미소를 잃지 않고 기도하며 죽어갔다.

현실에 맞서다

이런 참혹한 상황하에서도 김윤찬 목사는 신사참배의 반대와 삼일예배를 강행해 나갔다. 이것은 그야말로 죽음을 무릅쓴 행동이었고 모든 것을 주님께 맡긴다는 의연한 결심이기도 했다. 죽음을 무릅쓰고 주님의 말씀을 전하는 사역자들보다, 일제에 아부하며 성경을 인간의 환경에 맞게 변질시키고 출세를 위해 주님에게 등을 돌리는 사역자들이 더욱 많아지는 상황이고 보면, 주님의 말씀을 온전히 지킨다는 것은 어떤 의미에서는 죽음보다도 더한 고통이기도 했다.

일본은 대동아전쟁 말기에 수많은 조선의 젊은이들을 징용과 징병으로 끌고 갔고, 이 땅의 처녀들을 일본군의 성욕을 만족시키기 위해 위안부로 잡아갔다. 또한 증산을 위해서 예배시간을 단축시키고, 일반 개인의 집기류들뿐 아니라 예배당의 성물도 모두 전쟁 기물로 징발해 갔으니, 일제의 만행은 이제 극치에 달해 있었다.

김윤찬 목사가 시무하는 승호읍 중부교회에는 주님의 도우심으로 1944년까지는 그래도 무사했다. 그러나 일제의 손길은 기어코 김윤찬 목사를 그대로 두지 않았다.

일제는 1943년 성결교, 침례교 그리고 안식일교회를 폐쇄시키고, 대대적인 기독교 탄압을 실시하였으며, 예배당을 폐쇄시키기 위해 예배당을 국가에 기부하라고 강요했다.

1944년 초 찬바람이 몹시도 불고 있었고, 세상은 늦추위에 꽁꽁 얼어붙어서, 가뜩이나 추운 마음을 더욱 춥게 만들었다. 평안남도 강동군 승호읍에 있는 김윤찬 목사의 대문을 두드리는 사람이 있었다. 복색은 남루하다 못해 거지꼴이었고, 머리는 흙과 먼지를 뒤집어쓰고서, 얼굴은 태어나서 한 번도 물을 댄 것 같지 않은 듯한 모습이었다. 수염은 제멋대로 터벅하게 자라 있었고, 입가에는 수염과 함께 더러운 것들이 엉겨붙어 있어, 일견 거지처럼 보였으나 오직 눈에서 나오는 안광만큼은 갓 돋아난 샛별보다도 반짝이는 것이 범상한 사람은 아닌듯 싶었다.

"김윤찬 목사, 계십니까?"

사내는 김윤찬 목사가 누구냐고 묻자 점잖게 이렇게 말했다. "제가 김윤찬 목사요"라고 대답하며 문을 열어주었다.

"어떻게 오셨는지…?"

사내는 불똥이 튀는 듯한 안광으로 이렇게 묻는 김 목사를 노려보면서 할 말이 있는 듯이 입을 쫑긋쫑긋했으나, 자꾸 두리번거리는 품이 밖에서는 하지 못할 이야기인 듯했다. 김 목사가 눈치를 채고서 그를 방으로 안내했다.

"김종도요."

사내의 첫 번째 말이었다. 이어서 사내는 마치 침을 뱉듯이 거침없이 내어 놓았다.

"김구 선생 휘하에 있다가 다른 곳으로 가서 운동을 하고 있소이다."

운동? 운동이라면 독립운동이었다. 김 목사는 그 사내의 말을 듣자마자 행여 주위에 누가 그 말을 들었을까봐 주위를 두리번거렸다. 자신이 검거될까봐 무서워서 그런 것이 아니라, 사내의 신변이 걱정되었기 때문이다. 당시 독립군이면 삼족을 멸하는 일본제국주의자들의 극형이 시퍼렇게 자행되던 때였기에, 뭇사람들은 독립이라는 언급조차 하기 어려웠다. 상황이 이런데 자신이 당당히 독립운동을 한다고 말하는 이 사람은 과연 배짱이 상당한 사람이었고, 또 김 목사가 어떤 사람이라는 것을 잘 알고 있다는 뜻이기도 했다.

"김 목사. 일본이 망해가고 있소. 이제 우리 조선인들이 일어설 때가 되었소. 특히 하나님을 모시는 기독교계가 사탄인 일제를 멸하기 위해 노력해야 될 때요."

김윤찬 목사는 그 말을 듣고 사내의 앞으로 바싹 다가앉았다. 주님의 복음을 전하지 못하게 하고, 예배시간을 줄이고 신사참배를 강요하는 일제는 분명히 사탄이었고, 이 땅에서 몰아내야만 할 적그리스도였다. 그렇기에 김 목사의 가슴 속에는 일제를 몰아내야만 한다는 마음이 하나의 짐이 되어 있었던 것이었다.

"제가 어떻게 해야 합니까?"

김윤찬 목사의 절실한 물음에 김종도라고 자신을 소개했던 사내가 고개를 끄덕이더니 입을 열었다.

"물론 우리 조선인 모두가 한꺼번에 일어난다면 그것보다 좋은 일은 없지만, 그것은 실제적으론 불가능한 일이요. 그래서 우선은 작은 세력들이 연계하는 것이 중요하오. 작은 세력들이 연계하다보면 점차 큰 세력을 만들 수 있을 것이요. 그리하면 그것이 우리 조국의 독립에 커다란 힘으로 작용할 것이요."

김윤찬 목사는 사내의 말을 듣고 자신이 해야 할 일이 무엇인지를 곰곰 생각했다. 그는 사내에게 쉬라고 권한 다음, 방을 나왔다. 방에서 나온 김 목사가 찾은 사람은 김중희 집사로, 중부교회에서 믿을 만한 사람이었다.

"김 집사님, 우리 집에 김종도라는 독립운동가가 와 있습니다."

김 목사는 넌지시 김중희 집사에게 이렇게 말해보았다. 그 말을 듣자마자 김중희 집사는 눈이 휘둥그레지더니 주위를 급히 살폈다.

"그 사람이 하는 말이, 우리 조선이 곧 독립이 될 것이라고 했습니다."

김중희 집사는 신앙심이 깊은 집사 중에 한 명이었고, 승호읍의 유지로서 일본인들도 함부로 대하지 못하는 사람이었다. 읍의 회원이고 명망 있는 마을의 인사였기에 일본인들도 그를 함부로 대하면 마을을 다스리는 데 지장이 있다는 것을 잘 알고 있었기 때문이다. 그러나 이런 사실들보다 김윤찬 목사가 그를 신임하는 까닭은 그가 하나님의 충실한 일꾼이라는 점 때문이었다.

그는 김 목사가 자신의 심중을 털어놓을 수 있는 몇 사람 안 되는 사람 중에 하나였다. 김 목사는 김중희 집사에게 김종도에게 들었던 말을 하면서, 적그리스도이고 마귀 사탄의 앞잡이인 일본제국을 몰아내기 위해 이대로 가만히 있을 수만은 없다고 주장했고, 김중희 집사도 그의 말에 동감했다.

"목사님, 그 일을 위해서라면 우리 둘만의 힘으로는 모자랍니다. 더 많은 동지를 모아야 하겠습니다."

김중희 집사의 눈이 이글거렸다. 그는 조국의 독립과 아울러 적그리스도를 이 땅에서 몰아내는 일에 동참하고자 하는 의욕에 불타올랐다.

며칠 후에 김윤찬 목사의 주재로 승호읍에 비밀결사가 이루어졌으니, 그 결사대원은 김윤찬 목사, 김중희 집사, 김락현 영수, 오흥엽 등이었다. 결사대원들은 일본이 망하는데 미약한 힘이나마 보탤 것을 결의했고, 하나님의 보호하심 안에서 이 일이 무사히 성공될 수 있도록 기도했다.

비밀결사가 이루어지자, 김윤찬 목사와 김중희 집사는 생사를 같이할 동지가 더 없을까 찾고 있었다. 그러던 중에 김락현 영수가 생사를 같이할 동지 중에 김병준이라는 사람이 있다고 김 목사에게 귀뜸을 했다. 김병준은 숭실전문을 나왔고, 곽안련 선교사의 비서로도 있었으며, 후에 일본헌병대의 통역관으로 있었는데 조선독립에 대한 심지가 곧고 신앙이 투철한 사람이었다.

김윤찬 목사와 김중희 집사가 김병준이 근방에 산다는 말을 듣고 수소문했으나 그의 종적은 알 길이 없었다. 아무리 찾아봐도 김윤찬 목사는 김병준을 찾을 수 없었다. 그래서 거의 포기하려고 하고 있었다.

그런데 김 목사가 삼청리에 장례 인도를 하러 갔다가 우연이 김병준을 만나게 된 것이다. 이것이 우연인지 필연인지는 알 수 없으나, 이 일로 인해 그는 주님께서 인도하는 길로 들어서게 되었다. 그것이 고난의 길이건 영광의 길이건 간에 주님이 예비하신 길임에는 틀림이 없었다.

시련의 전조

40대의 김병준은 날카로운 안광을 가지고 주위를 끊임없이 살피는 사람이었다. 김병준의 말을 미리 김락현 영수에게서 들었던 김 목사는 그가 애국운동을 하면서 일경의 감시를 살피고 있다고 생각했다. 김병준의 인도로 김윤찬 목사가 그의 집에 들어서니, 초가삼간이 다 허물어져 가는 그의 초가집에는 방마다 외국서적으로 꽉 차 있었다. 그것을 본 김 목사는 이 사람이 의지만 곧은 것이 아니라 학식도 대단한 사람이라고 여겼다. 저만한 서적을 볼 정도의 사람이면 보통사람은 아닐 것이라는 생각이 들었기 때문이다.

그와 이야기를 나누면서 김 목사는 점점 그를 신임했다. 그의 말속에는 그의 뜻이 뚜렷이 나타나고 있었다. 그러나 선불리 결사대에 대한 이야기는 할 수가 없었다. 아직 그 이야기를 하기에는 시기상조였고 김병준을 곧이곧대로 믿을 수가 없는 까닭이었다.

며칠 후, 김 목사는 김중희 집사와 김락현을 만난 자리에서 김병준에 대한 이야기를 했고, 김락현은 무조건 김병준을 결사대에 가입시키는 것을 찬성했으나, 김중희 집사는 좀더 두고 보자는 신중한 의견을 내놓았다.

"무엇을 망설이십니까? 그는 일본헌병대에 들어갈 때에도 곽안련 선교사의 동의를 얻어서 들어갔다고 하는 신앙심 깊은 사람입니다."

김락현은 답답하다는 듯이 말했으나 김중희 집사는 고개를 저었다.

"그건 그렇지만 이 조직이 어떤 조직입니까? 만일 탄로라도 나면 목숨이 헌신짝처럼 버려지는 그런 조직이 아닙니까? 또한 우리의 목숨뿐만 아니라 가족들의 생명과도 연관된 중요한 일입니다. 우리는 주님을 위해 기꺼이 목숨을 바칠 수 있으나, 아무것도 모르는 어린 것들은 어찌하며, 또 이 마을의 교회는 누가 돌본단 말입니까?"

김중희 집사의 말은 김락현의 말보다는 더 현실적이었다. 김윤찬 목사는 곰곰 생각하다가 김병준의 행동을 좀더 두고 보자는 결정을 내렸다. 김 목사는 김병준의 마음을 알아보기 위해서 그에게 주일날 설교를 부탁했다. 김병준은 처음에 그 부탁을 듣고 머뭇거리더니, 잠시 후에는 흔쾌히 승락했다. 주일날 강단에 오른 김병준은 승호읍의 젊은이들이며 교인들이 모인 자리에서 열정적인 설교를 했다.

"조선의 젊은이들이여, 꿈을 가지십시오. 지금은 일본제국이 망해가는 시점입니다. 이럴 때에 젊은이들은 젊은이대로 늙은 사람은 늙은 사람대로 민족혼을 받들어 애국적 사업에 동참해야 될 때입니다."

김윤찬 목사도 김중희 집사도 그의 이러한 연설에 큰 충격을 받았다. 감히 주님이나 애국에 대해서 입도 벙긋하지 못하는 때에 김병준이 대담하게 이런 설교를 했다는 것이 그들에게는 커다란 놀라움이었던 것이다. 그날 밤 김윤찬 목사와 김중희 집사는 그를 찾아가서 결사에 대한 이야기를 하고 그에게 그 결사에 동참할 것을 부탁했다. 그런 말을 들으며 그의 눈빛이 음흉하게 빛나는 것을 누구도 깨닫지 못했다.

비밀결사 모임은 4인에서 김병준과 김예환이 동참하니 6인의 비밀결사가 조직되었다. 그때 승호리에 있는 시멘트 공장에서 2명의 잡역부 청년이 김 목사를 은밀히 찾아왔다.

"목사님, 저희는 목사님께서 조국독립을 위해 노력하신다는 것을 잘 알고 있습니다."

김 목사는 이것이 무슨 함정은 아닐까 하고 입을 다물고 그들이 무슨 말을 하나 귀를 기울였다.

"목사님, 그렇게 저희를 경계할 필요는 없습니다. 저희는 대학에 다니다가 징병 거부로 이렇게 이곳에 강제로 끌려와서 잡역부로 일하고 있습니다만 항상 조국의 독립을 위해 목숨을 바칠 것을 생각하고 있으니 우리에게 아무 일이든 시켜주시면 조국을 위해 미약한 힘이나마 바칠 것입니다."

김 목사는 이렇게 피를 토하듯이 말하는 젊은 청년의 눈동자에서 진실의 빛을 찾을 수 있었다.

"몇 명이나 됩니까?"
"예?"

청년은 김윤찬 목사가 묻는 의미를 정확히 파악하지 못해서 반문했다.

"시멘트 공장 안에 뜻을 함께할 청년이 몇 명이나 되나 말입니다."

"아, 예. 우리 징용학도들의 80%는 모두 같은 의견을 갖고 있습니다."

"정말로 목숨을 아끼지 않고 일어날 각오가 되어 있습니까? 어쩌면 죽음보다도 더한 고통이 올지도 모릅니다."

김 목사의 다짐에 두 청년이 이를 악물고 고개를 힘차게 끄덕였다. 김 목사는 그들의 결심을 알아채고는 비밀결사대에 대한 이야기를 했다. 두 청년이 그 말을 듣고는 분연히 외쳤다.

"목사님, 저희도 죽음을 각오하고 동참하겠습니다."

"아직도 때가 이르지 않았습니다. 때를 기다려야 하오. 아시겠소?"

김윤찬 목사는 금방이라도 행동에 돌입할 것 같은 청년들의 태도를 보며, 섣부른 행동을 자제해 줄 것을 당부했다.

며칠 후, 일본 정부에서 김 목사가 시무하는 중부교회 앞으로 공문을 보냈다. 내용은 교회를 정부에 기부하라는 것이었다. 아닌 밤중에 홍두깨 같은 공문에 김 목사는 황당했다. 그는 바삐 주재소를 찾았으나, 다른 대안이 없었다.

그 당시 승호읍에는 두 개의 교회가 있었는데, 한 교회는 이미 기부 형식으로 일본 정부에서 강제로 몰수된 바 있었다. 이제 중부교회도 그 교회의 운명과 똑같아질 형편에 놓인 것이다.

김 목사는 이 문제로 김중희 집사를 만났다.

"김 집사님, 주재소에서 교회를 자기들에게 기부하라고 강제로 명령을 합니다. 이 일을 어찌합니까?"

김중희 집사도 그 말을 듣고 깜짝 놀라며 당황해 했다.

"그래서 목사님은 무엇이라고 대답하셨습니까?"

"교회는 목사의 소유도 아니고 일개인의 재산도 아니다. 교회는 하나님의 집이고, 노회에 속해 있는 건물인 고로, 내 개인의 의사대로 할 수 없다고 말했습니다. 모든 것은 당회와 제직회에서 결정된다고 했더니, 주재소 소장이 그럼 그 문제에 대해 주재소에 와서 회의를 하라고 합디다."

주재소에 가서 제직회를 열면, 그 무시무시한 분위기에서 교회 기부를 못하겠다고 반대하는 사람들이 거의 없을 것이니, 당연히 교회는 주재소로 넘어가게 될 것이었다. 김중희 집사는 그 말을 듣고 생각에 잠기더니 김윤찬 목사에게 말했다.

"목사님, 제가 알아보겠습니다."

김중희 집사는 그 말을 마치고 그길로 지서로 달려가서는 지서장에게 교회 기부에 대해 며칠간 말미를 달라고 청해서 약간의 시간적 여유를 얻었다. 마을 유지이며 읍회원인 김중희 집사의 간곡한 부탁을 지서장이 받아들인 것이다. 김중희 집사는 며칠간의 말미를 얻자 곧바로 김윤찬 목사에게 제직회를 열 것을 요청했고, 제직회에서 지서의 강압을 피하기 위해서 탁아소를 운영하자는 방안이 제출되었다.

사실 당시 조선에는 거의 모든 사람들이 부역에 끌려 다니고 있었고, 또한 승호읍에는 시멘트 공장이 있어서 많은 사람들이 그 공장에 군수사업에 끌려 다녔기에, 어른들이 부역에 나가 있는 때에 남아 있는 아이들을 돌보는 일이 커다란 문제였다. 이럴 때에 교회에서 이런 어린아이들을 맡아서 돌봄으로써 아이들에게 하나님의 은혜를 체험하게 하고, 또한 탁아소를 운영함으로써 지서에서 함부로 교회를 요구하지 못하도록 한다는 생각 하에 이 방안이 채택되었다.

제직회에서는 이 방안을 채택하여 이 일을 위해서 별위원 6인을 선출했다. 교회의 중심인물 격인 김윤찬 목사가 위원장이 되고, 위원은 역시 김중희 집사, 김락현 영수, 오흥엽, 김예환, 김병준이었다.

별위원 6명은 곧바로 탁아소 운영방식을 본격적으로 의논하기 위해서 상무이사를 선임했는데, 김병준이 그 자리를 맡기를 원했으나 선거에 의해 김중희 집사가 선임되었다. 김병준은 김중희 집사에게 상무이사 자리를 양보해달라고 했으나, 김중희 집사는 회의의 결정이기에 그렇게 할 수 없다는 의사를 표했다. 김병준은 화를 내면서 일마다 꼬투리를 달아 탁아소 운영에 대한 문제로 교회 안이 시끄럽게 되고 말았다. 당시 그 문제 말고도 다른 문제가 생겼으니 비밀결사 대원들에게 시련이 닥쳐온 것이다.

6

체포령

다가오는 어두움

김락현 영수는 아들로부터 조선이 곧 해방이 될 것이라는 소식을 들었다. 그리고 요즈음에는 가끔 미군비행기도 조선 하늘을 날고 있는 것을 볼 수 있었다. 김락현 영수는 그런 것들을 보고 들으며 이제 곧 조선이 해방된다는 것을 굳게 믿었고, 아들이 학교에서 듣고 온 소문에 귀를 기울였다. 아들의 말에 의하면 곧 미군의 대대적인 폭격이 있을 것이고, 그 폭격에 희생당하지 않으려면 지붕위에 십자가 표시를 해놓아야만 한다는 것이었다. 그는 이 말을 가슴에 새기고 있다가, 이발소에 가서 이발을 하던 도중 이발사에게 이런저런 이야기를 하다가 이 이야기를 꺼냈다. 그런데 일이 잘못되려고 그랬는지 마침 같이 이발을 하던 일본형사가 그 말을 듣고는 김락현을 유언비어 살포죄로 검거했다. 이 소식이 곧바로 김윤찬 목사와 김중희 집사에게 들려왔다.

김락현이 강동경찰서에 수감되었다는 소식은 김 목사와 김중희 집사의 가슴을 덜컹 내려앉게 만들었다. 비록 그가 비밀결사 때문에 검거된 것은 아니지만, 만일 고문이라도 당하면 비밀결사에 대한 말을 혹독한 고문에 못 이겨서 할지 모른다는 불안감이 들었던 것이다. 김윤찬 목사와 김중희 집사는 지체 없이 김락현의 구명운동에 발 벗고 나섰다. 둘은 여러 가지 방법을 다 동원해서 그를 구하고자 했으나, 한번 검거된 김락현의 구명은 좀처럼 쉽게 되지 않았다. 김중희 집사가 나중에 강동경찰서 고등계 주임인 삼(森)모라는 자에게 돈을 써서 간신히 김락현을 구해낼 수 있었다.

김락현은 경찰서를 나서자마자 거의 반죽음이 되어서 쓰러졌다. 모진 고문이 그를 이렇게 무너뜨린 것이다. 김락현은 다 죽어가면서도 김윤찬 목사의 손을 꼭 잡고서 이렇게 말했다.

"목사님, 염려 마십시오. 우리 비밀결사에 대한 일은 입 밖에도 내지 않았습니다."

김 목사는 거의 반죽음이 된 그의 말을 듣고 눈시울이 뜨거워졌다. 김 목사와 김중희 집사는 김락현을 부축해서 그의 집에 데려다 놓고 간병을 했다. 그는 시간이 지나자 점점 회복되어 갔으나, 고문 후유증은 그를 망쳐놓고 있었다. 아무것도 아닌 일에 깜짝깜짝 놀라기도 하고, 공연히 식은땀을 흘리기도 했다. 하루는 그가 김중희 집사에게 자신이 고문당할 때에 조금만 더 고문을 받았으면 비밀결사에 대한 이야기를 털어 놓을 뻔했다는 말을 했다. 김중희 집사는 그 말을 듣고 등골이 서늘해왔다. 만일 그 일이 탄로가 난다면 자신들의 목숨이 문제가 아니라 가족들의 안전까지도 위협을 받게 될 것이다.

김윤찬 목사는 계속해서 중부교회에서 신사참배 반대와 삼일예배를 강행했고, 탁아소 운영에도 열성을 보였다. 이때 김중희 집사를 찾아온 사내가 하나 있었다. 강동경찰서 고등계 형사부장 김면옥. 그는 일제의 말기에 행여 사상이 불건전한 자들이 있을까봐 사상범들을 색출하는 데 만전을 기하고 있는 형사였다. 그가 왜 김중희 집사를 찾아왔을까?

김면옥 형사는 말없이 날카로운 안광을 빛내며 김중희 집사를 노려보다가 불쑥 종이쪽지 한 장을 그에게 내밀었다.

"이, 이게 뭐지요?"

김중희 집사가 불안한 기색으로 그가 내미는 종이쪽지를 엉겁결에 받아들었다.

"읽어보면 알 거요."

김면옥은 간단하게 그러나 위압적으로 그에게 말했다. 편지였다. 김중희 집사가 받아든 종이쪽지는 흰 종이에 거칠게 써나간 편지였다. 겉봉에는 '평양경찰서 고등계 주임 전'이라고 쓰여 있었고, 발송인은 없었다. 투서! 그것은 투서였다. 김중희 집사의 가슴이 철렁하고 내려앉았다. 투서란 본래 길한 일보다는 대부분이 흉한 내용을 담고 있었다.

"아, 읽어보시라니까요."

김중희 집사가 머뭇거리자 김면옥이 짜증을 냈다. 그 소리를 듣고서야 김중희 집사는 어쩔 수 없이 편지를 읽어나갔다.

[나는 승호읍 중부교회 직원 중 한 사람입니다. 의분에 못 이겨 이 글을 올립니다. 승호읍 중부교회의 김윤찬 목사는 감히 황국신민의 의무를 저버리고, 반역한 무리들과 함께 불경스러운 예배를 보고 있습니다. 그는 금서로 그 연구가 금지되어 있는 묵시록을 교인들에게 가르치며, 주일 저녁에와 수요일 저녁에도 예배를 인도하여, 황국의 시책에 정면으로 대항하고 있고, 신사참배를 죄라고 하여 교인들에게 신사참배를 금하고 있습니다. 또한 그는 조선은 곧 독립하고 일본은 망한다고 가르치고 있습니다.…]

김중희 집사의 눈앞이 깜깜해졌다. 이것은 투서 중에서도 악랄하기 짝이 없는 내용을 담고 있었다. 도저히 빠져나갈 구멍이 없도록 만들어진 투서였다. 김중희 집사의 입에서 가만히 '주여' 하는 소리가 새어나왔다. 그것을 노려보고 있던 김면옥이 조용히 물었다.

"그 편지 누가 보냈는지 알겠소?"

김중희 집사는 고개를 저었다. 누군지 감도 잡히지 않았다. 자신이 아는 한 중부교회 교인으로서 이런 투서를 보낼 만한 사람이 없었다. 그의 머릿속으로 교인들의 얼굴이 하나씩 찬찬히 흘러갔다.

"모르시겠다고요? 몇 명 안 되는 교인 중에 이런 글씨체도 모른다니 말이 됩니까?"

그의 눈동자가 김중희 집사의 표정을 하나도 놓치지 않겠다는 듯이 번뜩였다. 그러나 김중희 집사는 고개만 자꾸 저었을 뿐이다.

"우리 교인 중에는 이런 거짓말로 투서할 사람은 없습니다, 김 형사님."

김중희 집사는 간신히 이렇게 대답하면서 회피할 도리밖에 없었다. 하긴 투서는 어디서나 존재하는 것이었고, 교인이 아닌 사람이 일부러 교회를 해코지하기 위해 투서를 할 수도 있는 일이었다. 그때 김면옥의 입가에 냉소가 흘렀다.

"김 선생, 그 종이를 자세히 보시오. 그 종이는 찬송가가 아니면 성경책 앞뒤에 한 장씩 붙어 있는 여분의 백지요. 그 종이의 둘레를 보시오. 빨간색이 보이지 않소?"

정말이었다. 그 종이는 분명히 찬송가나 성경책의 백지를 뜯어낸 것이었다. 척하고 봤기에 몰랐는데, 김면옥이 그렇게 이야기하자 김중희 집사도 그것을 알아챘다. 역시 형사의 눈은 날카로웠다. 김면옥은 그 종이에 대해 그에게 몇 가지 질문을 해댔으나, 김중희 집사는 그것은 모두 거짓이고 모략이라고 극구 부인했다. 김면옥은 그런 그를 의심하는 눈치였으나, 극구 부인하는 그에게 더 이상의 질문을 못하고는 이렇게 못 박았다.

"김 선생, 이 말을 아무에게도 하지 마시오. 만일 말하면 김 선생은 당장 체포당할 거요. 아시겠소?"

김면옥은 눈을 부라리며 위협을 하고 총총히 사라졌다. 김중희 집사는 김면옥이 사라지자마자 부리나케 김윤찬 목사에게로 달려갔다. 그가 김 목사의 집에 당도해서 숨이 차서 헉헉대면서 모든 것을 이야기했는데도 김 목사는 태연했다.

"김 집사님, 하나님이 보호해 주시는데 뭐 어떻게 되기야 하겠습니까?"

김중희 집사는 당장 발등에 불이 떨어졌는데도 모든 것을 하나님께 맡기는 김윤찬 목사가 부럽기도 하고 또 믿음직스럽기도 했다.

"그건 그렇지만 그래도 최소한 투서를 보낸 자가 누구인지 알아봐야 되지 않을까요?"

김윤찬 목사도 그것은 맞는 말이라고 생각했다. 그러나 그 투서를 보낸 사람을 어디서 어떻게 알아낸단 말인가? 며칠 후, 우연히 김윤찬 목사의 맏아들 재성이가 뒷장이 한 장 뜯어진 찬송가를 한 권 발견했다. 김윤찬 목사와 김중희 집사가 그 말을 듣고 긴장하여 그 찬송가를 구해보니, 그 뒷장에 '김병준'이라고 쓰여 있었다. 둘의 가슴이 덜컹하고 내려앉았다. 이제야 확실하게 그 투서를 보낸 사람을 알게 된 것이다. 김병준은 어쩌면 일본의 밀정인지도 몰랐다. 그가 일부러 애국자인 양 행동해서 중부교회에 접근한 것이리라.

김중희 집사는 얼굴이 하얗게 질리며 어쩔 줄을 몰라 했고, 김윤찬 목사도 일의 위중함을 깨달았는지 침통한 표정이었다. 투서는 투서로서 끝날 수도 있었다. 중상모략이라고 강력히 주장하면 일경들도 어찌할 수 없는 것이다. 그러나 김병준이 일본헌병대의 밀정이고, 그가 모든 것을 헌병대에 보고하면 더 이상 빠져나갈 구멍이 없는 것이다. 그리고 또한 비밀결사에 대한 일도 자연히 탄로가 날 것이다.

김중희 집사는 불안한 중에도 김병준에 대해 알아보았고, 그래서 그는 김병준의 신상에 관한 기절할 만한 정보를 얻어왔다. 김병준의 집에 소장되어 있는 수많은 외국서적들은 곽안련 선교사가 1938년에 신사참배 문제로 귀국하게 되자, 김병준은 그를 협박해서 모든 기물을 몰수해서 빼앗은 책들이었으며, 김화식 목사가 시무하던 창동교회에서 갖은 악행을 일삼음으로, 김화식 목사가 그를 나무라자 그 목사를 죽도록 때린 전과가 있는 나쁜 자라는 정보였다. 그리고 그는 아직도 헌병대 소속으로 있었고, 그가 헌병대를 그만두었다는 것은 거짓으로 판명되었다.

김중희 집사는 이런 사실을 알고서 김윤찬 목사에게 모든 것을 알리려고 부리나케 뛰어오다가 길에서 김면옥 형사와 마주쳤다. 서늘한 눈초리로 노려보는 김 형사를 쳐다보며 김중희 집사는 불안해서 미칠 것만 같았다. 혹시 그가 이미 모든 것을 알아챈 것이 아닐까? 그래서 우리 비밀결사대를 잡으려고 오는 것이 아닐까 하는 생각이 들었기 때문에 그의 가슴이 미친 듯이 두근댔다. 김면옥이 김중희 집사를 보자 대뜸 화를 냈다.

"김 선생, 내가 분명히 그 편지에 대해 침묵하라고 했는데 왜 김윤찬 목사에게 그 편지에 대한 이야기를 했소?"

김중희 집사가 그 말을 듣고 안색이 더욱 파랗게 변했다. 그가 어떻게 그 일을 알았을까? 그것은 김윤찬 목사와 자신만이 알고 있는 사실이었다. 만일 김면옥 형사가 그 일을 안다면 그것을 알린 사람은 자신 아니면 김윤찬 목사뿐이 없었다. 설마? 김중희 집사는 이렇게 의심하면서도 딱 잡아뗐다.

"제가 무슨 이야기를 했다고 이러십니까? 나는 아무런 이야기를 한 적도 없습니다."

"어허, 김 선생. 왜 이러시나? 벌써 김 목사가 다 이야기했단 말이요."

김중희 집사는 설마하면서도 불안감을 감출 수 없었다. 김면옥 형사의 말은 계속되었다.

"확실한 증거를 잡았으니, 내일부터 그 일을 철저히 조사할 것이요. 그리고 그 사건에 연루된 사람들은 3일 이내에 잡아들일 것이요."

김면옥 형사는 이렇게 으름장을 놓으면서 안색이 창백하게 변한 김중희 집사를 내버려두고 휘익 몸을 돌려 가버렸다. 김중희 집사는 너무도 충격을 받아 다리가 후둘거리는 것을 꾹 참고 발걸음을 재촉하여 김윤찬 목사의 집으로 달렸다.

일보후퇴

1944년 4월 21일 밤 12시경, 김윤찬 목사와 그 부인 이봉각은 곤한 잠에 빠져 있었다. 아직도 밤에는 쌀쌀한 바람이 불고 있는 4월의 봄이다. 모든 것은 주검과도 같은 어둠 속에 잠기어 있는데, 누군가가 김 목사의 집 문을 다급히 두들겨 대고 있었다. 집안에는 모두 깊은 잠에 빠져 있는지, 웬만한 큰소리에도 아무런 기척이 없었다. 그래도 문 두드리는 소리는 포기하지 않고 계속해서 났고, 이윽고 김윤찬 목사의 부인이 깜짝 놀라서 잠에서 깨어났다. 그리고는 잠결에 들려오는 다급한 문 두드리는 소리에 가슴이 철렁 내려앉으며 정신마저 아득해지는 것 같았다. 까닭 모를 불안감에 부인의 심장은 심하게 떨리고 있었다.

"여보, 목사님. 목사님."

부인은 아직도 놀라서 벌렁벌렁 뛰는 가슴을 한손으로 지그시 누른 채 김윤찬 목사를 흔들어 깨웠다. 때는 일제의 말기, 일본은 전쟁의 패배에 대한 최후의 발악이라도 하듯이 조선사람을 마구 잡아가서 처형했다. 아무런 이유도 없이. 다만 조선인이라는 이유

하나로 말이다. 처녀들은 모두 위안부로 끌려갔고, 젊은이는 징병으로 끌어가고 전쟁에 나갈 수 없거나 나가기를 거부하는 조선 남자는 모두 징용이라는 명목하에 강제로 끌고 갔다. 심지어 그들은 일반인들을 생체실험을 위한 도구인 '마루타(고목나무. 인간이 아닌 나무토막이라는 뜻)'로 잡아가고 있었다.

이유가 없이 아무나 끌어가는 판국이니, 신사참배를 반대하고 일본이 금지한 삼일예배를 강행하는 김윤찬 목사를 바라보는 부인의 가슴은 항상 불안감에 가득 차 있었던 것이다. 특히 신사참배를 반대한 많은 사역자들이 쥐도 새도 모르게 행방불명이 되고 있었고, 겨우 행방을 아는 자들도 거의 반죽음이 된 채로 감옥에서 신음하고 있던 때니 부인이 이 같은 놀람도 무리는 아니었다.

"누가 온 것 같습니다, 목사님."

부인은 숨을 죽이며 행여 밖에서 누가 들을세라 김 목사에게 속삭였다. 김 목사는 부시시 눈을 뜨며 자리에서 일어났다.

"그럼 나가봐야지."
"목사님, 제가 대신 나가지요."

부인이 불안감에 강하게 그를 말리는 것을 보고서 김 목사는 다시 방 안에 주저앉았다. 부인의 마음에 설마 아녀자를 잡아가지는 않겠지 하는 마음에서 나섰던 것이다.

"목사님, 제가 밖에서 이상한 소리를 내거든 무슨 일이 난 것이니 뒷문으로 피하세요."

부인이 방 밖으로 나가는 것을 보며 김 목사는 주님 보호해주소서 하고 조용히 중얼댔다. 문을 두드리는 사람은 다행히도 김중희 집사였다. 부인이 김중희 집사를 데리고 방 안으로 들어오기가 무섭게 김중희 집사는 바삐 김 목사에게 말했다.

"목사님, 급히 피하셔야겠습니다."

김중희 집사의 얼굴을 보고 김 목사는 보통일이 아니라고 짐작했다. 부인이 김윤찬 목사의 옆에 앉았고, 김중희 집사는 말을 계속했다.

"오늘 강동경찰서 김면옥 형사를 만났었습니다. 목사님! 이미 목사님에 대한 3일 체포령이 내려졌습니다. 그리고 우리 비밀결사도 어떻게 될지 모르는 상태입니다."

김윤찬 목사는 기어이 올 것이 오고야 말았구나 하는 생각이 들었다. 어차피 당해야 할 수난이었다. 많은 기독교인들이 신사참배를 반대했다가 죽었고, 이제 자신도 그들 중에 하나가 되는 것이다.

"김 집사님, 나는 우리 교회와 양 떼들을 버리고 도망하는 비겁한 목자가 되고 싶지 않습니다."

"목사님, 그게 어떻게 비겁한 것입니까?"

김중희 집사가 답답하다는 듯이 소리쳤다. 사모님도 김 목사의 태도에 불안해서 견딜 수가 없었다. 이대로 있다가는 일본 경찰에게 끌려가 정말로 헛되이 죽을 수도 있었다.

"목사님, 목자가 아예 없는 것보다는 그래도 잠시 자리를 비웠다가 다시 있는 것이 더 낫지 않습니까? 잠시만 피해 있으면 영원히 양 떼들과 함께 있을 텐데, 무엇하러 일시적인 울분에 못 이겨 양 떼들을 영원히 버리려 하십니까?"

사모님의 울먹이는 목소리가 김윤찬 목사의 가슴을 찡하고 울렸다.

"그렇습니다, 목사님. 이것은 비겁한 일이 아니라 후일을 위한 준비인 것입니다."

김중희 집사가 옆에서 사모님을 거들었다. 김 목사가 이 둘의 설득에 어찌하지 못하고 마음의 결정을 내리지 못했다.

"목사님, 비겁하다는 말이나 그렇게 할 수 없다는 말은 모두가 목사님 입장의 생각입니다. 양 떼들은 그렇게 생각하지 않습니다. 양 떼들은 목사님이 잠시 피신했다가 다시 돌아오시는 것을 바라고 있습니다. 목사님께서 양 떼들을 더욱 생각하신다면 피신하시는 것이 그들의 마음에 더욱 부합되는 행동일 것입니다."

김 목사는 필사적으로 이렇게 설득하는 김중희 집사의 말에 고개를 끄덕였다. 자신이 비겁하지 않으려고 남아서 죽음을 맞이하는 것은 목사 자신을 위해서이지, 결코 양 떼들을 위해서는 아니었다. 자신이 진정코 양 떼들을 위한다면 양 떼들과 함께 영원히 그들을 이끌어야 하는 것이다.

"어디로 가야 하지요?"

마침내 결심이 선 듯, 김 목사가 자리에서 일어섰다. 사모님과 김중희 집사가 그의 마음이 변한 것을 알고는 얼굴이 환히 밝아졌다.

"목사님, 제가 아는 사람들 중에 송득경이란 친구가 있습니다. 황해도 언진산에 살고 있고, 화전을 일구거나 약초를 캐며 근근히 살아가는 사람입니다. 하지만 심기가 곧고 뜻이 바르기에 능히 목사님과 제 몸을 위탁할 만합니다."

"가게 되면 우리만 가서는 안 될 것입니다. 비밀결사 동지들도 또한 고난을 받을 것인데 같이 가야 할 것입니다."

김윤찬 목사는 뒤에 남아서 고초를 겪을 사람들을 걱정하고 있었다.

"걱정 마십시오, 목사님. 곧 연락을 취하겠으니 떠날 준비를 서두르셔야 합니다."

김중희 집사는 이렇게 말하면서 부지런히 밖으로 나섰다. 사모님은 벌써 김 목사가 피신해서 사용할 짐을 꾸리고 있었다. 금방이라도 일본 경찰들이 들이닥쳐서 목사를 끌어가지나 않을까 불안해하며. 그 소동에 장녀 재옥이와 장남 재성이가 잠에서 깨어났다.

"어머니, 무슨 일이예요?"

재옥이가 불안한 눈으로 물었다. 재성이도 어수선한 분위기에 놀라서 어리둥절해했다.

"응, 아버지가 어디 좀 다녀오시려고 그런단다."

사모님의 눈에서 금방이라도 눈물이 떨어질 것 같았다. 이제 가면 언제 오시려나. 그야말로 기약도 할 수 없는 이별이었다. 비록 일본이 망해간다고는 하지만, 그것은 확실하지 않은 소문일 뿐이었다. 사모님은 이런 생각을 하며 주섬주섬 가방을 꾸리다가 문득 방 모서리 쪽에서 아무것도 모르는 채로 잠에 취해 있는 어린 재형이와 막내딸 선옥이의 모습을 힐끗 보고는 설움이 북받쳐 올랐다. 그런 어머니의 태도를 본 재옥이가 무슨 눈치를 챘는지 어머니에게로 다가섰다.

"어머니, 왜 울어?"

재옥이의 눈에서 먼저 눈물이 굴러떨어졌다. 사모님이 더 이상 견디지 못하고 재옥이를 부여안았다. 그것을 보던 재성이가 울음보를 터뜨렸다.

"재성아, 울지 마라. 우리 재성이 착하지." 착하지."

부인은 자신의 흐느낌을 죽여가면서 아이들을 달랬다. 가슴이 찢어져 나간다는 것이 이런 것인가. 생나무가지 찢어지듯 한다는 생이별의 아픔을 듣기는 많이 들었지만, 실제로 겪으니 이건 생나무가 찢기는 바에 비길 수 없는 고통이었다. 그것을 보는 김윤찬 목사는 가만히 눈을 감고 두 손을 모았다.

"주님, 주님의 뜻이 어디 있건 간에 모든 것은 주님의 뜻대로 하소서. 이 어린 것들을 보살펴주시는 것도, 이 위협 속에서 제 한 몸 지켜주시는 것도, 또한 뒤에 남기고 가는 양 떼들을 먹이시는 것도 모두 주님의 뜻대로 하소서."

밤은 깊어가고 그 깊어가는 밤만큼이나 슬픔도 깊어갔다.

7

피신

어둠 속으로

밤 1시 30분경 밤벌레마저도 잠이 들었는지, 적막하기만 한 밤공기는 자꾸만자꾸만 김윤찬 목사의 가슴을 짓눌렀다. 정든 가족을 떠난다는 슬픔과 이 험한 세상에 대한 외로움과 모든 것을 두고 가야 한다는 고통은 천근만근의 무게로 그의 가슴에 무거운 짐이 되고 있었다. 그때 집밖에서 인기척이 들렸다. 김 목사도 사모님도 그것이 김중희 집사가 오는 기척이라는 것을 알면서도 가슴이 두근댔다.

김중희 집사는 다른 동지들은 오지 않았다고 하면서 장로 한 분만을 데리고 왔다. 의아해하는 김 목사에게 김중희 집사가 설명했다.

"다른 동지들은 못 온다 합니다. 가정형편도 그렇고, 또 개인적인 사정도 있고 해서요."

김윤찬 목사는 그 말을 듣고 그도 그럴 것이라고 생각했다. 하긴 오흥엽 집사 같은 사람은 10인 가족의 가장이고 근근히 먹고사는 형편인데, 가장이 집을 비우면 생계가 막막해질 것은 뻔한 노릇이었다. 아! 김 목사의 입에서 깊은 한숨이 새어나왔다.

"주여, 왜 이다지도 세월이 악합니까?"

김 목사의 이런 중얼거림이 어떤 걸림돌이 되어서 그의 가슴에 꽉 막혀오는 듯했다.

"목사님, 김 집사에게서 말씀 다 들었습니다. 교회일은 걱정 마시고 속히 피하도록 하십시오. 그리고 이것은 여비에 쓰시기 바랍니다."

김중희 집사를 따라온 장로가 이렇게 말하면서 여비를 건넸다. 아마 어려운 교회 재정에서 쪼개가지고 온 것이리라. 김 목사는 그의 정성에 다시 눈물이 솟아나올 것 같았다.

"목사님, 시간이 없습니다."

김중희 집사가 재촉하자 김윤찬 목사는 부인이 꾸려놓은 가방을 둘러맸다. 갑자기 사모님의 눈에서 뜨거운 눈물이 왈칵 솟아올랐다. 가슴은 이별의 고통으로 찢어져 나갈 듯한데 주위 사람도 있고 아이들도 불안한 눈망울을 굴리고 있어서 눈물을 그대로 삼킬 수 밖에 없었다.

"여보 목사님. 부디 몸 성히…"

김 목사는 애써 부인의 눈물을 외면하고는 재옥이와 재성이를 두 팔로 끌어안았다.

"재옥아, 재성아, 어머니 말씀 잘 듣고 건강해야 한다."

"아버지, 어디 가시어요?"

재성이가 기어코 울음을 터뜨렸다. 재옥이도 슬픔을 못 견디겠는지 제 엄마 품으로 또르르 달려가서 눈물을 훔쳤다. 사모님이 그런 재옥이를 꼭 껴안았다. 그렇게 하지 않으면 슬픔으로 세상이 온통 꺼져버릴 것 같았다.

"목사님, 갑시다."

김중희 집사가 어쩔 수 없이 김윤찬 목사를 잡아끌었다. 이대로 있다가는 죽도 밥도 안 된다고 판단했기 때문이다. 김윤찬 목사는 문 앞을 나서면서 울면서 따라 나오는 재성이를 보고 한없이 눈물을 흘렸다. 그것을 보는 하늘도 못 견디겠는지 기어이 슬픈 가랑비를 뿌려대고 있었다.

칠흑같이 어두운 밤, 얼굴을 때려대는 봄비가 슬픔을 참는 가슴만큼이나 아프게 느껴지는데, 김윤찬 목사와 김중희 집사는 체포령을 피해서 한없이 남강(南江)을 향해 내려갔다. 이제 발밑에서는 추적추적 소리가 들릴 정도로 비가 내리고 있고, 어둠은 금방이라도 상한 영혼을 삼키려는 듯이 아가리를 크게 벌리고 두 사람을 쫓고 있는 듯했다.

"주여, 내가 믿사오니, 어두운 길 험한 골짝이라도 주가 나와 함께 있으니, 사망이 감히 침범치 못하겠고…."

김윤찬 목사는 한 치 앞도 안 보이는 어둠 속을 걸으면서 쉬지 않고 기도하고 또 기도했다.

강을 건너다

남강. 평안남도의 가슴을 꿰뚫고, 골짜기와 계곡을 어루만지며 돌고돌다가 마침내 대동강에 이르러서야 그 피곤한 몸을 누이는 강이다. 골짜기마다 흘러드는 얼음처럼 차가운 물들을 몽땅 받아들여, 커다란 대동강으로 가기 위해 이 산에 걸려 꿈틀, 저 벌판에 걸려 움틀하면서도 그 흐름을 멈추지 않고 아래로아래로 흘러내려 급기야는 그 모강(母江)에 피곤을 푸는 강이다.

이 남강변에 도착한 김윤찬 목사와 김중희 집사의 머리에서는 김이 모락모락 솟아올랐다. 차가운 공기와 비에 언 대기에 두 사람이 흘리는 발한열이 만나자 김이 솟아올랐던 것이다. 추운 밤에 이렇게 땀이 날 정도로 두 사람은 쉬지 않고 발걸음을 옮겨서 이곳 남강에 이른 것이다. 그러나 남강에 도착했어도 강을 건널 수가 없었다. 나룻배가 없었기 때문이다. 나룻배들은 모두가 남강 건너편에 있어서, 두 사람은 소리쳐서 나룻배를 부를 수도 없었다. 금방이라도 등 뒤에서는 체포령을 받은 형사들이 따라올 듯한데, 이 밤중에 소리치는 것은 그야말로 날 잡아가슈 하는 것과 다를 바가 없었다. 비는 그칠 기미가 없이 계속 내리고 있었고, 바삐 걷던 걸음을 멈추자 한기가 온몸에 엄습해 왔다.

"목사님, 새벽 동틀 무렵이면 사공들이 나올 것입니다."

김중희 집사가 추위에 아랫턱을 덜덜 떨면서 이렇게 말했다. 그러나 남의 눈길을 피해 도망치는 사람이 새벽이 될 때까지 어떻게 기다린단 말인가?

"집사님, 이왕 이렇게 나선 몸인데 여기서 이렇게 마냥 기다릴 수만은 없습니다. 나룻배를 찾아봅시다."

김윤찬 목사의 권고로 두 사람은 강변을 거슬러 올라가면서 사방을 두리번거리며 나룻배를 찾았다. 그러나 나룻배는 모두 어디에 갔는지 한 척도 없었고, 두 사람은 온몸이 비로 흠뻑 젖은 채로 한없이 강의 상류로 올라갔다.

"주여, 만일 이 길이 주님이 원하는 길이 아니면 나룻배를 모두 치워주시고, 만일 이 길이 이 종이 나아갈 길이라면 나룻배를 준비해주소서."

김윤찬 목사의 간절한 기도가 끝나고서도 두 사람은 한참을 걸어갔다. 약 20여 리를 올라갔을까? 김윤찬 목사와 김중희 집사의 눈앞에 허여무레한 물체가 강기슭에 놓여 있었다. 그것은 두말할 것도 없이 나룻배였다. 캄캄한 밤에 어스름히 놓여 있는 나룻배는, 마치 모세 앞에서 갈라지는 거센 홍해의 물결과도 같은 의미를 김 목사에게 부여하고 있었다.

'가거라. 가서 악한 세월을 피한 후에, 세상 끝 날까지 나를 위해 복음을 전하여라.'

이런 주님의 말씀이 그의 귓전에 생생하게 들려오는 것 같았다. 김중희 집사가 기뻐서 나룻배로 한달음에 뛰어갔다. 김윤찬 목사도 주께 감사기도를 올리면서 그쪽을 향해 뛰었다.

나룻배를 타고도 두 사람은 한참 동안 고생을 해야만 했다. 왜냐하면 평생 삿대질이라고는 해본 적이 없던 두 사람이었기에 배가 앞으로 나아가지가 않았다. 배는 앞으로 나아가지는 않고 삿대를 찌르면 뱅글뱅글 맴돌기만 했다. 어쩌다가 앞으로 나아가게 될 때는 다행이었다. 이렇게 배와 씨름을 하다가 어찌어찌 배가 강의 물결을 타게 되었다. 이제 배는 중심을 잃고 크고 거센 물결에 휩쓸렸다. 험하게 요동치며 배는 몹시도 흔들거리면서 아래로 흘러내려갔고, 두 사람은 배가 요동을 치자 겁에 질렸다. 사나운 검은 물결이 휘몰아치며 금방이라도 배를 뒤집을 것 같았다.

그러나 김윤찬 목사는 주님께서 그때에 믿음이 적은 제자들을 꾸짖으시며 바다와 바람을 순응케 했던 일을 생각하며 자신의 믿음이 이 곤란을 이겨나가게 해달라고 기도했다.

배는 한참 동안을 흘러내려가 가까스로 신선정이라는 곳 앞 모래바닥에 걸치었다. 김중희 집사가 서슴지 않고 물로 뛰어내려 김 목사를 등에 업었다. 서둘러야만 한다는 생각에 김 집사는 김 목사를 업고 강변으로 냅다 뛰었다.

강을 건너자 두 사람은 무사히 강을 건너게 해주신 하나님께 감사기도를 드렸다. 그때 김중희 집사가 기도하다 말고 무슨 생각이 들었는지 김윤찬 목사를 찬찬히 쳐다보았다.

"목사님, 이렇게 우리 두 사람 모두 떠날 수는 없습니다. 누구 한 사람이 뒤에 남아서 마을에서 일을 처리하고, 또한 여기서 일어나는 소식을 전하는 것이 낫겠습니다. 목사님에게는 이미 체포령이 내려졌으니 제가 뒤에 남겠습니다."

"아니, 집사님?"

김윤찬 목사가 그의 말을 듣고는 눈을 휘둥그레 떴다. 그러나 김 집사의 말은 계속되었다.

"저는 마을로 다시 돌아갔다가 제 신변이 위험하다고 생각되면 곧 목사님의 뒤를 따르겠습니다. 아무래도 우리 두 사람이 한꺼번에 사라지는 것보다는 제가 뒤에 남아 있다가 상황을 보아 처신하는 것이 더 나은 듯합니다."

듣고 보니 그 말도 일리가 있었다. 이렇게 무작정 도망만 칠 것이 아니라, 한 명은 남아 있으면서 상황을 알아보는 것이 현명한 판단이었다. 하지만 호랑이 굴 속에 김 집사를 남겨놓고 떠나는 김윤찬 목사의 가슴은 고통으로 아파왔다.

"목사님, 시간이 없습니다. 저는 동이 트기 전에 다시 돌아가야 합니다."

김 목사는 재촉하는 김 집사의 손을 두 손으로 덥썩 잡았다. 그의 두 눈에 눈물이 그렁그렁 맺혔다가 이내 그 무게를 견디지 못하고 주르륵 뺨으로 흘러내렸다.

"집사님, 몸조심하셔야 합니다. 항상 주님이 함께하시길 빕니다."
"목사님, 건강하시고 다음에 봅시다."

굳게 잡은 두 사람의 손이 영원히 풀리지 않을 듯했다. 그러나 한 명은 떠나야 하고 한 명은 남아야 하는 길이다. 동이 트기 전에 부지런히 움직여야만 했다. 김중희 집사가 손을 놓고는 뒤돌아섰다.

"집사님, 잘 가시오."

나룻배 쪽으로 다시 뛰어가는 김중희 집사의 등 뒤에서 큰소리도 내지 못하고 김 목사는 중얼거렸는데 무정한 비바람이 그마저 집어삼켜버렸다.

산속으로 들어가다

새벽 5시 먼동이 부옇게 터오고 있었다. 그 숱한 고난과 역경에도 전혀 상관없이 동쪽하늘은 희끗희끗 구름 없는 맨 하늘을 잠시 보이곤 했다. 비는 그쳐 있었지만, 땅은 아직 젖어 걷기에는 무척 불편했다. 김윤찬 목사는 비에 젖어서 무거워진 가방을 등에 멘 채, 온몸이 비에 젖고 발은 진흙으로 엉망이 되어서 후줄근한 모습으로 멀리서 보이는 침침한 빛을 보고 있었다. 검문소였다.

상원 골미다. 김윤찬 목사가 밤새 걸어서 도착한 곳이다. 검문소에는 봄비에 오그라든 몸을 녹이느라고 조그만 모닥불을 피어놓았는데 김 목사가 그것을 본 것이다. 그는 그 불빛을 보자마자 재빨리 몸을 숲속에 숨겼다. 자신의 몰골을 보면 틀림없이 검문자는 자신이 도망자라는 것을 알아채고는 체포할 것이 뻔했다. 어차피 그들을 피하기로 마음먹었으면 철저히 피해야 한다고 굳게 마음먹었다.

김 목사는 동이 터오는 때에 길이 아닌 산속으로 방향을 잡았다. 그가 들어간 산은 골미산이었다. 숲이 제법 무성해서 햇빛을 가려서 컴컴한 산이었기에 몸을 숨기기에는 안성맞춤이었다. 그가 숲속으로 어느 정도 들어갔을 때, 눈앞에는 자그마한 동굴이 나타났다. 하나님의 예비하심이 이토록 오묘한가를 생각하면서 감사의 기도를 드렸다. 어차피 낮에는 돌아다닐 수 없는 도망자였기에 쉴 곳을 찾고 있던 김 목사에게, 사람들의 눈길을 피해 은밀히 낮시간을 지낼 수 있는 그런 곳으로 참으로 하나님께서 예비하신 장소였다.

굴 안은 하루를 지내기에 불편함이 전혀 없었다. 그는 밤새 걸어온 탓에 피곤했는지 그 자리에 쓰러져서 정신없이 잠에 곯아떨어졌다. 동굴 안은 어젯밤의 그 거센 비바람에도 불구하고 바싹 말라있었기에 김윤찬 목사는 불편 없이 푹 잘 수 있었다.

그가 다시 깨어난 때는 이미 해가 기울고 있는 초저녁이었다. 얼마나 피곤했으면 하루 온종일을 잠에 곯아떨어졌었을까. 그렇게 자고 나니 피곤이 좀 가시는 듯했지만 이번에는 배가 고팠다. 그는 무엇을 하기 전에 먼저 배부터 채워야겠다고 생각하고는 나뭇가지를 주워와서 불을 피웠다. 마른나무가 적었기에 매콤한 연기만이 그의 눈을 자극했고 수십 번 재채기를 한 뒤에야 김 목사는 작은 불이나마 피울 수 있었다. 쌀을 씻어 냄비에 앉혀놓은 후에 그는 잠시 묵도를 했다.

"이제 어떤 고난이 닥쳐올지 저는 모릅니다, 주님! 여태까지 무사히 지켜주신 주님, 앞으로도 종의 앞길을 밝혀주시어 모든 것을 주님의 뜻대로 이루게 하소서."

식사를 다 끝마쳤을 때 날이 어두워지고 있었다. 김윤찬 목사는 이제 길을 떠날 때가 되었다고 생각하고는 부지런히 여장을 꾸렸다. 어떻게 해서든지 빨리 이곳을 벗어나야 하겠고, 우선은 황해도까지만 가도 안심이 되겠기에 발길을 서둘러야만 했다. 그가 여장을 꾸리고 일어서려는데 갑자기 발이 쑤셔왔다. 여태까지는 밥을 먹느라고 몰랐는데, 발을 쳐다보니 발바닥은 온통 물집으로 덮였고, 다리는 간밤에 쉬지 않고 걸어왔던 탓에 한걸음도 옮겨놓을 수 없을 정도로 고통스러웠다. 그는 아픔을 참지 못하고 그 자리에 주저앉았다.

아직도 가야 할 길

한참 동안 아픔을 이기느라고 땅바닥에 앉아 있던 김윤찬 목사는 십자가를 등에 지고 골고다 언덕을 오르시는 주님의 모습을 생각했다. 자신은 이 조그만 여정에도 이렇게 피곤하고 아프거늘, 브라이도리온에서 성난 무리들에게 핍박당하며, 그 무거운 십자가를 지고 맨발로 골고다에 오르신 주님의 아픔은 어떠했겠는가?

이마에서는 깊숙이 파고드는 가시나무 때문에 찢겨진 상처에서 선혈이 눈으로 입술로 뺨으로 주르르 흘러내리고, 온몸은 온통 채찍과 악행에 찢기운 채로, 등에서는 너무도 무거운 십자가가 발걸음을 한 발짝도 떼어놓지 못하게 짓누르고 있었고, 발길을 옮기라고 잡쳐대는 자들의 험악한 채찍은 주님의 온몸을 휘감아, 살점이 뚝뚝 채찍에 묻어나며, 고난과 군중들의 비웃음만이 만왕의 왕께 주어졌었다.

이렇게 귀하디귀한 주님이 말로 표현할 수도 없는 고난을 받았는데, 겨우 이런 아픈 다리 때문에 주저앉아 있다는 것은 주님의 일을 맡은 사역자로서의 도리가 아니라는 생각이 든 김 목사는 자리에서 벌떡 일어섰다. 그리고 어두운 밤길을 사람의 눈길을 피해 걸어나갔다.

막상 용기를 내서 아픈 다리를 끌면서 길을 떠났지만 얼마를 걷자 다시 아픈 발은 한걸음도 떼어놓지 못할 정도로 쑤셔왔다. 발바닥은 물집이 터져서 급기야는 핏물이 배여 나왔고, 장딴지는 빳빳하게 굳어졌다. 김 목사는 아픔 때문이 아니라, 그런 고통을 참을 수 없다는 자신의 나약함으로 인해 눈물이 나왔다.

"주여, 제게 힘을 주소서."

그는 이렇게 부르짖으며 앞으로 나아가려 했지만 마음과는 달리 몸이 제대로 움직여주지 않았다. 그는 할 수 없이 길가에 주저앉아서 서글픈 마음에 찬송을 불렀다.

"천성에 가는 길 험하여도, 생명길 되나니 은혜로다. 천사 날 부르니 늘 찬송하면서, 주께 더 나가기 원합니다…"

찬송을 힘있게 부르니 몸에서는 힘이 솟는 것 같았다. 그러나 발은 여전히 아픔으로 견딜 수가 없었다. 어떻게 이 몸으로 황해도 언진산까지 갈 수 있을까? 차라리 돌아가서 일본 경찰에게 잡히는 것이 더 낫지 않을까? 그의 머릿속에 별의별 생각이 다 떠올랐다. 가만히 생각하니 이 상태로는 황해도로 가지도 못하고 그렇다고 집으로 돌아가기도 힘들었다.

"주여, 도와주소서. 주님의 뜻이 무엇이건 간에 그 뜻대로 온전히 이룰 수 있도록 도와주소서."

그가 이렇게 간절히 기도하고 있는데 갑자기 어두운 산길이 환해졌다. 김 목사가 깜짝 놀라서 눈을 뜨니 길 아래쪽에서 불빛이 김 목사를 향해 달려오고 있었다. 항상 사람을 피해야 하는 도망자인 처지이니 그는 빨리 몸을 숨겨야만 했다. 그러나 피해야 한다는 생각은 굴뚝같았으나, 그의 발은 아픔 때문에 움직일 수조차 없었다. 그가 그래도 움직이려고 하는 중에 이미 불빛은 그의 앞으로 다가오고 있었다.

8

언진산

트럭에 몸을 싣고

이윽고 불빛이 가까이 다가오자 김 목사는 그것이 트럭의 헤드라이트에서 나오는 불빛이라는 것을 알았다. 컴컴한 산길에 갑자기 헤드라이트가 비쳐지자, 그는 눈이 부셔서 손으로 불빛을 가리려 했다. 그때 갑자기 트럭이 그의 앞에 급히 멈추었다. 김 목사의 뇌리에 이상한 생각이 번쩍 스쳐갔다. 왜 이런 호젓한 산길에 트럭이 올라오는가? 그리고 왜 트럭은 그냥 자신을 지나치지 않고 앞에서 멈추는가? 이런 의문이 떠오르며 그는 이것이 혹시 주님의 뜻이 아닐까 하는 생각이 들었던 것이다. 그는 아픈 다리를 끌며 트럭의 운전석으로 다가갔다.

"죄송합니다. 멀리 가는 길손인데 몸이 아파서 걸어갈 수가 없습니다. 괜찮으시면 좀 태워주시기 바랍니다."

"타십시오."

트럭 운전사는 두말없이 쾌히 승락했다. 김 목사는 고맙다고 인사를 꾸벅한 다음에 간신히 발을 움직여서 트럭의 앞좌석에 올라탔다.

김윤찬 목사는 트럭이 앞으로 나아가자 주머니에서 약간의 사례금을 꺼내서 운전사에게 쥐어주었다. 그러나 운전사는 그것을 보고 극구 사양했다.

"보아 하니 남의 눈을 피해야 하는 입장인 모양인데, 나보다도 돈이 더 필요하실 겝니다. 집어넣어 두시지요."

운전사는 김 목사의 행색을 보고 척하니 그가 도망치고 있다는 사실을 눈치챘다.

"아닙니다. 이거라도 받으셔야 제가 마음이 좀 가벼워집니다."

김 목사는 돈을 안 받으려는 운전사에게 기어코 돈을 주머니에다 찔러넣어 주었다.

"어디까지 가시지요?"

운전사는 기분이 좋은지 김 목사에게 싱글벙글하며 물었다. 하긴 지루한 산길에 말동무라도 생긴 것이 나쁘지는 않을 터였다.

"황해도 곡산까지 갑니다. 이 트럭은 어디까지 가십니까?"

운전사가 이렇게 묻는 김윤찬 목사의 얼굴을 신기하다는 듯이 쳐다보았다.

"곡산이요? 정말입니까?"
"예. 왜요?"
"이 트럭도 마침 곡산까지 가는 길입니다. 아주 마춤으로 타셨습니다."

운전사의 말에 김윤찬 목사는 무의식중에 두 손을 모으고 '주여' 하고 소리쳤다. 주님의 예비하심에 대한 놀라움과 그에 대한 감사함에 절로 찬탄의 소리가 나왔던 것이다. 걸어서라면 며칠, 아니 이 몸으로라면 몇 달이 걸려도 도착하지 못할 곳인데 주님의 은혜로 트럭을 김윤찬 목사가 한 발짝도 움직일 수 없는 험한 산골에 오게 만든 것이다. 물론 우연이라고 볼 수도 있겠지만 우연치고는 너무나 필연적인 우연이었기에, 그것은 주님의 은혜라고 볼 수밖에 없는 것이다.

트럭은 덜컹거리는 산골길을 몇 시간이고 나아가다가 갑자기 운전사가 트럭을 멈추었다. 김윤찬 목사는 무슨 일인가 해서 운전사의 얼굴을 빤히 쳐다보았다.

"선생님, 여기서 내리셔야겠습니다."
"예에?"

운전사가 내리라는 말에 김 목사는 깜짝 놀랐다. 아직 곡산까지 가려면 무척 멀었다. 그런데 운전사가 내리라고 한다. 기가 막힐 노릇이었다. 여기서 곡산까지면 김 목사의 몸으로 가기에는 무리였다. 세상에… 그가 난감해하는데 운전사가 뜻밖의 말을 했다.

"저 모퉁이를 돌면 검문소가 있습니다, 선생님! 분명히 일본 경찰들이 지키고 있을 터이니, 이대로 갔다가는 붙잡히게 됩니다. 그러니 힘드시겠지만 저쪽으로 돌아서 검문소를 지나 다시 길을 돌아오십시오. 그러면 제가 검문을 마치고 그곳으로 가 있겠습니다."

김윤찬 목사는 그 말을 듣고 어쩔 줄 몰랐다. 그러나 다른 방도가 없었다. 짐을 차 안에다 그대로 놓아 두고 차 밖으로 나갔는데, 혹시 트럭이 자신을 두고 그냥 가버리면 어떻게 하나 하는 생각이 들었다. 만일 저 가방이 없어진다면 피신 생활에 막대한 지장을 초래하거나 또는 생명에 중대한 영향을 받을지도 모른다는 마음이 불현듯 떠올랐다. 하지만 이 트럭은 주님이 보내신 트럭이었다. 그런 트럭이 그냥 자신을 두고 떠나지는 않을 것이라는 확신이 들었다.

그는 약간 부드러워졌지만 그래도 불편한 다리를 이끌고 운전사가 가리켜 준 방향으로 들어섰다. 모퉁이를 돌자 역시 운전사의 말대로 검문소가 하나 있었고, 일본 경찰 두 명이서 트럭을 세워놓고 짐을 면밀히 검사했다. 김 목사는 그 경찰들이 자신을 돌아보지나 않을까 불안해하며 조용히 검문소 주위로 빠져서 산 윗길로 들어섰다. 잠시 후에 다시 트럭이 나타났고 김윤찬 목사는 다시 트럭위에 올라탔다.

"고맙습니다."
"천만에요. 그나저나 일본놈들이 점점 더 발광이니 큰일났습니다."

운전사는 일제의 흉포함을 한동안 열을 올리며 말했다. 이후로 운전사는 김윤찬 목사에게 검문소가 나타날 때마다 내리게 했고, 김 목사는 아주 무사히 황해도 곡산에 들어설 수가 있었다. 꼬박 26시간이 걸린 여정이었고 비포장도로에다 험한 산골길이라서 온몸이 배기기는 했지만, 그래도 아무 탈 없이 목적지에 도달했다. 트럭에서 내리자 운전사가 그동안에 정이 들었는지 섭섭해 했다. 김 목사도 섭섭한 마음을 어쩌지 못하고 운전사의 손을 꼭 잡았다.

"고맙습니다, 선생님. 부디 몸조심하셔서 독립이 될 때 편안한 마음으로 만납시다."

운전사가 이렇게 말하면서 손을 흔들며 트럭에 오르자 김 목사도 손을 흔들면서 중얼댔다.

"언제나 하나님의 가호가 있기를…."

송득경을 만나다

황해도 곡산의 언진산은 동북으로 원산까지 뻗고, 서남으로 수안까지, 서북으로는 평양에 이르고, 북으로 양덕에 이르는 반도의 중앙지대이다. 험한 산지이고, 조그만 밭뙈기만이 척박한 산지에 군데군데 널려 있는 곳이다. 농사는 화전이 대부분이고 그나마 작물이라고는 밭 작물이 고작인 그런 험한 곳이었다.

이런 험한 골짜기 속에서도 정말로 험하고 깊숙한 곳을 김윤찬 목사는 송득경이라는 사람을 찾아 헤매고 있었다. 험한 산골에 마을이라고는 움막 두세 채씩 모여 있는 것이 전부니, 어디서 송득경이라는 사람을 찾겠는가? 다행스러운 것은 이제 걷는 데는 조금 자신이 붙어서 힘이 덜 든다는 것이었다. 발바닥에 끔찍했던 물집은 이제는 굳은살이 되었고, 다리도 근육이 붙었는지 걷는 데 별로 무리가 없었다.

김 목사는 이런 주님의 오묘한 섭리에 감사할 수밖에 없었다. 어떤 상황, 어떤 처지라도 그에 맞추어서 살아갈 수 있게끔 하나님께서 우리 인간들에게 적응이라는 능력을 허락한 것이었다.

밤새도록 헤매던 김윤찬 목사에게 주님의 은혜가 다시 나타났다. 한 두메산골을 헤매던 중에 송득경이란 사람을 아는 자를 만난 것이다. 그가 일러주는 곳을 물어물어 찾아간 끝에 김 목사는 드디어 언진산 산속 깊숙한 곳에 숨어 사는 송득경을 찾을 수 있었다. 비탈진 산언덕에 숨어 있는 듯이 지어진 세 채의 움막이 송득경이 사는 인가 전부였다.

송득경은 아무도 찾아올 리 없는 두메산골에 김윤찬 목사가 나타나자 처음에는 경계하는 눈빛을 띠었으나, 김 목사가 김중희 집사의 이야기를 하자 그때서야 비로소 반가운 빛을 얼굴 가득히 띠었다.

"어이구, 김 목사님이셨군요. 어서 오십시오. 말씀 많이 들었습니다."

송득경은 얼굴 가득 천진스런 미소를 띠었다. 김 목사도 마주 인사하면서 안도의 한숨을 내쉬었다. 혹시라도 그가 나몰라라 한다면 난감한 일이었기에 그의 이런 인사가 김 목사의 졸였던 마음을 풀어지게 만든 것이다.

송득경은 불신자였으나, 키가 아주 크고 덩치도 듬직한 장사였다. 하루에 100리 길도 왕복할 수가 있을 정도로 힘이 있었고 건강한 사람이었다. 더욱이 그는 심지가 곧고, 나라를 생각하는 마음으로 똘똘 뭉쳐진 애국자였다. 송 씨는 김 목사와 밤이 깊도록 이야기를 나누며 의기를 투합했으나, 김 목사가 빨리 피신해야 한다는 것을 생각하고는 아쉬운 마음으로 이야기를 끊어야 했다. 송득경은 김 목사의 피신처에 대해 곰곰 생각하다가 입을 열었다.

"목사님, 이곳은 그다지 안전한 곳이 못 됩니다. 주위 사람들도 있고, 또 목사님이 저를 이렇게 찾아왔으니, 일본 경찰이라고 저를 못 찾아온다는 보장도 없습니다."

김윤찬 목사도 그것을 불안하게 생각하고 있었다. 목사가 찾은 길을 전문가인 일경들이 못 찾을 리 없었기 때문이었다. 송득경의 말은 계속되었다.

“그러니 내일 새벽에 사람들 모르게 더 깊은 산골로 들어갑시다. 그러면 목사님이 계신 데를 아는 사람은 나뿐이 없으니, 일경들의 추적을 면할 수 있을 것입니다.”

“고맙습니다, 송 선생님.”

“별말씀을요, 목사님.”

이렇게 두 사람은 계획을 짰고 송득경은 김 목사를 피신시키기 위한 준비를 하려고 밖으로 나갔다.

깊은 산, 외로운 동굴

다음날 새벽에 송득경은 김 목사를 안내해서 깊은 산속으로 들어갔다. 그의 등 뒤에는 커다란 자루가 메어져 있었고 김윤찬 목사는 가방을 들고서는 험한 산길을 비틀비틀 걸어갔다. 언진산의 깊고 험한 산세가 두 사람의 발길을 턱턱 막는데도, 두 사람은 애써 발길을 재촉했다. 산을 돌고 골을 지나 숲속을 뚫고 앞으로 나아가기를 어언 몇 시간이 지났다. 송득경의 이마에 땀이 송글송글 맺히고 김 목사는 장사인 그를 따라가느라고 거의 숨이 막혀오는 듯했다. 앞에 선 송득경은 이마에서 흐르는 땀방울을 손등으로 아무렇게나 문질러 닦았다. 한참을 더 나아가다가 송득경은 한곳에서 멈추었다.

"바로 저곳입니다, 목사님."

김윤찬 목사는 그가 가리키는 곳을 쳐다보며 한숨을 몰아쉬었다. 그의 온몸은 땀투성이가 되었고, 몸은 물에 젖은 솜처럼 후줄근해졌다. 숲에 가려져서 잘 보이지도 않는 곳에 바위들이 올망졸망 놓여 있었고, 그 바위들의 아래에는 그래도 제법 큰 동굴 하나가 있었다. 밖에서는 나무로 가려져 있어서 웬만한 주의를 기울이지 않으면 찾아낼 수 없는 은밀한 곳이었다.

송득경은 가져온 물건을 동굴 안에다 내려놓자 김 목사도 가방을 내려놓으며 주위를 살폈다. 동굴 입구보다도 안쪽은 더욱 넓었고, 혼자 지내기에는 별로 불편한 점이 없어 보이는 동굴이었다.

"목사님, 이것이 목사님이 드실 양식입니다."

송득경은 보따리를 풀어서 옥수수, 좁쌀 등속을 내어놓았다.

"고맙습니다, 송 선생님."

김윤찬 목사는 산골에 조그만 화전을 하며 사는 그가, 이런 식량을 덜어주는 것이 큰 부담이라는 것을 잘 아는 고로, 그의 정성에 눈시울이 붉어졌다.

"목사님, 저는 곧 내려가 봐야 합니다. 고생이 되더라도 참으십시오. 제가 자주 와 보겠습니다."

송득경은 인적이 하나도 없는 심심산골에 김윤찬 목사만 홀로 두고 가는 것이 안되었는지, 말은 곧 떠날듯이 이렇게 하면서도 쉽게 일어서지를 못했다. 벌써 해가 중천에 떴는지 동굴 안으로 들어오는 햇살이 붉게 물들었다. 김윤찬 목사가 그를 재촉했다.

"송 선생님, 내려가시는 길이 멀고 험한데, 이렇게 지체하시다가 행여 해가 져서 어두워지면 길을 잃을까 걱정입니다."

"예. 알겠습니다, 목사님."

송득경이 마침내 작심하고 일어섰다. 동굴 밖으로 나오니 벌써 해는 중천에서 그 너머로 지나, 오후의 햇살을 뿌려주었다. 송득경은 가는 것이 아쉬운지 몇 번이고 뒤돌아보면서 천천히 떠나갔고, 김 목사는 사라져가는 그의 모습을 보면서 슬픈 마음을 가눌 길이 없었다. 이제 아무도 없는 산골짜기에 홀로 남겨졌다. 외롭고 쓸쓸할지라도 홀로 넘겨야 하고, 어떤 산짐승이 덤벼들지도 모른다는 두려운 마음도 홀로 삼켜야 한다. 그는 세상에 버려진 고아처럼, 온 가슴 가득히 밀려오는 고독감을 느끼고는 가만히 승호읍에 두고 온 가족들의 이름을 불러보았다.

"여보, 재옥아, 재성아, 재형아, 선옥아…."

여태까지는 가슴속에 묻은 채로 몰랐었는데, 일단 그 말들이 입 밖으로 나와 구체화되자, 그의 마음에 걷잡을 수 없는 설움이 밀려들었다. 하지만 그는 이를 악물었다. 이 고난을 이겨내야만 한다.

그의 떨리는 두 손이 경건한 모습으로 합쳐졌다. 그리고 모아진 손끝에 밀려오는 슬픈 햇살을 보면서 그는 기도를 올렸다.

흩어진 가족

승호읍 중부교회의 교인들은 김윤찬 목사가 도피한 후에 일경들의 위협에 시달렸다. 김 목사가 감쪽같이 사라졌으니, 그 행방을 대라고 교인들마다 협박을 받았다. 그러나 김윤찬 목사의 행방을 알고 있는 사람은 오직 김중희 집사뿐이 없으니, 경찰들이 아무리 교인들을 닦달해도 김 목사의 행방을 알아내지는 못했다.

일경들은 교인들을 위협해 보아도 소용이 없자, 이번에는 가족들에게 그 위협의 손길을 뻗었다. 매일 밤낮으로 사모님과 아이들에게 협박을 해보고 달래도 보면서 김 목사의 행방을 찾으려 했다. 그러나 아이들은 정말로 아버지 간 곳을 몰랐고, 사모님만이 황해도 언진산으로 갔다는 정도만 알 뿐이니, 경찰들의 노력이 헛수고가 되었음은 당연한 일이었다. 경찰들의 압력이 심해지자, 김윤찬 목사의 아버지 김락환은 승호리에 바쁜 걸음을 했다. 그로서는 아들 김윤찬 목사의 생사도 문제였지만, 더욱 문제가 되는 것은 어린 손자들이었다.

일제는 조선에 대한 식민지정책을 확고히 하기 위해 철저한 사상통제를 실시하였다. 1936년에 사상범 보호 관찰령을 공표하였고, 1937년에는 조선중앙정보위원회를 두어서 지식인에 대한 정보수집에 착수했고, 고문이나 박해 또는 자익(自益)에 의해 친일적으로 전향한 사상전향자들의 모임인 전조선사상보국연맹을 만들어, 반일

사상자들을 적발하게 함으로써 반일사상자들의 완전 제거를 목적으로 온힘을 기울이고 있었다. 또한 1941년에는 조선사상범 예방구금령을 제정하여, 사상적으로 조금이라도 이상하다 싶은 사람이 있으면 모두 서대문형무소에 강제 구금시켜서, 반일사상이 생기기 전에 그 싹부터 짜르려 했다.

1944년, 그러니까 김윤찬 목사가 도피 중에 있을 당시, 일제는 조선전시 형사특별령이라는 법령을 반포하여 재판을 2심으로 바꾸고, 국정변란죄, 특히 사상에 관한 범죄는 그 형벌 규정을 강화해서 갖은 탄압을 가했던 것이다.

이런 흉흉한 상황에서 조그만 소도시나 시골에서는 괜한 소문이 나돌았고, 김락환은 그 소문 중에서 사상자의 가족은 삼족을 멸한다는 끔찍한 이야기를 접한 것이다. 이런 말을 들은 김락환은 이미 도피 중에 있었던 아들 김윤찬 목사는 당분간은 안심이지만 손자들이 일본 경찰에게 어떤 해코지를 당할까 불안했던 것이다.

"아가야, 너는 재형이와 선옥이를 데리고 친정집에 가 있거라. 재옥이와 재성이는 내가 데리고 가마."

김락환은 이렇게 말하면서 며느리를 쳐다보았다. 사모님의 눈에서 금방이라도 굴러떨어질 듯이 눈물이 가득 고여서 그렁그렁 맺혔다. 남편과 헤어진 지가 오래되지 않았는데 이제는 가족들마저도 찢어지듯이 이별을 해야 한다.

"곧 좋은 세상이 오겠지…."

김락환은 혼잣말처럼 이렇게 중얼거리며 가슴이 답답해 오는지 하늘을 우러렀다.

가족이 뿔뿔이 흩어지는 날이다. 사모님은 재형이와 선옥이를 데리고 숙천으로 가야 했고, 김락환은 재옥이와 재성이를 데리고 산사리로 돌아가야만 했다. 사모님이 재옥이와 재성이가 떠나려 하자 견디지 못하고서 애들을 부둥켜안았다.

"어머니, 어디 가?"

자꾸만 이렇게 묻는 재성이의 울먹이는 소리에 사모님의 애간장은 그 자리에서 끊어질 것만 같았다.

"재옥아, 재성아. 할아버지 말씀 잘 들어야 한다."

사모님은 이렇게 당부할 수밖에 없었다. 험한 세상 악한 시기에 과연 언제 다시 만나려나? 시아버지 김락환이 자꾸 먼저 가라고 손짓하는 바람에 사모님은 자꾸만 뒤를 돌아보면서 눈물을 뿌렸다. 김락환도 목이 메이는지 헛기침을 큼큼 해대며 하늘만 쳐다보았다.

며느리와 손자손녀를 떠나보낸 후에 김락환은 두 아이의 손을 잡고 산사리로 돌아가려다, 불현듯 아들 김윤찬 목사가 생각났다. 어디서 무엇을 하고 있는가? 하나님이 맡기신 일을 온전히 하기 위해서 이런 시련을 당하는 아들이 보고 싶었다.

'그래, 어디에 있는지 한번 찾아보자. 아들의 짐을 조금이라도 함

께 질 수만 있다면 얼마나 좋겠는가?'

김락환은 백발이 성성한 머리카락을 휘날리며 며느리에게 들었던 황해도 언진산으로 어린아이들을 데리고 발걸음을 옮겼다.

사모님과 김중희 집사는 행여라도 무슨 일이 있을까봐, 황해도 언진산이라는 말만 했지 송득경이라는 사람에 대해서는 일언반구의 언급도 하지 않았다. 그렇기에 김락환은 험한 산길을 돌고 돌며, 묻고 물어도 김윤찬 목사의 행방을 아는 사람은 한 명도 없었다. 어린 손자손녀는 다리가 아프고 지쳐서 입술이 터지고 피부도 까칠해졌다. 그 모습을 보면서 김락환의 가슴이 찢어지는 것 같았다.

"얘들아, 힘들더라도 좀 참거라. 하나님이 항상 함께 계신단다."

김락환은 배가 고파서 웅크리고 있는 두 아이에게 이런 말뿐이 더 할 말이 없었다.

언진산의 깊고 험한 산골은 늙은 김락환과 어린 두 손자손녀의 발걸음을 마냥 힘들게 만들었고, 며칠 굶은 배에서는 이제 허기로 인해 감각마저도 없어진 것 같았다. 김락환은 산골에 군데군데 이루어 있는 두세 채의 집집마다 빠지지 않고 들러서는 김윤찬 목사의 행방을 물었으나, 그 행방은커녕 그의 이름을 아는 사람도 없었다. 이렇게 언진산을 헤매기를 어언 며칠이 지났다.

마침내 김락환은 아들 찾기를 포기해야만 했다. 자신이 혼자였다면 땅 끝까지 가서라도 아들을 찾을 텐데, 그의 옆에는 주려 있는 손자손녀가 또랑또랑한 눈만을 크게 뜬 채로 김락환의 얼굴을 빤히 쳐다보고 있었다. 그것을 보는 그의 가슴이 저릿저릿 아파왔기 때문이었다. 그 아이들의 때묻지 않은 순수한 눈동자에 김락환은 왈칵 눈물이 솟아났다.

"그래. 가자, 얘들아. 너희 아버지는 하나님이 보호해 주시겠지…."

김락환은 손자손녀의 작은 손을 잡고서 다시 산사리로 발걸음을 옮겼다.

9

산속에서의 생활

외로움과 두려움을 넘어

언진산. 그곳은 먼 길 가는 길손에게는 피곤한 곳이었고, 풍류를 즐기는 한량들에게는 아름답고 운치 있는 곳이었고, 도망자들에게는 안성마춤인 도피처였다. 곳곳에는 샘이 솟아나고 계곡에는 맑은 물이 흘러갔고, 산자락에 걸려 있는 구름 한 조각은 참으로 인적이 없는 자연 속에 푹 파묻혀 있다는 느낌을 갖게 했다.

김윤찬 목사는 자신이 도피해 있다는 것을 잊은 채, 한없는 하나님의 섭리를 온몸으로 고스란히 느꼈다. 하나님께서 창조하신 이 땅에 하나님의 오묘한 조화가 조그만 풀 한 포기, 작은 돌맹이 하나까지에도 미치는 것을 경이로운 마음으로 바라보며, 그는 경건한 마음으로 이 거대한 자연을 주신 하나님께 감사의 기도를 올렸다.

이것이 김윤찬 목사의 생활이었다. 하나님과 가장 가까운 곳에서 주님의 숨결을 느끼면서 기도하는 것, 모든 잡념이 끊어진 채로 온전한 주의 종 김윤찬이 주님과 진실된 대화를 나누는 것, 이것이 하나님이 김윤찬 목사에게 잠시 허락하신 도피이자 평안이었다.

처음 김윤찬 목사가 언진산 골짜기 깊숙한 곳에 홀로 남았을 때, 그의 가슴 속은 공포와 외로움으로 터져나갈 것만 같았다. 밤부엉이가 울어대는 적막강산에 김 목사는 한 치 앞도 볼 수 없는 암흑 속에서 시도 때도 없이 튀어나오는 불안감에 시달려야만 했다. 어둠 속에서 희끗희끗 빛나는 이름 모를 나무들이 어떤 악마의 형상으로 보이기도 했고, 버석대는 나뭇잎 소리에도 그는 자신을 해치려는 짐승은 아닌가 하고 마음 졸여야 했다.

그는 이런 공포와 외로움을 이겨내려고 필사적으로 두 손을 모으고 기도를 올렸다. 그러나 공포심은 그의 가슴에서 솟아나와 그의 머리로 피부로 옮겨가서 온몸은 온통 공포로 곤두선 감각이 여실히 일어나곤 했다.

"내가 사망의 음침한 골짜기를 다닐지라도 해를 두려워하지 않는 것은 주께서 나와 함께 하심이라. 주여 도와주소서…."

외로움과 두려움은 감정이었다. 그것은 외부의 환경에서 오는 것보다는 내부적 불안에서 오는 것이 더욱 많았다. 그리고 대부분의 외로움과 두려움은 자신의 환상에서 만들어낸 일시적 기분이었다. 감정은 사람을 해치지 못한다. 아무리 심한 고독감이나 공포심일지라도 그 감정에 의해 인간은 직접적인 상해를 당하지 않는다. 다만 그 감정에 의해 촉발된 충동적 행동에 의해 사람들은 다치게 되는 것이다. 김윤찬 목사는 이런 것을 생각하면서 모든 감정을 전부 주께 맡겼다. 점점 가슴이 편안해왔다. 거칠게 파도치던 흉흉했던 바다가 잠잠해라 하고 꾸짖는 말에 의해 거울같이 편안한 상태로 되는 것과도 같이, 외로움과 두려움에 떨었던 그의 마음이 차츰 가라앉으며, 바로 자신의 옆, 아니 온 세상에 주님의 손길이 임해 있다는 것을 명백히 숨결로 느낄 수 있었다.

파도가 자면 오히려 그전보다 더 고요해지는 것처럼, 이제 그의 마음은 그 이전보다도 더욱 가라앉았다. 이젠 두렵지가 않았다. 외롭지도 않았다. 모든 것은 주님의 뜻이고, 주님이 이끌어 나가는 길이라고 확신한 것이다. 그는 감사하는 마음으로 무릎을 꿇었다.

도광양회

찬란한 햇살은 동굴 안에도 여지없이 비추었고, 그 햇살을 받으며 김 목사는 눈을 부비며 자리에서 일어났다. 밤에 그렇게 무섭게 보였던 것들이 전혀 아무 것도 아닌 자신의 환각이었다는 것을 깨닫고 김 목사는 쓴웃음을 지었다. 그는 부지런히 아침 일과를 시작했다. 비록 잠을 설쳐서 늦잠을 잤지만은 아침기도를 드리고서는 성경을 꺼냈다. 묵상의 시간을 갖는 것이다. 그는 언진산 골짜기에서 집에서와 똑같이 아침시간을 예배와 찬송으로 보냈다.

그리고 늦은 식사를 했다. 식사라고 해봐야 조밥이나 옥수수 또는 감자가 대부분이었고, 그것에 소금이나 간장을 찍어먹거나, 된장에 발라먹는 것이 전부였다. 그는 식사를 하다 말고 목이 말라서

물을 찾다가 동굴 옆에 물이 솟아나는 샘물을 발견했다. 모든 것은 이렇게 주님의 예비하심에 따라 그의 옆에 마련되어 있었다.

송득경은 1주일, 또는 열흘에 한 번 정도로 김윤찬 목사를 찾아왔고, 그는 항상 김 목사의 일용할 양식인 옥수수, 좁쌀, 감자, 고구마 등을 가져왔다. 그가 오면 김 목사는 세상에서 일어나는 일을 하나하나 물었고, 송득경은 자세하지는 않지만 그래도 정성껏 대답을 해주었다. 김윤찬 목사가 언진산 속에 있으면서 접한 유일한 사람이었고, 그로 인해 더욱 김 목사의 신앙이 굳건해졌는지도 모른다.

송득경이 왔다 가면 그는 언젠가는 조국이 독립하여 자신이 산속에서 나가서 주님의 큰 일꾼이 되리라고 마음을 잡아먹으며, 성경연구에 몰두했다. 어떻게 보면 이런 고립 생활이 김윤찬 목사에게는 성경을 철저히 연구하는 데 도움이 된 것은 사실이었다.

성경을 연구하고, 예배를 드리고, 찬송하고, 기도하는 사이에 세월은 흘렀다. 봄이 나뭇잎에 가만히 머무는가 했더니, 이내 울창한 숲속에서는 산새들이 왕성한 계절을 노래했다. 이어서 나뭇잎은 눈물처럼 산기슭에 골짜기에 서럽게 굴러떨어졌고, 그러고는 온산이 추위로 얼어붙는 겨울이 돌아왔다.

입이 얼어붙어서 기도소리마저도 입 밖으로 나오지 못하고 이 세상은 온통 동면의 긴 잠에 빠져들었다. 산 위고 나무고 전부 하얀 눈뿐이었고, 온 천지는 눈 속에 갇혀서 생각마저도 얼어붙은 듯했다. 이런 추운 겨울날에도 김윤찬 목사는 동굴 속에서 성경을 보고 있었다. 한층 길어진 머리카락과 아무렇게나 자란 수염, 거칠한 피부는 일견 목사라기보다 한 명의 산사람이었고, 사실 사람이 아닌 어떤 동물과도 같이 하나님이 키워주시는 하나의 자연이었다.

"하나님이 저희와 함께 거하시리니… 모든 눈물을 그 눈에서 씻기시매 다시 사망이 없고… 처음 것들이 다 지나갔음이러라…."

성경구절을 소리내어 읽은 후에 그는 눈을 감았다.

'처음 것들은 다 지나갔음이러라.'

그 구절은 주님이 김윤찬 목사에게 곧 일어날 일을 암시해주는 것 같았다. 김윤찬 목사는 묵시록을 파고들었다. 자연과 하나가 되어 사는 김 목사의 신앙생활은 이렇게 영원히 끝나지 않을 듯이 계속되었다.

최후의 발악

1944년 기어코 주기철 목사는 신사참배 반대를 철회하지 않고 일제에 저항하다가 모진 고문과 옥고에 의해 평양형무소에서 순교했다. 또 최봉석 목사와 박관준 장로도 역시 평양형무소에서 주님의 말씀에 의지하며 신앙의 순결성을 지키다가 순교했다. 이때 일제는 전쟁의 말기에 최후의 발악을 하고 있었으니, 그들은 8월 17일을 기해 우리 민족의 지도자급 인사와 신사참배 반대자 겸 교회의 지도인사 3천여 명을 대량학살하려는 계획을 세우고, 그를 위한 음모를 꾸미고 있었다.

당시의 증언에 따르면 신사참배 반대를 주도하며 조국의 독립을 위해 노력했던 이기선 목사, 한상동 목사, 채정민 목사, 방계성 장로 등이 모두 살해당할 상황에 있었다고 한다.

이와 비슷하게 신사참배 반대 문제로 일본 경찰에 검거되어 감옥에서 저항하는 사람들과 똑같이 감옥 밖에서도 많은 신자들이 고난을 겪고 있었으니, 일제의 이 같은 손길을 피해서 쫓겨다니는 도망자가 되어 전국을 유랑한다든지, 또는 만주나 중국 등의 국외로 도망을 친다든지, 또는 김윤찬 목사처럼 깊숙한 산속에 숨어서 사는 사람들이 부지기수였으니, 이것이 바로 온전히 주님의 복음만을 지키려 하는 사람들에게 내려진 고난이었던 것이다.

이런 일제의 막바지 발악이 온 조선을 휩쓸고 있을 당시, 김윤찬 목사는 그들의 마수를 피해서 일찍이 언진산 속에서 주님을 모시는 생활을 하고 있었다. 마침 주일날이어서 김 목사는 중부교회에서 하던 그대로 예배를 인도하고 있었다. 물론 신도들도 교회도 없는 산속이지만, 그는 하늘을 교회 지붕으로 삼고 땅과 산을 교회로 삼아 모든 바위와 나무와 풀들이 모두 신도인 것처럼 예배를 보았다. 그는 이런 예배를 보면서 아시시의 성프란체스코를 생각했을지도 모른다. 자연과 동물들에게까지 설교를 한 위대한 성인을 말이다.

하나님의 보호하심

주님을 위해 헌신하고 남는 시간은 산에 올라가 산나물을 뜯어 오든지, 밤이나 도토리 같은 열매를 주워 온다든지, 또는 도라지나 칡뿌리를 캐는 것이 김윤찬 목사의 일과였다. 그러던 어느 날 여름이 막 시작하려는 때였다. 일찍부터 시작된 무더위로 한낮에는 푹푹 찌는 더운 날씨였다. 김윤찬 목사는 하루의 일과를 마치고 동굴

아시시의 프란체스코 이야기

프란체스코(St. Francesco, 1182-1226)는 1182년 이태리의 아시시(Assisi)에서 탄생했다. 본명은 지오반니 베르나도네(Giovanni Bernadone)이다. 청년 시절 병에 걸렸다 회복한 후에 종교심이 발동하였고, 그에 따라 자신의 몸을 하나님에게 바칠 뜻을 품었다. 거듭난 그의 영은 길에서 가난한 자와 병든 자들을 새롭게 보게 되었고, 그 불쌍한 모습에 충격을 받아서 그들을 구하고자 서원을 했다. 문둥병자와 입을 맞추기도 하고, 낡아서 무너진 성 데미안 회당을 일으켜 세우려고 아버지의 돈을 훔쳐 내오는 등의 기행을 거듭하자, 사람들은 그를 정신병자 취급을 한다.

그러나 후에 하나님의 인도로 사람들이 그의 신심을 알게 되어 1209년 아시시에서 처음 설교를 시작한다. 그의 설교는 정신적 영감과 가슴 속에서 울려나오는 짙은 감정을 담고 있었고, 또한 모든 것을 진정으로 사랑하는 마음을 담고 있었기에, 사람들뿐만 아니라 자연과 새, 동물들도 그의 설교에 귀를 기울였다고 한다.

극단적인 금욕생활과 그리스도를 본받아 이 세상의 소유를 완전히 버린다는 도를 전했고, 이런 금욕 생활로 인해 그의 나이 42세인 1226년 극도로 허약해진 몸으로 세상을 떠났다. 휴식이 없는 활동과 식사도 거르는 금욕생활이 그의 몸을 이토록 허약하게 만들었던 것이다. 시적인 운율과 감정 깊은 설교를 통해 주님을 노래했으며, "태양의 노래"라는 시는 아직도 전 세계 사람들의 가슴을 사로잡는 그의 유명한 노래다.

안에 누워서 잠을 청했다. 낮에는 그렇게 더웠는데도 밤에는 제법 시원한 바람이 불어왔다. 사방에서는 이름 모를 풀벌레들이 제짝을 찾듯이 쓰르륵쓰르륵 울어댔고, 어디선가 길을 잃었는지 산새 울음소리가 가슴 아프게 들려왔다. 김 목사는 캄캄한 밤에 들려오는 자연의 합창소리를 들으면서 쉽게 잠을 이룰 수가 없었다. 바람이 일으키는 나뭇잎 소리, 산새 소리, 풀벌레 소리, 그리고 가슴에 감겨오는 밤의 속삭임 등. 이 모든 것이 너무나도 익숙한 자신의 내면의 소리였고, 정다운 가정과 가족들의 느낌이었다. 그는 가만히 가족들의 이름을 입 밖으로 불러보았다.

"여보, 재옥아, 재성아, 재형아…."

승호읍에 두고 온 가족들이 바로 지금 자신의 곁에 있는 것 같은 느낌이었다. 금방이라도 재성이가 자신의 품으로 뛰어들며 '아버지' 할 것 같았다. 엉겁결에 그는 두 손을 벌리고는 그 허전함에 부르르 떨었다. 빈손 허전한 가슴에는 바람만이 가득 안겨왔다.

어찌어찌 간신히 잠이 든 김 목사는 한밤중에 들리는 이상한 소리에 잠을 퍼뜩 깼다. 칠흑같이 어두운 밤 눈앞에 보이는 것은 아무 것도 없었다. 갑자기 풀벌레 소리가 뚝 끊기고, 세상은 적막강산으로 변해버렸다. 그 적막함을 깨고 그 소리는 김 목사의 가슴을 공포로 짓누르며 동굴로 다가오고 있었다.

스르르스르르.

분명히 무언가 다가오고 있었다. 김윤찬 목사의 심장이 심하게 고동치면서 온몸이 공포로 굳어졌다. 이것은 이전의 대상이 없었던 공포가 아니라 분명한 대상이 있는 공포였다. 두려운 마음이나 공포심은 직접적으로 인간을 상해하지는 않는다. 그러나 대상이 있으면 상황은 틀려진다. 그 대상은 김 목사를 해칠 수도 있는 것이다. 소리는 점점 가까이 다가왔다. 그리고 그것의 방향은 분명히 자신이 머물고 있는 동굴이었다. 그의 머리카락이 쭈뼛쭈뼛 솟았다. 온몸에 소름이 쫙하고 돋았다.

누구인가? 왜 이런 캄캄한 밤에 동굴로 다가오는가? 김윤찬 목사의 뇌리에 온갖 생각이 스쳐지나갔다. 혹시 일본 경찰이 아닌가? 자신의 거처가 알려져서 일본 경찰들이 밤을 이용해서 자신을 잡으려고 다가오는 것은 아닐까? 그는 공포심에 머리털이 온통 곤두서 있으면서 이대로 가만히 있을 수만은 없다고 판단하고는 여차하면 뛸 준비를 했다.

동굴 입구에 숨어서 누군가가 들어오면 곧바로 뛸 기회만을 노리고 있던 김윤찬 목사는 마침내 무언가 동굴 입구에 다가와서 우뚝 서 있다는 느낌을 받았다. 온몸의 모든 감각이 아우성치며 일어서고 있었다. 근육의 모든 부분은 긴장으로 부들부들 떨어댔고, 머릿속은 온통 흥분과 긴장 때문에 불길이 타오르는 것 같았다. 그 순간만큼은 모든 것이 정지된 것 같았다. 모든 것이 숨을 죽이면서 그 자리에서 멈춘 것이다.

얼마나 지났을까? 마치 몇 년이나 된 것 같은 느낌 속에서 김 목사는 동굴 밖에서 멈추었던 소리가 다시 스르륵스르륵 들리자 온몸을 부르르 떨었다. 정지되었던 감각이 한꺼번에 깨어났던 것이다.

소리는 다시 나기 시작했는데 이번에는 다가오는 것이 아니라 멀리로 사라지는 소리였다. 김 목사는 소리가 멀어지자 깊은 한숨을 토해냈다. 마치 온몸의 공기가 다 빠져 나가는 듯했다.

소리가 완전히 사라지고 다시 풀벌레 소리가 사방에서 요란하게 들리자 그는 그 자리에 스르르 무너졌다. 긴장이 확 풀리면서 온몸에 기운이 쪽 빠져버렸다. 그는 소리가 사라졌지만 그대로 동굴 안에 들어가서 앉을 수가 없었다. 그의 가슴 속에는 불안감이 다시 싹터 올랐다. 아까 그 소리가 무엇이었건 그것이 언제 다시 올지 모른다는 불안감이었다. 그리고 그것은 상당히 현실적인 불안감이었다. 그는 걷잡을 수 없는 공포와 불안감에 견디지 못하고 그 자리에서 주께 기도를 올렸다. 소리를 낼 수도 없었다. 그의 기도는 입 속에서 맴돌면서 그의 땀만을 강요하는 듯했다.

불안감에 한잠도 못 자고 뜬 눈으로 지새운 김 목사는 날이 밝자마자 동굴 밖 동정을 주의 깊게 살폈다. 아무리 귀를 기울여도 아무 소리도 들리지 않는 것이 아무도 없는 것 같았다. 그러나 함부로 몸을 움직일 수는 없었다. 누군가가 밖에 있다가 인기척이 나면 자신이 이곳에 숨어 있다는 것을 알아챌 것이다. 김 목사는 불안감에 떨면서 아주 천천히 고개를 동굴 밖으로 내밀었다. 아무도 없었다. 동굴 밖은 평소와 마찬가지였고 전혀 변한 것이라곤 없었다.

그럼 어젯밤의 그 소리는 무엇이었던가? 정말로 환청을 들었단 말인가? 두려움이나 외로움이 만들어낸 자신의 내면에서 울려나왔던 환청이었단 말인가? 김 목사는 강하게 고개를 좌우로 저었다. 아니다. 분명히 환청은 아니었다. 처음 김 목사 자신이 이곳에 왔을 때 그 소리를 들었다면 그것은 환청이라고 할 수 있을 것이다. 그러나 어젯밤에 들었던 소리는 분명히 생생한 현실의 소리였다.

마침내 그는 마음을 굳건히 한 다음에 굴 밖으로 나섰다. 슬며시 밖으로 나가보니 밖에는 역시 아무 것도 없었다. 그는 어젯밤의 그 소리가 무엇인지 알기 위해 주위를 두리번거리다가 풀숲에 이상한 것을 발견하고선 숨을 훅하고 들이마셨다. 한참을 주저하던 그는 드디어 그 이상한 흔적으로 다가갔다. 그것은 흔적이었다. 깎지 않고 마구 자란 풀들이 동굴 밖에 무릎 정도의 높이로 자라 있었는데, 그 중간을 뚫고 무엇이 지나간 흔적이 있었다. 풀들이 좌우로 쫙 갈라져서 쓰러져 있었는데, 그 가운데는 무슨 기둥이 지나간 자국이 나 있었다. 마치 누군가 거대한 기둥을 이끌고 지나간 것 같은 자국이었다.

김윤찬 목사는 그 자국이 무엇인가 의아해하며 어디로 갔는지 따라가 보았다. 자국은 숲을 따라 길게 이어져 있었고 맞은편 산에 가서야 끊어졌다. 자국이 끊어진 곳은 맞은편 산에 바위가 많은 곳이었고, 그 바위 사이로 나 있는 한 동굴로 자국이 이어져 있었다.

그것을 보고 김 목사는 머리털이 모두 곤두섰다. 아아! 그는 주춤주춤 뒤로 물러섰다. 그 자국은 기둥 자국이 아니라 거대한 뱀이 지나간 자국이라는 생각이 번쩍 든 것이다. 김 목사는 이런 생각이 들자마자 숨이 턱하고 막혀 왔다. 금방이라도 그 굴 속에서 무시무시하게 큰 뱀이 아가리를 벌리고 달려들 것 같았다. 수풀이 그 정도로 누울 정도의 뱀이라면 엄청나게 큰 뱀일 터였다. 김 목사는 정신이 아득해지는 것을 억지로 이겨내면서 뒤로 돌아서 냅다 달렸다.

바로 등 뒤에서는 무저갱에서 올라온 거대한 뱀이 아가리를 커다랗게 벌리며 그를 따라온다는 생각에 그는 혼이 빠져라고 달렸다. 저 정도의 자국을 남길 수 있는 뱀이라면 사람이라도 통째로 삼킬 수 있을 것이다. 그의 온몸에 소름이 돋아 오르며 김 목사는 후다닥 자신의 동굴 속으로 뛰어들었다. 숨도 차지 않았다. 아니 숨이 찰 여유조차 없었다. 그의 정신은 극단적 공포에 빠져서 아무것도 생각할 수가 없었다. 그가 생각하는 것은 오로지 빨리 이곳을 빠져나가야 한다는 것이다. 그 무저갱의 괴물이 이곳으로 덮쳐오기 전에 어느 곳이든 도망쳐야 한다는 생각뿐이었다.

그는 허둥대며 짐을 꾸렸다. 짐을 꾸리면서도 그의 눈동자는 동굴 밖을 응시하고 있었다. 금방이라도 동굴 안으로 그 뱀이 들이닥칠 것 같은 느낌이 들어 어찌할 수 없었다. 그러나 그가 서두르면 서두를수록 짐은 꾸려지지가 않았고, 물건들은 모두 그의 손을 빠져나가 흩어졌다. 그는 땀을 뻘뻘 흘리면서 허둥대다가 그 자리에 털썩 주저앉았다. 주여! 갑자기 그의 머릿속이 하얗게 비어버리면서 그는 이렇게 부르짖었다. 그러고는 온몸이 불같이 뜨거워졌다. 온정신이 마비된 것처럼 얼얼해지면서, 몸이 붕 뜨는 느낌이었다.

그러고는 잠시 후에 정신이 돌아왔다. 너무나 큰 충격이 다가왔기에 일시적으로 뇌의 상태가 정지된 것 같았다. 아니면 주님이 그의 충격을 다스리기 위해 그런 상태를 만든 것일 것이다. 정신이 돌아온 그는 무릎을 꿇었다. 만일 하나님이 보호해주시지 않았다면 어젯밤에 그는 벌써 그 뱀의 밥이 되었으리라. 자신이 자고 있을 때, 그 뱀은 동굴로 들어와서 통째로 자신을 삼켰을 것이다.

그러나 하나님이 자신을 보호하셨기에 그 뱀은 방향을 바꾸어서 다른 곳으로 가버린 것이다. 분명히 그랬다. 뱀이란 짐승이 굴 앞에

선 다음에 그곳에서 서성거릴 이유가 없었다. 더욱이 줄곧 오던 방향을 바꾸어 먼 맞은편 산으로 갈 이유는 더더욱 없었다. 그것은 분명히 하나님의 보호하심이었고, 그렇지 않으면 설명할 수 없는 일이다. 갑자기 그렇게 그의 가슴과 머릿속에서 끓어올랐던 불안감이 깡그리 사라졌다. 주님이 보호하심이 자신에게 있는데 그까짓 미물인 뱀이 자신을 어찌하겠단 말인가? 그는 담대해진 마음으로 그 자리에서 주님께 기도를 올렸다.

그일 이후 김윤찬 목사는 더욱더 하나님의 함께하심이 느껴졌고, 주님을 찬양하며 나날을 보냈다. 그러나 인간적인 외로움은 어떻게 달랠 수가 없었다. 고향 승호리에 두고 온 아내와 아이들이 보고 싶어서 눈물이 흐르기도 했다. 아이들이 뛰놀던 모습을 그리며 가슴이 찢겨져 나가는 고통을 겪었다.

"주여, 언제까지 이 생활을 계속해야만 합니까?"

그는 이렇게 소리쳤다. 피붙이에 대한 그리움이 사무쳐서 견딜 수 없었던 것이다. 그러나 이런 고독에 찌든 생활 중에도 하나님은 그의 앞길을 점차 열고 있었다. 그는 모르고 있었으나 나날이 다가오는 해방에 대한 소식이었다.

10

해방

새로운 바람

1943년 12월 카이로에서는 미국, 영국, 중국 대표가 모여서 우리 민족의 독립을 최초로 약속했다. 이것은 1905년에 체결된 미국과 일본의 가쓰라-태프트협약이나 영국과 일본의 영일동맹에서 미국과 영국이 일본의 조선 지배를 승인한 것과는 정반대의 일이었다. 조선, 아니 우리 대한민국의 독립은 이미 서서히 진행되어 가고 있었던 것이다.

일본은 이제 더 이상의 미국과 영국의 우방은 아니었고, 중국은 일본의 거대해진 힘을 꺾고 다시 재기할 기회를 노리고 있었기에 카이로의 협정이 맺어진 것이다. 어찌 보면 잔인하리만큼 고약한 힘이 지배하는 세계의 법칙이었다.

1945년 2월 전세는 이제 완전히 일본의 패배가 분명해져 갔고, 이에 따라 강대국들은 얄타비밀 회담을 통해서 한국의 자주독립을 확정했다. 그러나 테헤란 회담에서 소련의 힘이 커졌고, 소련과 미국은 자신들이 한국에 영향권을 행사하기 위해, 미국 측 대령이었던 딘 러스크의 제안을 채택하여 38도선을 잠정 결정하였다. 아무튼 일본은 패망해 가고 있었고, 한국의 독립은 코앞으로 다가왔다.

김윤찬 목사가 이곳 언진산에 들어와 산 지가 어언 1년하고도 3개월이 지났다. 그동안 철저히 외부와의 접촉이 차단되었기에, 그가 본 사람은 오로지 송득경, 한 사람뿐이었다. 일주일이나 열흘 정도에 어김없이 찾아와서 양식을 가져왔고, 또한 세상의 소식을 전해 주곤 했다. 송득경의 집과 동굴까지는 수 시간이 걸리는 곳이라, 송득경이 김 목사에게 오기 위해서는 꼬박 하루를 소비해야만 했다. 그러나 그는 한 번도 불평하지 않았고, 불신자이면서도 주님의 사역자인 김윤찬 목사의 일용할 양식을 담당했던 사람이었다. 물론 그것도 역시 하나님의 예비하심이었다.

고대했던 소식

1945년 8월 김윤찬 목사는 15일이 넘도록 나타나지 않는 송득경을 기다리다가 안달이 날 지경이었다. 여름이었고 양식 걱정은 없었으나, 그가 오랫동안 나타나지 않자 별의별 생각이 다 들었다. 혹시라도 일본 경찰에 잡히지나 않았을까? 혹은 병이라도 나지 않았을까? 집안에 커다란 불상사라도 나지는 않았을까? 하는 불안감에 사로잡혀서 하루하루를 기다림 속에 보내고 있던 김 목사는 8월 13

일 멀리서 나타나는 송득경의 모습을 보고는 너무도 반가워 한달음에 그에게로 뛰어갔다. 송득경도 달려오는 김 목사의 마음을 잘 알고서는 마주 뛰어왔다.

"송 선생님."
"김 목사님."

두 사람의 손이 반가움에 굳게 잡혀져서 떨어질 줄 몰랐다. 한참을 기뻐서 그의 손을 잡고 있던 김 목사는 송득경의 얼굴에서 이상한 표정을 발견하고는 고개를 갸웃했다. 무언지 모르지만 송득경의 얼굴에는 환한 표정이 번져 있었다.

"김 목사님, 좋은 소식이 있습니다."

송득경은 김 목사의 손을 급히 끌어당기며 동굴 속으로 바삐 들어섰다.

"무슨 소식인데요?"

김 목사가 싱글벙글하는 그의 표정을 보고서 무엇을 알아내려는 듯이 그의 얼굴을 빤히 쳐다보았지만, 그의 얼굴에는 미소만이 가득했다.

"우선 이것으로 요기 좀 하세요, 목사님."

송득경은 보퉁이를 끌러서 싸가지고 온 음식을 내밀었으나, 김 목사는 음식은 쳐다보지도 않고 그의 얼굴만을 쳐다보면서 그의 말을 재촉했다.

"목사님, 기뻐하십시오. 일본 패망이 가까와졌습니다. 남양군도에서 일본군들이 모두 후퇴하고 있고, 미국은 승세를 타고 싱가포르와 필리핀을 탈환했습니다. 일본에 원자폭탄이 투하되었고, 이제 일본은 더 이상 견딜 수가 없어서, 조만간에 항복을 천명할 것입니다. 제가 이 소식을 들으려고 곡산까지 갔다가 이렇게 늦어졌습니다. 이제 목사님의 피신 생활은 끝났습니다. 민가로 내려가서 함께 광복을 맞읍시다. 벌써 지하운동을 하던 독립운동가들은 모두 광복을 맞을 준비에 여념이 없습니다."

그 말을 듣는 순간 김윤찬 목사의 두 눈에서는 진한 눈물이 가슴 깊은 곳으로부터 가득히 밀려 올라왔다.

"주여, 감사합니다."

그의 떨리는 목소리는 이 말만을 중얼거렸다. 달리 어떤 말을 할 수 있었겠는가? 그 긴 고통의 세월 속에서, 악마가 권세를 받았던 36년의 세월 속에서, 이제 우리 민족은 빛을 보게 된 것이다. 잠시 권세를 받았던 사탄의 무리는 이제 암흑 속에 가두어지고, 우리 민족은 찬란한 광명의 빛을 받게 된 것이다. 김 목사가 말도 못하고 눈물을 짓자 송득경의 눈에서도 뜨거운 눈물이 솟아올랐다. 얼마나 기다렸던 광복이던가. 두 사람의 굳게 잡은 손에는 그 험한 고난을 이겨낸 감동의 피가 뜨겁게 요동치고 있었다.

흙 다시 만져보자, 바닷물도 춤을 춘다.
기어이 보시려 하던, 어른님 벗님 어찌하리.
이날이 삼십 년, 뜨거운 피 엉긴 자취니.
길이길이 지키세, 길이길이 지키세.

태극기가 온 세상을 뒤덮을 듯 파도치면서, 천지는 온통 피 끓는 한국민들의 감격과 환희의 도가니로 변해갔다. 늙은 사람들은 하늘을 우러러 감격의 눈물을 떨구었고, 젊은이들은 손에 손마다 태극기를 흔들면서 목청이 터지라고 대한독립만세를 외치고 이곳저곳을 누비고 다녔다. 아낙네들은 서로의 손을 마주잡으며 가슴이 터지도록 밀려드는 기쁨에 발을 구르면서, 눈물을 훔쳐냈으며, 아무것도 모르는 어린애들조차도 기쁨에 취해 뛰어다니는 어른들 틈에서 두 손을 번쩍번쩍 들며 만세를 불러댔다.

겨레여, 우리에겐 조국이 있다. 내 사랑 바칠 곳은 오직 여기뿐.
심장의 더운 피가 식을 때까지, 즐거이 이 강산을 노래 부르자.

한 시인이 이렇게 노래했듯이, 조국에 대한 사랑을 오직 한마음으로 쏟던 우리 겨레의 가슴에서는 용솟음치는 감격과 환희가 걷잡을 수 없이 터져 나왔다. 마치 둑이 무너지듯이, 봇물이 터지듯이 말이다.

이날이 8월 15일 일본 천황은 무조건 항복을 만방에 선언했고,

우리 조국은 감격의 독립을 맞이했다. 폭풍이 아무리 거세다 할지라도 마침내는 지나가 버리고, 밤이 아무리 길다 할지라도 아침은 또 다시 찾아오는 것이다. 조국의 아침은 찬란한 광명으로 겨레의 가슴에 불붙듯이 밝아왔다.

1945년 8월 15일 12시경 김윤찬 목사는 언진산 속 송득경의 집에서 산이 떠나갈 듯 울려 퍼지는 만세소리를 들으며 송득경의 거친 손을 굳게 잡았다.

"송 선생님…."

김 목사는 가슴이 벅차오르는 감격을 주체하지 못하여 말을 이을 수가 없었다.

"목사님, 해방입니다. 우리나라가 독립이 되었어요."
"보세요, 목사님. 밖에 사람들이 독립만세를 부르고 있어요."

송득경의 목소리는 감격과 기쁨에 떨려나왔다. 그가 가리키는 밖을 내다보니, 산골 구석에서 살던 사람들이 언제 나타났는지, 태극기를 손에 들고 이곳저곳에서 목이 터져라 만세를 불러대고 있었다. 끼니도 거르는 이들 화전민들에게도 이토록 조국의 독립이 소중했던 것이다. 일제의 숨결을 느끼지도 못하는 깊숙한 산골인데도 그들의 마음속에 조국의 독립이 그토록 짐이 되어 왔던가. 김윤찬 목사의 가슴이 기쁨과 아울러 가슴속 깊숙이 간직되어 왔던 어떤 서러움으로 차올라왔다.

감격적인 재회, 감격적인 예배

1945년 8월 17일 승호읍, 꽤 많은 사람들이 동구 밖에서 서성대며 누군가를 기다리고 있다. 사람들의 얼굴은 초조한 빛이었지만, 그래도 쉽사리 포기하지 않고 누군가를 눈이 빠지도록 기다리고 있었다. 시간이 흘러가고 사람들이 맥이 빠져갈 무렵, 한 사람이 동구 밖을 보고 있다가 큰소리로 외쳤다.

"오신다. 목사님이 오신다."

그 사람의 목소리에 모두들 벌떡 자리에서 일어서서 동구 밖을 바삐 쳐다보았다. 과연 김윤찬 목사가 승호읍으로 들어서고 있었던 것이다.

이때가 해방 후 이틀 뒤이다. 김 목사는 해방이 되자 그리운 가족들을 만나기 위해 바삐 송득경과 작별한 후에 고향으로 귀향길에 올랐다. 김 목사 가족들과 중부교회 교인들이 모두 이제나 저제나 하며 김 목사를 기다리다가 불안한 마음이 들 무렵에야 비로소 김 목사가 나타난 것이다. 사람들이 김 목사를 보자 기뻐서 환호성을 올렸고, 가족들은 한달음에 김윤찬 목사에게로 뛰어갔다. 제일 먼저 뛰어간 재옥이와 재성이가 김윤찬 목사의 가슴에 안겼다.

"아버지, 어디 갔다 왔어?"

아무것도 모르는 재형이의 투정 어린 물음에 김 목사의 가슴이 콱 막혔다. 그는 눈시울만을 붉히다가 다가오는 아버지 김락환을 보고는 황급히 허리를 폈다.

"아버님, 그동안 평안하셨는지요."

김 목사는 땅바닥에 무릎을 꿇었다.

"못난 자식 때문에 고생이 많았지요?"

김락환은 늙은 아버지를 고생시킨 불효 때문에 무릎을 꿇고 있는 아들을 일으켜 세웠다.

"오냐, 고생이 많았지?"

그 모습을 옆에서 지켜보던 사모님이 참지 못하고 흐느껴 울었다. 1년 3개월여를 생사도 모르고 떨어져 있던 남편이 살아서 돌아왔는데도, 사람들의 눈 때문에 가슴에 있는 말 한마디도 표현하지 못하고 그저 흐느껴 울었던 것이다. 보고 서 있던 교인들도 사모님이 흐느끼자 따라서 눈물을 흘렸다. 모두가 다시 만난 기쁨이 얼마나 컸던지 말도 제대로 못하고 울먹일 뿐이었다. 오랫동안 떨어져 있었던 목사와 교인들은 다시 만나게 해준 하나님께 그저 감사하다는 기도를 올릴 수밖에 없었다.

"사랑하는 성도 여러분. 제가 근 1년 3개월 동안 여러분을 떠나서 피해 있게 된 것은, 제게 내려진 일제의 3일 체포령 때문이었습니다. 김중희 집사님께서 그 체포령에 대한 비밀을 미리 알아내서 제게 연락을 해 주었기에, 저는 그 일제의 손길을 피해서 도망칠 수 있었던 것입니다. 그동안 목자 없는 교회를 지켜주시고, 이렇게 다시 만나게 해주신 하나님께 감사드리고, 또한 교회를 잘 지켜주신 사랑하는 교인 여러분께 감사드립니다."

김 목사는 진심으로 교인 한 사람, 한 사람에게 감사했다. 교인들은 이 말을 듣고서야 왜 김 목사가 교회에서 한마디 말도 없이 사라져야 했으며, 왜 자신들이 목사 없는 교회에서 1년 3개월간 예배를 봐야 했나를 알았다. 그만큼 김중희 집사는 이 일에 대해 철저히 함구했던 것이다.

"시온의 영광이 빛나는 아침. 어둡던 이 땅이 밝아오네…."

하나님을 향한 찬양이 중부교회 예배당 안에 가득차고, 교인들의 가슴은 기쁨과 은혜로 충만했다. 예배당은 교인들의 환희와 감격의 열기로 후끈 달아올랐다. 바로 해방 후 김윤찬 목사의 인도하에 주님께 드리는 첫 예배였다. 설레는 마음으로 교회에 들어선 교인들은 그 빛나는 주님의 영광에 온몸을 감동으로 부르르 떨었다. 교회 안은 온통 교인들로 가득 찼고, 감동적인 찬양에 맞추어서 새들까지도 교회 안을 날아다니며 노래하고 있다. 파란 창공으로 하나님께 드리는 풍성한 찬양의 노래가 끝도 한도 없이 치솟아 올랐다.

“자, 다 같이 묵도하심으로 예배를 시작하겠습니다.”

사회자의 예배의 부름과 함께 11시 정각에 본 예배가 시작되었고, 교인들의 묵도가 웅얼거림이 되고, 다시 그 웅얼거림이 뜨거워지는 감격에 못 이겨 통성기도가 될 때 목사도 교인도 이 세상 모든 것도 더 이상 참을 수 없는 감격과 환희에 뜨거운 눈물을 뿌려댔다. 예배는 처음부터 불덩어리로 시작되었다. 거대한 불기둥이 교회 예배당 안을 날아다니면서 한 사람, 한 사람에게 불을 지펴놓는 것 같았고, 불이 지펴진 교인은 온몸이 불같이 뜨거운 성령의 감화를 받아서, 그 은혜의 충만함에 통성으로 기도를 올렸다. 마침내 김윤찬 목사의 설교가 시작되자 예배는 그 불같은 뜨거움이 절정에 이르렀다.

“두려워 말라. 나는 처음이요, 나중이니, 곧 산 자라. 내가 전에 죽었었노라. 볼지어다. 이제 세세토록 살아 있어 사망과 음부의 열쇠를 가졌노니.”

김윤찬 목사의 설교는 역시 언진산에서 주님께 받았던 요한계시록에 대한 것이었다. 그는 주님에게서 받았던 놀라운 성령의 능력으로 요한계시록을 설교했고, 그것은 교인들의 온몸과 마음에 은혜로운 양식이 되었다.

반쪽짜리 회복, 이상한 회복

해방의 기쁨을 맞았지만 금새 그것은 분단의 조짐으로 변질되고 있었다. 해방이 되자마자 38선 남쪽에는 오키나와에 주둔 중이던 미 24군이 투입되었으며, 점령군 사령관 하지 장군은 우리나라에 유리한 정책을 시행하는 것이 아니라, 미국에 이익이 되는 정책을 채택하였다. 유엔군 총사령관 맥아더 장군은 점령군에 대한 배타적 지배 위치를 확고히 하기 위해서 지배권을 행사하였다.

이에 따라 미군은 미군정청을 설치하였는데, 이 미군정청의 관료는 거의가 친일세력으로 채워져 있었다. 따라서 민족의 염원인 해방은 이루어졌으나, 친일파 제거와 자주독립의 꿈은 아직도 실현되지 못하고 있었다.

38선 북쪽에서도 이와 비슷한 상황이 전개되고 있었다. 1945년 8월 8일 소련은 일본에 선전포고를 했고, 8월 12일 청진에 들어섰다. 북쪽에 들어온 소련군 사령관 로마넨코 장군은 소련군정을 실시했다. 남한과는 달리 북한에서는 대대적인 친일파 숙청이 단행되었고, 1946년 북조선 인민위원회가 발족된 후에는 일제 잔재를 말소하기 위해 총력을 기울였다. 그러나 일제 잔재를 없애는 데 총력을 기울이는 북한의 인민공산당은 아울러 종교의 자유를 박탈하기 시작했다.

해방이 되자, 각 지역별로 건국위원회가 조직되었고, 일제 때 독립운동가나 지도자들에 의해 해방 후 나라를 세우기 위한 사업들이 활발히 진행되었다. 북한에는 조만식 장로가 건국위원회를 이끌었으나, 곧 공산당이 그 자리를 대신했고, 남한에는 여운형이 건국위원회를 발족시켰다. 북한에서는 지역별위원회를 조직하였고, 많은 지역유지나 교회지도자들이 중책을 맡아서 활동했는데 김윤찬 목사도 승호읍의 읍장으로 피선되어 평남 강동군 승호읍 건국준비위원장으로 활동하게 되었다.

그러나 이런 활동도 잠깐일 뿐, 약 3개월 후에는 공산주의 이념에 투철한 자들이 북쪽을 장악하기 시작했다. 따라서 건국위원회는 점차로 무장자위조직인 치안대, 보안대, 인민방위군 등으로 귀속되었고, 후에 치안대 등의 자위조직은 북한전역을 통솔하는 단일한 보안대체계로 흡수되었다.

김윤찬 목사는 이미 공산주의가 유물론적인 무신론자들의 집단이고, 기독교적 이념을 지닌 하나님의 사역자에게는 고난을 일으킬 수 있는 사상이라는 것을 알고는 승호읍의 읍장직을 사퇴했다. 그러나 그가 건국위원회 승호읍 위원장직을 사퇴한 데는 또 다른 이유가 있었다.

건국준비위원회가 소집되어서 행사를 갖는다는 통보가 와서 김윤찬 목사도 별다른 생각 없이 행사에 참가했다. 그런데 행사 중에 독립운동가이며 아주 훌륭한 우리 민족의 지도자인 김일성 장군이 연단에 오른다는 사회자의 안내말이 있자, 위원회의 회원들은 모두가 긴장을 하면서도 기뻐했다. 말로만 듣던 김일성 장군이 이곳에 참석해서 행사를 빛내 준다는 것은, 나라를 세우기 위해 전력을 기울이는 위원회에 커다란 힘이 되어 줄 것이라 믿었기 때문이다.

잠시 후, 공산당들이 도열하는 가운데 들어서는 김일성 장군의 얼굴을 보고 사람들은 의아해 했다. 자신들이 생각했던 김일성 장군의 얼굴이 너무나 젊어 보였기 때문이었다. 위원회 사람들은 모두가 김일성 장군이 나이가 지긋한 사람이라고 알고 있었다.

김윤찬 목사도 그의 얼굴을 보자 너무나 실망했고, 또 연단에 오른 그의 연설에 또다시 실망했다. 자신이 생각했던 김일성 장군이 아니었고, 왠지 속은 느낌이었다. 그는 실망한 채로 그 자리에서 일어났고, 그 모습을 많은 공산당들이 지켜보고 있었다. 그 이후 그는 위원장 자리를 두말없이 내놓았고, 공산당들의 이념과 성격을 파악한 김윤찬 목사는 다시는 공산당에 협조하지 않기로 다짐했다.

남한에서와 마찬가지로 북한에서도 일부 권력을 쥔 권력자들, 특히 공산당들이 평생 독립을 위해 몸 바친 독립운동가의 귀국을 오로지 권력을 독점하기 위해 금지했으며, 기존에 있었던 각처의 인사들을 권력의 도구로 이용했기에 많은 기독교인들이 공산당의 회유에 설득되어서 그들에게 이용당했다.

1945년 12월 27일 모스크바에서 미영중소 4개국에 의한 신탁통치안이 가결되었고, 이 결정에 따라 한국은 다시 강대국에 의한 신식민지가 되려는 위기에 처했다. 일본에 의한 지배가 이제는 강대국 열강에 대한 지배로 바뀌려고 한 것이다. 그러나 좌우양익과 중도파의 거센 반발에 신탁통치안은 움찔하게 되었다.

좌파인 박헌영, 이강국의 공산당, 우파인 이승만, 중도우파인 김성수의 한민당, 안재홍의 국민당, 중도좌파인 여운형의 조선인민당, 그리고 민족주의계인 한국독립당의 김구, 김규식의 주도하에 모든 국민들이 신탁통치를 결사반대했다. 그러나 북쪽의 공산당인 김일성, 김두봉이 소련의 지시를 받고 신탁통치 절대찬성으로 돌아서자, 이에 지령을 받은 남한의 공산당과 좌파세력들도 모두 신탁찬성으로 방향을 바꾸었다.

김윤찬 목사는 흔들거리며 거센 폭풍에 표류하는 것 같은 조국의 혼란스러움에 가슴이 아파왔다. 남한에서는 각종 정당이나 단체들이 난립했으며, 각자의 정당이 조국을 위해서가 아닌 자신의 권세만을 위해 노력하는 것처럼 보였기 때문이다. 민족주의자인 김구 선생이나 김규식을 제외한 대부분의 정당이나 단체들은, 조국의 발전이나 자주독립을 목적하는 것이 아니라, 자신들의 권력을 쟁취하기 위해 총력을 기울였다.

북한에서도 또한 공산당이 권력을 잡고서, 오로지 공산주의를 위한 나라 건설에 박차를 가하고 있었으니, 기독교를 인정치 않는 공산주의와 교회는 자연히 거부되기 시작했고, 점차로 북에서는 신앙의 자유가 무너졌다.

또 다른 시련의 시작

1946년 3월 1일 해방된 후 첫 번째 맞는 3.1절이다. 온 한국 땅은 일제에서 벗어난 감격과, 일제에 담대히 항거한 3.1절을 기념하기 위해 떠들썩하기 시작했다. 하지만 이것이 바로 김윤찬 목사에게는 또 다른 시련의 시작이었다.

조국의 혼란스러운 상황을 보면서 많은 기독교인들이 직접 정계로 뛰어들기도 하고, 단체를 조직하기도 했으며, 또한 순수 기독교 학교를 설립하기도 했으나, 김윤찬 목사는 다른 단체나 정당, 또는 이념에 상관없이 오로지 하나님 섬김과 조국의 자주를 위해서만 일하기로 결심했다. 이때 그에게 공산당들이 찾아왔다. 이때가 1946년 2월 초이다. 조국은 혼란할 대로 혼란했고, 북쪽에서는 이미 공산당이 집권을 거의 마친 상태였다.

"김 선생, 이번 3월 1일은 정말로 우리나라에게는 중요한 3.1절 기념행사가 열리는 날입니다."

공산당간부 한 명이 김윤찬 목사에게 육중한 목소리로 은근히 말을 꺼냈다.

"해서, 일제에 항거한 애국자시고, 또한 이 부근에서 특출 나신 지식인이신 김 선생을 3.1절 기념행사 준비위원으로 추대했으니, 기념회에 꼭 참석해 주시기 바랍니다."

공산당 간부는 눈을 빛내며 이렇게 말했는데, 그 말 속에는 공산당의 음모가 내포되어 있다는 것을 김 목사는 간파했다. 그것은 정치적 목적이었다. 자신들의 행위가 모든 지식인이나 민족지도자들의 동의로 이루어졌다고 선전하려는 목적을 위해 북한의 모든 지식인, 기독교인, 민족주의자, 항일투사들을 공산당으로 흡수하려 한 것이었다.

만일 공산당이 이념을 초월한 종교를 인정한다면, 그 회의에 참석하지 못할 이유도 없었으나, 그들이 전혀 하나님의 존재나 종교의 자유를 인정하지 않으면서 이런 회의를 개최하고, 그 회의에 기독교의 사역자를 의도적으로 참석시키려는 것이 무슨 의미인줄 잘 알고 있는 김 목사로서는, 그 회의에 참석하는 것이 하나님의 뜻이 아니라는 것을 확신했다.

그리고 젊은 김일성의 얼굴도 떠올라서 더욱 그 회의에 참석하기가 싫었다. 그들의 음모에 말려들어가고 싶지 않았기 때문이다. 김 목사는 그들에게 반대하는 것이 얼마나 위험한 일인지 익히 잘 알고 있었다. 어쩌면 죽음보다도 더한 고통을 받을지도 모른다. 그러나 그런 고통 때문에 하나님을 버릴 수는 없었다. 김 목사는 조용히, 완곡한 어조로 그러나 당당히 말했다.

"감사합니다. 하지만 저는 교회 일만 해도 바쁜 사람입니다. 그리고 위원으로는 부족한 사람이니 저보다 나은 사람이 그 회의에 들어가는 것이 더 나을 듯합니다."

김윤찬 목사의 이러한 말을 듣고도 공산당 간부는 웃으면서 별말을 다 한다며 사라졌다. 그들로서는 자신들의 말을 쾌히 승락하지 않은 김 목사를 마땅치 않게 생각했으리라. 특히 건국위원회 때의 일도 있고 해서 공산당들은 김 목사를 은근히 주시하고 있었던 것이다.

김 목사는 바쁘다는 핑계 하에 거의 매일 열리는 준비위원회에 얼굴도 내밀지 않았고, 그것이 드디어는 공산당을 분노하게 했다. 그러나 공산당들도 섣부른 짓은 하지 않았다. 그들은 서서히 김 목사를 옭아매려고 계획하고 있었다. 3.1절이 오기 며칠 전에 공산당 간부들이 다시 김윤찬 목사를 찾아왔다.

"김 선생, 우리 승호읍 인민위원회에서는 오는 3.1절에 거행되는 기념행사에서 김 선생을 연사로 추천했으니, 그에 대한 준비를 하시기 바랍니다."

공산당 간부가 눈을 빛내며 이렇게 말하자, 김 목사는 오래 생각하지 않고 즉석에서 거절했다.

"감사한 말씀이오나, 저는 교회 목사이니 설교나 할 줄 알지 연설은 못합니다. 그러니 좀더 나은 사람을…."

공산당 간부가 그의 말을 잘랐다.

"아닙니다, 김 선생. 김 선생 같은 분이 꼭 연설을 하셔야 행사가 빛이 납니다."

딱 부러지게 거절하는 김 목사의 말에도 아랑곳하지 않고 공산당 간부들은 일방적으로 이렇게 통고를 하고는 김 목사의 집을 떠났다. 김윤찬 목사는 그들의 요청을 보다 확실하게 거절할 방법을 모색하다가 제일 좋은 방법은 병을 핑계 삼는 것이 최선이라고 결론을 내렸다. 그는 그날부터 칭병하고는 자리에 드러누웠다.

항상 죄라는 것은 조그만 유혹을 못 참는 데서 온다. 이것 정도야 하는 마음에서 사탄에게 마음을 조금 열 때에 죄는 시작되는 것이다. 아무리 조그만 틈새일지라도 죄의 달콤한 유혹은 서서히 사람을 무너트리는 법이다. 이런 것을 익히 아는 김윤찬 목사는 3.1절 행사에 참석하는 것이, 그다지 하나님께 죄가 될 일은 아니나, 그로 인해 점점 적그리스도인 공산당과 타협하고 그들의 요구에 응하게 되는 결과가 되리라는 것을 알았기에 결단코 그것을 거절했던 것이다.

이렇게 칭병하고 누운 지 1주일 후, 드디어 3.1절 날 아침이었다. 김윤찬 목사의 집 앞에 소련군 차가 한 대 멎더니, 그 안에서 소련군 장교 한 명과 공산당 간부가 거드름을 피우며 내렸다. 그들은 곧바로 김윤찬 목사의 집으로 들어섰고, 김윤찬 목사에게 빨리 나오라고 재촉했다. 김윤찬 목사 대신에 사모님이 대신 달려 나왔다.

"목사님께서 아프셔서 벌써 일주일째 기동을 못하십니다."

사모님은 행여 그들의 비위를 건드릴까 공손히 말했으나, 그 말을 들은 공산당 간부의 눈꼬리가 치켜 올라갔다.

"아파서 못 간다고요? 아니 우리 공산당들이 뭐 밥통(멍청이)이라도 되는 줄 아슈. 빨리 나오시라고 하시오. 가뜩이나 우리 공산당에 협조하지 않는 김 선생이 이번에도 거절하면 좋지 않을 줄 아시오."

공산당의 위협은 서슬이 시퍼랬으나, 김 목사는 기어이 방 밖으로 나오지 않았다. 죽는 한이 있더라도 적그리스도의 위협에 굴복할 수 없다는 것이 그의 결심이었다. 공산당 간부는 김윤찬 목사가 끝내 나오지 않자 불같이 성을 냈고, 어리둥절하는 소련군 장교를 데리고 차에 올라서는 휭하니 사라졌다. 차가 사라지자 사모님이 불안한 표정으로 방 안에 들어섰고, 김 목사는 결연한 표정으로 하나님께 기도드리고 있었다.

11

내가 너와 함께 있으매

험상궂은 구름

1946년 3월 2일 8시경 세상천지는 사탄의 권세에 억눌려 참다못한 고통으로 잔뜩 찌푸려 있었고, 하늘에는 금방이라도 머리로 떨어질 듯이 낮고 험상궂은 구름들이 드리워져 있었다. 바람이 몹시도 차갑게 불어와 꽃샘추위가 어떤 것인지를 실감나게 했고, 때 늦은 눈이라도 오려는 듯 온 세상은 회색빛의 광란 속에 묻혀 있었다. 그 험악한 기후 속에서 참으로 불길하게도, 김윤찬 목사의 집 앞에 빨간차 한 대가 급히 멎었다. 김 목사가 3.1절 기념행사에서 연설을 거부한 지 딱 하루 만의 일이다. 급히 멎은 차에서 청년 간부 하나가 부리나케 뛰어나왔고, 김 목사의 집으로 달려가더니 소리쳤다.

"김 선생, 나오시오. 우물쭈물하면 재미없을 줄 아시오."

그가 성질 급하게 대문을 걷어차며 소리를 지르자, 사모님이 겁먹은 얼굴로 달려나왔다.

"어서 오세요. 목사님은 아직도 아파서 누워 계십니다."

부인은 미소를 띠어보려고 노력했지만 잘 되지가 않았다. 그 청년 간부의 험악한 기세에 이미 불안한 예감을 느끼고 있었기 때문이다. 그자가 사모님을 노려보더니 차에다 손짓을 하자 한 명이 더 차에서 뛰어내렸다. 그리고 그들은 사모님을 거칠게 밀치며 집안으로 들어섰다. 집안에 들어선 그들은 그대로 신발을 신은 채 안방으로 들어갔다. 김윤찬 목사는 난폭하게 들어서는 그들을 보고서도 꼼짝 안하고 누워 있었다.

"일어나시오, 김 선생."

청년 간부가 눈을 부라리며 소리쳤다.

"이보오. 보면 모르오. 내가 아파서 일어날 수가 없소."

김윤찬 목사의 말이 채 끝나기도 전에 그자가 후다닥 김윤찬 목사를 잡아일으켰다.

"아니? 이보시오."

김 목사가 반항하려 했으나 다른 자의 손이 김 목사의 겨드랑이로 들어왔다. 그러니 두 사람이 김 목사의 양팔을 하나씩 낀 모습이 되었다.

"갑시다. 조사할 게 있으니."

사모님이 그들을 황급히 막아섰다.

"여보세요. 몸이 아픈 사람을 어떻게 이렇게 ...."

"시끄럽소. 반동분자들."

청년 간부의 입에서 나오는 험악한 소리가 사모님의 말허리를 끊었다. 김윤찬 목사는 무슨 큰 죄인이 된 모양으로 끌려 나갔다.

"이보오. 옷이나 입고 갑시다."

김윤찬 목사가 잠옷 차림으로 끌려가는 것이 왠지 찜찜해서 이렇게 말했으나 그들은 막무가내로 그를 끌고 나갔다.

강동경찰서로 끌려갔다. 김윤찬 목사는 쌀쌀한 날씨에 잠옷만 입은 채로 강동경찰서 구석 시멘트 바닥에 처박히게 되었다. 추위도 추위였지만 그는 방금 전에 있었던 지독했던 고문으로 신음했다. 발목에 있는 살이 시뻘겋게 벗겨져 두 줄로 나 있는 밧줄 자국이 자꾸만 아려서 미칠 것만 같았다. 거꾸로 매달려서 고문을 받은 것 때문에 발목을 옭아맸던 밧줄이 살을 파고들어서 만들어진 상처였다.

"주여, 주여!"

그는 아무런 생각도 할 수가 없어서 이렇게 중얼대고만 있었다. 코밑에서는 혈흔이 비쳐 나왔다. 김윤찬 목사는 아직도 물이 뚝뚝 떨어지는 잠옷이 주는 섬뜩한 감촉에도 놀라서 부들부들 떨었다. 그때 청년 간부 하나가 그의 앞으로 다가왔다. 그자의 입가에는 잔인한 미소가 번져나고 있었다. 어떻게 보면 사람이 아닌, 남의 고통을 즐기는 살인귀 같은 인상이었다.

"김 선생, 솔직히 부쇼. 기독교인들이 남조선도당과 작당했다는 것은 이미 다 알고 있는 사실이요."

김윤찬 목사는 아무런 말도 하지 않았다. 도무지 말도 되지 않는 소리에 대꾸할 필요를 느끼지 못했기 때문이었다. 아니 대꾸한다는 자체가 그들과 상대한다는 생각을 갖게 했기에 그는 입을 다문 것이다. 사람은 사람다운 사람과 상대를 해야 한다는 생각이 그의 입을 다물게 만들었다. 김윤찬 목사가 말이 없자 그자는 갑자기 발을 들어서 김 목사의 웅크린 무릎 위를 사정없이 짓밟았다.

"으어억!"

온몸이 얼어붙은 상태에서 발에 밟히니 살점이 떨어지는 고통이었다. 김 목사는 그 고통을 참지 못해서 온몸을 부르르 떨었다. 그 자는 그것을 보면서 회심의 미소를 띠면서 다시 김윤찬 목사의 무릎을 짓밟았다. 김 목사가 이빨을 깨물며 신음하다가 시멘트바닥에서 데굴데굴 굴렀다. 온몸의 신경이 짜릿짜릿하면서 눈알이 빠져나올 듯한 충격으로 그는 몸부림을 쳤던 것이다.

"지독한 놈. 야, 이놈을 호송하라고."

그자는 김 목사의 고통을 어느 정도 즐기다가 도저히 김 목사 입에서 한 마디의 말도 들을 수 없게 되자, 이렇게 소리쳤다.

"주여, 차라리 죽여주소서."

평양경찰서로 호송되었다. 일제가 남겨놓은 잔인함을 그대로 보여주는 듯, 붉은 벽돌 건물로 지어진 중압감을 주는 건물이었다. 그곳은 일제의 온갖 고문이 우리 독립투사나 독립운동가에게 가해졌던 역사의 암울한 현장이다. 조금 사상이 의심스러운 일반인들도 심한 고통을 받던 곳이었다. 지금은 공산군의 차지가 되어 있었고, 일제와 비슷한 방법으로 공산군에게 저항하는 세력을 고문하는 장소가 되어 있었다.

건물을 중심으로 안쪽에는 긴장한 표정의 공산당원들이 빨간 완장을 팔뚝에 두른 채, 분주히 왔다 갔다 했고 정문에도 역시 빨간 완장에 빨간 모자를 쓴 공산당 두 명이 두 눈을 부릅뜨고 경찰서로 들어서는 사람들을 노려보고 있었다. 건물 앞에는 붉은 인공기가 바람에 펄럭이고, 그 옆에는 작은 상록수들이 공산당의 서슬에 몸을 웅크린 채 떨고 있었다.

김윤찬 목사는 경찰서 앞에 멈춘 차에서 거칠게 끌려나왔다. 차가운 바람이 그의 온몸을 마비시켰고, 얼굴과 손등은 시퍼렇게 변해갔다. 그는 고문 때문에 제대로 걸을 수도 없는 발을 간신히 떼어놓았는데 그것을 보던 공산당원이 답답했는지 그를 확 잡아끌었다. 그 바람에 김윤찬 목사는 몸을 제대로 가누지 못하고 앞으로 쓰러졌고, 공산당원은 쓰러진 그를 개 끌듯이 질질 끌고서는 경찰서 안으로 들어갔다. 김 목사의 다리가 땅바닥에 쓸려서 무수한 상처가 났는데도 그는 그 상처에서 아픔을 느끼지 못했다. 왜냐하면 그의 몸은 벌써 추위와 아픔으로 마비되어 왔기 때문이었다.

김윤찬 목사는 평양경찰서에 수감된 3일 동안 밥 한 톨도 입에 대지 못한 상태로 뼈를 깎는 듯한 고문을 다시 당했다. 아침부터 공산당들은 그를 끌고 감방들을 돌아다니며 남조선과 작당한 악질반동분자라고 하는가 하면, 3.1절 기념연설을 거부한 악질적인 친일파라고 소리치고 다녔고, 그 감방의 순례가 끝나면 캄캄한 지하 고문실로 끌고 가, 온갖 고문을 가했다. 생뼈를 깎아내고 생살이 저며지는 듯한 고통 속에서 김윤찬 목사가 할 수 있는 일은 오로지 주님만을 부르며 기도하는 일이었다.

그러나 구원도 영생도 연약한 인간의 몸에 떨어진 잔혹한 고문 때문에 점점 마음이 약해져 가는 것도 사실이었다. 그는 이를 악물었다. 여기서 굴복할 수는 없었다. 비록 뼈가 깨어지고 살이 부서져 가루가 되는 한이 있더라도 적그리스도와 타협할 수는 없었다. 그것은 명백한 죄였고, 죄 중에서도 가장 큰 죄였다. 죄의 값은 사망이었지만, 어떤 때에는 죽고 싶어도 죽지 못하는 고통으로 영원을 보낼 수도 있었다. 지금의 고통보다도 더욱 큰 고통으로 말이다. 그는 꽉 다문 입술에서 피가 흘러나오도록 고통을 참으며 주님에게 기도했다.

"주여, 차라리 죽여주소서."

죽음보다도 더한 고통으로 신음하면서 그는 이렇게 부르짖었다.

임마누엘의 빛

1946년 3월 5일에 북한은 북조선 임시인민위원회의 주도로 빈농과 농업노동자로 구성된 만여 개의 농촌위원회를 조직하여 토지개혁을 단행하였고, 그와 동시에 지주계급에 대한 탄압과 지식인들 숙청, 그리고 기독교도 탄압을 시작했다. 이런 시점에 김윤찬 목사가 밉게 보였기에 공산당원들은 김 목사를 본보기로 처단하려는 것이었다.

그들이 김윤찬 목사를 인간이 아닌 무슨 동물처럼 다루고, 죽어도 그만이라는 식으로 마구 짓밟고 때리고 했던 이유가 바로 여기에 있었다. 이것을 시작으로 북한 전역에서 대대적인 기독교도들에 대한 탄압이 시작되었다.

3일 동안 모진 고문을 당해서 거의 혼이 나간 듯한 김 목사를 공산당들은 소련군 트럭에 짐짝처럼 집어던졌다. 그리고 트럭은 신음하는 김 목사의 사정을 봐주지 않고 울퉁불퉁한 비포장도로를 마구 달렸다. 트럭이 덜컹댈 때마다 그 진동으로 김윤찬 목사의 상처는 참을 수 없이 아팠다. 그는 이를 악물고 비명소리를 내지 않으려고 했으나, 소용이 없었다. 차가 돌이나 나무뿌리를 넘어설 때마다 그는 비명을 질렀고, 온몸의 뼈마디에서는 어긋나는 소리가 나는 듯했다.

"주여, 도와주소서. 주님, 주님!"

그는 목이 터져라고 부르짖다가 혼절하고야 말았다. 캄캄한 어둠 속을 김 목사는 헤매고 있었다. 모든 것은 검은 안개 속에 파묻혀 아무것도 보이는 것이 없었다. 어둠은 두 손의 손가락 모두를 꼿꼿이 세워 김 목사의 목을 조르려는 듯 다가서고 있는 것 같았다. 발밑에서 무엇인가 끈적거린다는 생각이 들었고 어디선가 피비린내가 풍겨왔다. 사방은 사탄의 뱃속 같은 어둠이 이를 드러내고 김 목사를 노려보고 있었다.

등골이 서늘해지는 공포가 그의 가슴을 얼려버렸다. 발밑의 끈적거리는 것이 한없이 그의 몸을 아래로 계속 잡아당기고 있었고, 그는 무력감과 공포심에 이빨을 덜덜 떨었다. 금방이라도 아가리가 큰 사탄이나, 무저갱에서 올라온 짐승이나, 또는 음부의 사망이 자신을 집어 삼킬 듯했다. 김 목사는 자신이 한없이 작아지고 약해짐을 느끼면서 어린애처럼 울기 시작했다. 하지만 울어도 울어도 공포심은 없어지지 않았다. 그래도 엄마 잃은 어린아이처럼 그는 한없이 울어댔다.

그런데 바로 그때 그는 빛이 다가오는 것을 보았다. 점처럼 작게 시작된 빛이 점차로 환하게 어둠을 비치면서 어둠의 세력들은 그 세력을 잃고서 사악한 날개를 접었다. 그리고 그 빛 속에서 어머니 같기도 하고 천사 같기도 하고, 또한 전능하신 하나님 같기도 한, 그분의 목소리가 울려나왔다.

"윤찬아, 윤찬아. 네가 어디에 가든지 내가 너와 함께 있으매 두려워 말라. 내가 너를 정케 하리라."

"주여!"

김윤찬 목사는 흩어지는 빛을 잡으려고 허공을 자꾸만 움켜쥐다가 그것이 헛된 몸짓이라는 것을 깨닫고는 두 손을 모았다.

"주여, 내가 믿사오니, 사망의 권세에서 종을 자유케 하소서."

김윤찬 목사는 벌떡 잠에서 깨어났다. 꿈이었다. 아직도 트럭은 밤의 심연 속으로 끝없이 빨려 들어가고 있었고, 김윤찬 목사는 트럭의 뒤에 실려 있는 상태였다. 그런데 그는 몸이 이상함을 느꼈다. 여태까지 그렇게 고통스러웠던 상처들이 아프지가 않은 것이다. 그리고 며칠간 밥을 한 톨도 먹지 못했는데도 배가 고프지 않았다. 오, 주여! 김 목사는 무릎을 꿇고 감사의 기도를 올렸다.

사방이 막히다

트럭은 어둠을 뚫고 낮이 되어도 계속 달려서 약 일주일을 달렸다. 김윤찬 목사는 주님의 보호하심으로 생명은 연명했으나 사탄의 권세는 아직도 끝나지 않고 있었다. 더욱 큰 시련이 그를 잡아 삼키려고 기다리고 있는 것이다. 꼬박 일주일간을 달린 트럭은 마침내 목적지에 도착했는지 천천히 멈추었다. 트럭이 멈추자 김 목사는 소련군들에 의해 트럭에서 끌어내려졌다. 김 목사는 캄캄한 어둠 속에서도 주위를 살피려고 했지만 소련군이 그의 등을 거칠게 떠밀었다. 그는 떠밀려서 넘어질 듯이 비틀대면서 소련군이 잡아끄는 어두운 건물 안으로 들어섰다. 무중력 공간 같은 긴 복도를 지나서 한 방의 문 앞에 세워졌다.

소련 병사가 작은 방의 문을 열었고, 어둠이 확 김 목사의 앞에서 입을 크게 벌리며, 그를 기다리는 것 같았다. 그가 머뭇대는데 소련 병사는 그의 등을 거칠게 떠밀었다. 비틀대면서 그 안으로 들어서자마자 어둠은 그를 집어삼켰고, 등 뒤에서 철컹하는 금속 음을 내며 철문이 닫혔다. 그리고는 암흑과 숨이 막힐 듯한 고요가 그의 가슴을 짓눌렀다. 휴! 그는 가슴속에 걸려 있는 암담함을 다 뽑아내려는 듯 깊은 한숨을 내쉬었다. 그리고 안쪽으로 들어가기 위해 더듬거리며 앞으로 나아가려 했다.

그런데 발에 무엇인가 걸렸다. 주위는 너무도 캄캄했기에 아무것도 보이지 않는 상태에서, 그의 발이 어떤 딱딱한 물체에 차단되어 앞으로 나갈 수가 없었다. 김 목사가 그것이 무엇인가 알려고 하기도 전에 차가운 기운이 그의 얼굴 앞으로 다가왔다. 그는 손을 뻗으려고 했으나 여의치 않았다. 왜냐하면 그 벽이 그를 가로막고 있었기 때문이었다. 김 목사는 손으로 벽을 더듬댔다. 어떻게 벽이 그렇게 가까이 있을 수 있을까. 그는 이렇게 생각하면서 자신의 옆을 더듬댔다.

세상에…

옆도 앞과 마찬가지인 벽이었다. 그러니까 자신이 있는 방은 앉을 수도 없게 좁게 만들어진 감방이었다. 시멘트 벽의 차가운 감촉이 그의 가슴으로 저릿저릿 다가왔다. 앞에도 옆에도 뒤도 벽이었다. 김 목사는 황급히 손으로 벽을 더듬으며 도저히 믿지 못할 사실을 알게 된 것이다. 마냥 당황해했다. 감방은 겨우 사람이 꿇어 앉을 수 있을 정도의 크기였다. 누울 수도 없고 편하게 앉을 수도 없는 감방이었다. 그것을 알게 되자 갑자기 그의 가슴이 답답해왔다. 우리에 갇힌 짐승보다도 못한 좁은 관속에 갇힌 것이었다. 살았으나 죽어 있는 듯, 숨이 턱 막혀왔다.

바로 이 감방이 소련군이 죄목이 없는 죄수들을 처형하기 위해 만들어진 특수 사형장이었다. 죄목이 있는 죄수들은 총살을 시키거나 일반 감방에 수용되었다. 그러나 아무런 죄도 없으면서 공산당에 비협조적이거나, 또는 당에 장애가 될 때 사용하는 악랄하고도 비인간적인 처형 방식이 바로 이런 것이었다. 누울 수도 앉을 수도 없는, 바람조차도 안 통하는 관같이 생긴 방에다 사람을 가두어 두고, 물이나 음식도 전혀 주지 않는 것이다. 그러면 백 사람이면 백 사람 모두 굶어 죽든지 질식해 죽든지 아니면 목마른 갈증을 참지 못하고 말라 죽는 것이다.

처음 김윤찬 목사가 이 감방에 갇혔을 때, 그는 이곳이 감방이 아니라 다른 곳으로 보내기 전에 잠시 머무는 곳인 줄 알았다. 그러나 하루가 지나고 이틀이 지나자 이곳이 자신이 갇혀 있는 곳이라는 것을 깨달았다. 그리고 삼 일이 지나도록 아무것도 먹을 것도 마실 것도 주지 않자, 그는 그들이 의도하는 것이 무엇이라는 것을 알아챘다. 그야말로 굶겨 죽이려는 속셈이었다. 김 목사는 이제 정말로 죽는다는 것을 절절히 느껴졌다. 달리 방법이 없었다. 죽기 전까지는 이곳에서 나가지 못할 것이다.

죽음은 사방에 둘러싸인 암담한 벽처럼 육중하게 그의 가슴을 압박해왔다. 그 죽음이 곳곳에 서려 있는 그곳에서 김 목사는 마음의 준비를 해야만 했다. 모든 것을 버리고 주님의 곁으로 갈 생각을 말이다. 그러나 다음 순간 그는 얼마 전에 들었던 주님의 약속을 머리에 떠올렸다.

'내가 너와 함께 있으매, 두려워 말라.'

김윤찬 목사는 그 비좁은 장소에서 억지로 무릎을 꿇었다. 무릎이 앞벽에 닿았고 발뒤꿈치는 뒷벽에 닿았다. 그러나 김 목사는 그것에 상관없이 기도하기 시작했다. 죽음을 앞에 둔 결연한 기도가 얼마나 뜨거울까? 김 목사의 기도는 웅얼웅얼 암울한 회색공간에서 하나의 생명이 되어 맴돌았다.

배고픔보다도 참을 수 없는 것은 질식할 것 같은 냄새였다. 얼마나 많은 사람들이 이 안에서 죽어갔을까? 얼마나 많은 죽은 자들이 이 안에서 썩어졌을까? 그리고 그 썩어진 자들의 피땀과 오물의 냄새가 얼마나 많이 남아 있을까? 그곳의 냄새는 만약 지옥이 지상에 있다면 그런 지옥의 냄새일 거라는 생각이 들었다. 비릿한 살 냄새와 죽음의 고통에서 흘렸음직한 절은 땀 냄새 등이.

그리고 마지막까지 뱃속에 남아 있었던 오물들이 죽음의 고통에 못 이겨서 쏟아져 나왔을 것 같은 오물 냄새, 살 썩은 냄새, 고름 냄새, 그리고 참을 수 없어서 아무 곳에나 방뇨한 오줌 냄새와 인분 냄새가 한꺼번에 섞여져 정신을 혼미하게 만들었다. 그것은 보통사람이면 맡기만 해도 그대로 내장까지 토해낼 정도로 역겨운 냄새였다.

사람에게 죽을 때까지 최후로 남는 감각은 무엇일까? 아마 피부감각을 빼놓고는 마지막까지 남는 것이 이 후각(嗅覺)일 것이다. 몇 주만 굶으면 더 이상 시장기가 느껴지지 않고 헛것이 보이고 환청이 들리고 해도, 헛 냄새가 맡아진다는 말이 지금까지 없는 걸 보면, 아마도 이 후각은 죽을 때까지 가져가는 감각인지도 모른다.

아무튼 김 목사는 이 지옥 같은 냄새에 정신을 잃을 지경이었다. 하지만 그는 가히 필사적으로 주님께 기도를 올렸고, 그 기도의 응답으로 그는 그 냄새를 이길 수 있었다. 그러던 어느 날 갑자기 냄새가 나지 않았다. 아니 맡아지지 않는다는 것이 올바른 표현이리라. 창자까지도 울렁거릴 정도의 독한 악취가 고스란히 그의 감각에서 배제된 것이다.

하루하루를 죽음의 고통과 싸우는 김 목사는 그냥 아무것도 하지 않고 시간을 보낼 수 없었다. 그 무엇이든 해야 했다. 주님의 뜻이 어디 있든 간에 그가 만약 살아나간다면, 그래서 주님의 말씀을 더 전할 수가 있다면, 그때를 대비해서 헛되이 하루하루를 보낼 수는 없었다. 그는 자신이 할일을 생각했다.

우선 아침기도를 드리는 것으로 하루를 시작하고, 그 다음 찬송, 다음은 성경암송과 성경공부였다. 비록 성경책은 없을지라도 그는 암송과 그에 대한 뜻을 묵상하는 것으로 이 일을 수행했다. 그 다음은 간단한 운동이었다. 운동이래야 봤자 그 자리에서 손을 위로 폈다 구부렸다 하는 것이 고작이었지만 말이다.

이런 식으로 관 같은 감방 생활을 하는 사이에 일주일 정도가 지난 것 같았다. 주님의 도우심으로 고문으로 생겼던 상처는 다 나았지만, 사람의 육신은 음식 없이 살 수 없었다. 굶으면 굶을수록 정신은 더없이 맑았지만, 육체는 그와 반대로 점점 쇠약해져 갔다. 벌써 곡기를 입에 대지 않은 지가 고문을 받을 때부터 2주일이 지나고 있었다. 그러나 그는 낙망하거나 슬퍼하지 않았다. 주님이 함께하시기 때문이었다. 그의 가슴속에는 이제 '내가 너와 함께 있으매'라는 한 구절이 더욱더 명확히 각인되고 있었다.

인간은 얼마나 하나님이 함께해야 주님을 온전히 믿고 모든 것을 맡기는 것일까? 인간은 얼마나 하나님이 이적을 보인 후에야 하나님을 따르고 온갖 세상의 고통을 잊는 것일까? 인간은 얼마나 주님께 의지해야 의인이 되는 것일까? 아마도 인간은 육신을 벗기 전까지 이렇게 되지 못하리라.

그렇기에 예수님도 자신은 의인을 구하러 온 것이 아니라 죄인을 부르러 왔다고 하셨을 것이다. 인간의 믿음은 환경의 변화에 따라서 한없이 바뀐다. 그리고 그 바뀌는 이유는 믿음이 약해서가 아니라 우리가 허약한 인간이기 때문이리라. 믿음의 반석이라고 불리던 베드로도 수시로 주님을 부인했던 것이 이것을 실증해준다.

나약한 인간의 몸으로 그 극심한 고통을 받던 김윤찬 목사의 경우도 예외는 아니었다. 그의 신앙이 깊지 않아서가 아니라 나약한 인간이기 때문이었다. 감방 안에 있는 시간이 길어지자, 배고픔과 추위 그리고 몸의 불편함을 참지 못하고 흔들리기 시작했다. 벌써 며칠이 지났는지 모를 정도로 밤낮이 지나갔고, 살아나갈 자신이 없어지기 시작했다.

처음에 이곳에 왔을 때 조금씩 보던 소변도 이제는 끊어졌으니, 이제 서서히 탈수현상이 일어나서 그는 말라빠진 말가죽마냥 온몸에서 수분이 증발하고, 결국 숨이 끊어질 것이다. 죽음, 그것은 그렇게 멀리 있지 않았다. 김 목사는 이제 마지막 기도를 드리기 위해 무릎을 꿇고 두 손을 모았다. 이 세상에서 일어났던 일이 모두 하나의 꿈만 같았다. 그의 머릿속으로 가족들의 얼굴이 하나둘씩 스쳐지나갔다.

12

엘리야의 까마귀

여호와의 말씀이 엘리야에게 임하여 가라사대,
너는 여기서 떠나 동으로 가서 요단 앞 그릿 시냇가에 숨고
그 시냇물을 마시라. 내가 까마귀들을 명하여 거기서 너를 먹이리라…
까마귀들이 아침에도 떡과 고기를 저녁에도 떡과 고기를 가져왔고…
(열왕기상 17:2-6)

문이 잠시 열리다

김윤찬 목사의 마지막 기도가 통렬하게 좁은 벽을 울리며 밖으로 새어나갔다. 절실하게 올리는 그의 기도는 그대로 뜨거운 불덩어리가 되어서 무쇠 같은 감방벽도 녹일 것 같았다. 결국 하나님의 역사하심이 불덩이보다도 더 뜨겁게 임하기 시작했다.

전지전능하시고 무소부재하시는 하나님은 김윤찬 목사에게 엘리야에게 보냈던 까마귀와 똑같이 사람 까마귀를 보내셨다. 하나님이 엘리야의 까마귀로 삼은 자는 과연 누구일까? 애절한 기도를 올리고 굶어죽어가는 김 목사에게 떡과 고기를 가져올 까마귀는 누구인가? 김윤찬 목사가 올리는 기도소리는 감방 밖으로 타고나가서 마침 그 감방을 감시하고 있던 한 간수의 정수리에 바위를 쪼는

송곳 끝처럼 날카롭게 들어박혔다. 내가 너에게 명령을 주리니, 나의 명령에 따르라는 말씀이 그의 귀에 들려오는 것 같았다.

캄캄한 밤에 불이 비치듯이 그렇게 문이 확 열렸다. 그렇게도 강하고 암담하게 보였던 문이, 막혔던 가슴이 뻥 뚫리듯이 확 열린 것이다. 김윤찬 목사의 어리둥절한 눈동자에 파란 눈을 가진 소련 간수 병사의 놀란 표정이 확 들어왔다. 그도 그럴 것이 김 목사가 아직도 살아 있다는 것이 믿어지지 않았기 때문이었다. 벌써 오랫동안 굶었기에 반죽음이 되거나 초주검이 되어서 늘어져 있다고 생각했는데, 김 목사는 눈동자를 동그랗게 뜨고 소련 간수 자신을 쳐다보고 있지 않은가. 허약해 보이기는 했어도 눈에서는 총기가 나고, 죽어가는 상태는 아니었다. 소련 간수가 못 믿겠다는 표정을 짓더니 손짓을 했다. 나오라는 것이다.

김 목사는 잘 움직이지도 않는 걸음으로 비틀대며 밖으로 나왔다. 눈앞에서 노란 현기증이 아롱대며 온 세상이 누런 황색으로 빙글빙글 돌아갔다. 그리고 눈알이 빠져나갈 듯이 아파왔다. 오랜만에 보는 바깥 불빛 때문이었다. 밤이었기에, 그리고 복도에 켜놓은 전구의 촉수가 낮은 것이었기에 망정이지, 낮이었더라면 햇빛에 눈이 멀어버렸을지도 모른다. 김 목사는 어지럽고 정신이 멍멍해지는 가운데 정신을 잃지 않으려고 두 손을 모으고 주님을 불렀다. 그것을 보고도 믿기지 않아서 정신이 빠진 모습으로 있던 소련 간수는 머리와 가슴에 성호를 긋더니 김 목사에게 무어라고 소련말로 물었다(소련 사람들은 그리스 정교를 믿고 성호를 긋는다).

한참을 손짓발짓으로 김 목사에게 묻는 소련 간수의 뜻하는 바가, 기독교인이냐 하는 물음이라는 것을 파악한 김 목사는, 두 손을 모으고 아멘이라고 말함으로써 자신이 기독교인이라는 것을 시인했다. 공산당 특히 종교의 자유가 박탈된 소련공산당의 병사 앞에서 자신이 기독교인이라는 것을 시인한다는 것은, 자살 행위인 줄은 잘 알고는 있었지만, 그렇다고 주님을 모른다고 부인할 수는 없다는 것이 김 목사의 생각이었다. 죽더라도 담대하게 주님을 증거하고 죽어야 한다. 그것이 참된 기독교인의 정신이다.

그때 그 말을 하고 난 후 무슨 일이 일어날 줄 알았던 김 목사는 그 소련 간수의 눈에서 흐르는 눈물을 보았다. 김 목사는 그 눈물의 의미를 어떻게 해석해야 될지 몰라서 어리둥절하고 있는 중에, 그 소련 간수는 김 목사를 끌어안았다. 그가 감동의 눈물을 계속 흘리고 자신을 얼싸안는 것을 보고서 김 목사는 그도 기독교인이라는 것을 깨달았다.

그가 기독교인이라는 것을 안 순간 김 목사의 가슴에도 형언할 수 없는 감동이 일었다. 말이 틀리고 인종도 전혀 틀린 사람들, 그것도 한 명은 지키는 자로서 또 한 명은 갇혀 있는 자로서 똑같은 하나님을 믿고 있다는 것은, 그의 가슴에 전기가 흐르는 듯한 감동을 주었던 것이다. 그 소련 간수는 소련말로 무엇인가를 끊임없이 물었고, 소련말을 모르는 김 목사는 그저 두 손을 모은 채, 눈물만을 흘렸다.

황량한 타향에서 형제를 만난 것 같은 반가움이 그를 감격시켰다. 모든 땅이 공산당에 뒤덮여 있고, 모든 인간들이 기독교도들을 해하려고 하는 북쪽의 땅에서 같은 믿음을 가진 사람을 만난다는 것은 정말로 하나님의 은혜가 아닐 수 없었다. 소련 땅인지 북한 땅인지도 몰랐지만, 김 목사는 그 황량한 곳에서 가슴이 뜨거운 하나님의 사람을 만나리라고는 생각지도 못했다.

감동이 조금 가라앉고 가슴이 약간 안정되자 김 목사는 그가 무엇을 말하는지 알려고 정신을 집중했다. 지금 이곳에서는 그가 자신의 마음을 털어놓을 수 있는 유일한 사람이었다. 소련 간수는 많은 이야기를 했고, 그의 말 중에 손짓발짓을 통해서 알 수 있는 것은, 그가 독실한 기독교인이며, 그의 아버지는 전쟁 중에 전사했고, 자신의 어머니는 기독교회에서 하나님의 사명을 맡아 하는 사람이라고 하는 것 같았다.

아마도 그의 어머니가 교회에서 직분을 맡은 사람인가 보다. 한참 동안 통하지도 않는 말을 하던 그는 갑자기 무슨 생각이 났는지 입을 다물더니 어디론가 부지런히 뛰어갔다. 간수가 어디론가 가자, 김 목사는 회색빛 복도에 덩그라니 서서는 복도 양쪽에 음험하게 늘어 서 있는 감방 문들을 바라보았다. 얼마나 많은 사람들이 죽어갔을까? 얼마나 많은 사람들이 숨이 턱턱 막히는 갑갑한 감방 안에서 굶주림과 추위 그리고 두려움에 떨며 죽어갔을까? 희망도 없이….

그런 이들에 비하면 김 목사 자신은 행운아였다. 자신은 항상 의지할 수 있는 하나님이 함께 하시기 때문이었다. 그리고 그는 지금 하나님이 보내주신 사람이 있었다. 이런 하나님의 은혜를 느끼면서 그는 자신이 반드시 이곳에서 살아나갈 수 있다는 확신이 들었다. 주님이 함께하시는데 지옥의 음침한 골짜기라도 못 견딜 리 없었다.

무엇을 먹을까 무엇을 마실까 염려하지 말라

그 소련 간수가 바삐 뛰어왔다. 주위를 두리번거리면서 손에 든 신문지에 싼 것을 김 목사에게 넘겨주었다. 그리고 그는 김 목사를 재촉해서 감방 안으로 들여 넣었다. 김 목사가 간신히 비칠대며 감방 안에 들어선 후에 신문지에 싼 것을 풀었다. 빵이었다. 아주 딱딱한 빵, 거친 밀가루와 옥수수가루, 그리고 온갖 잡곡을 섞어 만든 것 같은, 볼품없이 생긴 돌보다도 딱딱한 빵이었다. 그러나 비록 거칠고 딱딱하고 먹기에 힘들 것같이 보일지라도 그것은 양식이었다.

그 빵을 보는 순간 김 목사의 뱃속에서 식욕이 맹렬히 솟아났다. 흔적도 없이 사라졌던 욕구가 어디에선지 손톱을 세우면서 그의 위벽을 날카롭게 긁어댔고, 그에 따라 그의 입 안에는 침이 고였다. 흑흑! 김 목사는 왜 자신이 눈물을 흘리는지 몰랐다. 하나님이 주신 양식이 고마와서인가? 아니면 간수의 따듯한 마음 때문인가? 그것도 아니면 자신의 처지가 서러워서인가? 아니다.

그가 눈물을 흘리는 것은 하나님의 은혜에 감사해서였다. 자신과 항상 함께하겠다는 그 말씀이 진실로 그의 몸에 이루어지고 있다는 데에 대한 감격이었다. 눈물이 두둑두둑 마른 빵에 떨어지자, 흰색 갈색 그리고 검은 빛이 마구 섞여 있는 빵이 눈물에 젖어서 조금 부풀어 올랐다. 그는 딱딱한 빵을 입으로 가져갔다. 너무 딱딱해서 이빨이 들어가지가 않았다. 그는 이빨이 들어가지도 않는 딱딱한 빵을 이빨로 조금씩 갉아먹었다. 그의 눈에서 다시 새로운 눈물이 흘렀다.

"무엇을 먹을까 무엇을 마실까 하여 구하지 말며, 근심하지도 말라… 아버지께서 이런 것이 너희에게 있어야 될 줄을 아시느니라"(마태복음 6:30-31).

빵을 먹다보니 목이 말랐는데, 마침 간수가 물을 가져왔다. 사실 물은 양식보다도 더 필요한 것이다. 탈수 증세가 시작되기 전에 충분한 양의 물을 흡수해야지 일정 양의 물이 몸에 저장되어서 인체에 해가 없는 것이다.

이렇게 하나님은 김윤찬 목사를 먹여 살릴 까마귀를 보냈다. 소련 간수는 매일 딱딱한 빵 한 개를 주워 병사들 몰래 김 목사의 감방에 넣어주었고, 김 목사는 그 빵으로 근근이 연명해갔다. 김 목사는 앞으로 어떻게 될지 모르는 앞날을 위해서 빵을 조금씩 남겨두었다. 그것은 어떤 의미에서는 그의 생명을 유지하는 데 더욱 유리한 일이 되었다. 왜냐하면 굶주린 상태에서 음식을 많이 먹는 것은 그야말로 위험한 행동이기 때문이었다. 식욕도 인간의 욕망 중의 하나였다. 그것도 가장 강한 욕구인지도 모른다.

그러나 과식은 금식보다 훨씬 위험했다. 항상 병은 과욕에서 비롯되었고, 특히 이런 굶주림 후에의 과식은 죽음과 직결된다. 그렇기에 김 목사가 조금씩 빵을 섭취한 것은 그야말로 하나님의 은혜였다. 보통 사람들은 굶은 뒤에 음식을 보면 욕심이 생기고 그래서 과식을 하면 죽음으로 직행한다. 그러니 김 목사가 욕망을 못 이겨서 빵 한 개를 다 먹어치웠다면 분명히 그는 탈이 났을 것이고, 이런 감방에서의 조그만 아픔이나 배탈은 그대로 죽음으로 연결되었을 것이다.

조그만 식사라도 음식이 들어가면 필연적으로 해야만 하는 것이 배설이었다. 그러나 좁은 감방에서 배설은 그야말로 죽을 것 같은 고통이기도 했다. 그리고 배설 후에 감방 안에 찬 냄새는 또 다른 고역이었다. 참다 못한 김 목사는 그 간수에게 휴지를 부탁했고, 그 간수는 등기서류에 인장이 뻘겋게 찍힌 종이 뭉치를 가져왔다. 그로써 김 목사의 배설은 어느 정도 해결할 수 있었다.

다시 홀로 남겨지다

소련 간수는 매일 빵 한 개씩을 들여 주었고, 김 목사가 남겨놓은 빵도 어느덧 여섯 덩어리가 되었다. 김 목사는 기도하는 중에 문을 두드리는 작은 소리를 들었다. 그가 온 것이다. 김윤찬 목사는 조그만 창문에 슬며시 들어오는 빵을 받으려고 손을 내미는데 이상한 느낌이 들었다. 그 간수의 손이 가늘게 떨리는 것이었다. 평상시에는 없던 떨림이었기에 김 목사의 가슴이 덜컹 내려앉았다. 또 무슨 일이 생기려는가? 김 목사도 떨리는 손으로 빵을 건네받자 갑자기 간수가 그의 손을 덥석 잡았다. 무슨 일인가? 그의 가슴에 무슨 걸림돌이 있기에 이렇게 괴로워하는 것일까?

김 목사가 그의 손을 마주잡자 그가 울먹이며 말했다. 소련 간수의 말은 알아듣지 못하지만 가슴 속에 와 닿는 그의 말뜻은 그가 떠난다는 것이다. 손짓으로 보여주는 그 의미는 오늘이 자신이 이곳에 있는 마지막 날이고, 자신은 이제 내일이면 멀리 떠난다는 것이었다. 김 목사의 가슴은 찢어지도록 아파왔다. 만나는 자 반드시 헤어진다고 했던가?

이제 그 간수는 하나님이 맡긴 사명을 완수하고는 다른 곳으로 가야만 한다. 그리고 김 목사는 어두운 감방에 홀로 남겨진 것이다. 떠나는 자와 남는 자, 이것이 인간사였고, 인간 세상이었다. 만나면 반드시 헤어지는 것은 자연 이치다. 간수도 목사도 애통한 마음을 진정시키지 못하고 두 손을 마주잡은 채로 한없이 눈물지었다.

비록 말도 틀리고 피도 나누지 않았지만, 이렇게 헤어진다는 것은 피를 나눈 형제의 이별보다도 더욱 가슴을 찢어놓았다. 소련 간수는 자신이 이곳을 떠나면, 김 목사는 이 어두운 감방 안에서 쓸쓸히 죽어갈 것이라고 생각하는지, 그의 눈에서 쉴새 없이 뜨거운 눈물이 흘러내렸다. 소련 간수는 한없이 눈물을 흘리다가 무슨 생각이 났는지 김 목사에게 손가락으로 2자와 9자를 펴보였다.

2와 9?

무슨 뜻인가? 소련 간수는 이 숫자만을 남겨놓은 채 미안한 듯 서러운 듯 김 목사의 곁을 떠났다. 그리고 이것이 김윤찬 목사의 평생에 그를 다시 볼 수 없었던 마지막 이별이었던 것이다. 잘 가시라, 주님의 일꾼이여. 어디에 가시든지 항상 주님의 은총이 함께 하시길…. 김 목사의 입 안에서 나지막이 기도소리가 새어나왔다.

지극히 아끼고 아꼈는데도 이제는 남은 빵이 없었다. 여섯 덩어리의 빵이 벌써 다 떨어진 것이다. 그러고 보니 그 소련 간수가 이곳을 떠난 지도 꽤 오래된 것 같다. 김 목사는 다시 굶어야만 했다. 좁은 감방에는 어느 정도 익숙해졌지만 굶주림에는 익숙해질 수 없는 이유는 그가 육신을 가진 인간이기 때문이다. 인간이라면 누구나 필요한 식량이다. 그리고 그것에 대한 간절한 욕구는 당연한 것이다.

그러나 이제는 이 모든 것을 다 잠재워야만 했다. 모든 것이 차갑게 식어가고 있었다. 좁은 감방, 창자가 끊어지는 듯한 허기, 목젖이 타들어가는 갈증, 그리고 무력감 등이 찾아왔다. 이제 엘리야의 까마귀도 제 처소를 찾아 떠났고, 김 목사만이 홀로 싸늘한 콘크리트의 막막한 벽 사이에서 덩그라니 남겨져서 다시 말라가고 있었다.

"나의 갈길 다 가도록 예수 인도하시니…."

그는 힘이 다 빠져서 큰 소리도 낼 수 없었기에 나즈막이 찬송을 불렀다.

캄캄한 암흑이 사방에서 커다란 아가리를 떡떡 벌리며 김윤찬 목사를 잡아 삼키려 했다. 주위에서 이상한 웃음소리도 들렸다. 검은 옷을 입은 작은 마귀들이 고개를 숙이고 쿡쿡대며 웃어댔고, 어떤 암흑은 그 기다란 손으로 입을 가리며 깔깔댔다. 검은 색이었다. 모든 것은 권세를 받은 검은 사망의 빛에 잡아먹히고 있었다. 희번덕대는 검은 사망의 눈동자도 역시 검은 빛이었다.

잠시 세상에서 권세를 받은 무저갱의 짐승은 자신의 시기를 맘껏 향유하려는 듯 온몸을 부풀려서 세상을 집어 삼키려고 했다. 김윤찬 목사는 그런 잔뜩 부푼 암흑에 싸여서 부들부들 떨었다. 싸울 힘이 없었다. 모든 기운은 암흑이 잡아먹었는지 그의 몸에서 모두가 달아나 버렸다. 모든 것은 하나둘씩 암흑에 잡아먹혀서 무저갱 속으로 비명을 지르며 곤두박질쳤다.

주여! 주여!

김 목사는 목구멍에서 피가 터지도록 주님을 불렀다.

하나님, 저를 이렇게 사망에 내놓을 바에는, 제게 왜 언약의 무지개를 보여주셨고, 온갖 이적도 보이셨으며, 또 왜 엘리야의 까마귀를 보내서 일용할 양식을 주셨습니까?

왜? 왜? 왜?

김 목사의 피 토하는 절규는 검은 암흑이 깔깔대며 집어삼켰다. 이런 감방에서의 사망은 대체적으로 굶주림, 갈증, 그리고 질식이 대부분이지만, 간혹 혼미한 정신 속에서 광증에 시달리다 죽는 수도 있었다. 광증(狂症)은 대개가 과대망상증이나 공포증이었고, 그로 인해 자신이 죽음을 선택하는 예가 허다했다. 김 목사가 암흑 속에서 암흑의 사탄과 싸우며 허덕이는 것도 이제 막 탈진상태에 이른 김 목사의 내면 안에서 자신과 싸우는 광증의 일종이었다. 그는 미칠 것 같은 상태에서 주님을 목메어 불러댔다. 점점 힘이 빠져나가고 있었다.

하나님의 음성

그때 김윤찬 목사는 그 암흑 속에서 울려 퍼지는 소리를 들었다. 그것은 은은한 소리였고 너무도 감미로와서 마치 지상의 소리가 아닌 듯했다.

"윤찬아. 무엇을 두려워하느냐? 무엇이 그토록 두려운 것이냐? 네가 두려워하는 것이 하나님의 진노보다도 더욱 무서운 것이더냐? 사탄의 권세가 주의 진노보다도 무섭단 말이냐?"

오, 주여! 김윤찬 목사는 이를 악물고 두 손을 모았다. 그렇다. 사탄의 권세가 아무리 클지라도 감히 주님의 옷깃 하나 건드릴 수 있으랴. 사망이 아무리 두려운 것일지라도 주님이 자신을 버리는 것보다 더 두려우랴. 사망, 사탄, 병듦, 공포 등의 권세에 굴복하는 것이 그것으로 인해 얻어지는 주님의 진노보다는 결단코 약한 것이리라.

그러나 인간은 항상 이 조그만 두려움에 몸을 맡기고 영혼을 맡기어 결국 주님의 불같은 진노를 받는 것이다. 이스라엘 백성의 수많은 타락과 방황, 번뇌가 그것을 말해주지 않는가? 김 목사가 이렇게 생각하는 중에 갑자기 암흑이 쫙 열렸다. 아! 사방이 온통 암흑투성이었는데, 갑자기 그 암담했던 암흑이 하나님의 명령에 의해 덜컹하고 열렸던 것이다.

김 목사는 갑자기 비쳐오는 빛에 당황해서 두 손으로 눈을 급히 가렸다. 잠시 비쳐온 빛이었지만, 오랜만에 보는 빛은 그의 눈알을 빼놓을 듯이 달려들었다. 밖에서 무슨 소리가 들려오는 듯했지만 김 목사는 두 손을 눈에서 떼어놓을 수가 없었다. 두 손을 떼면 날카로운 빛의 화살이 동공에 그대로 들어박혀서 장님이 될 것만 같았다.

그가 앞을 못 보고 있는 중에 그의 주위에서 웅성거리는 소리가 났고, 어떤 손이 자신을 잡아서 감방 안에서 끌어냈다. 걷지도 못하는 그는 넘어지면서 밖으로 나왔다. 움직이지 못하는 중에 다리 근육이 퇴화되었는지 걸음을 걸을 수가 없었다.

한참 후에야 그는 손을 눈에서 떼어내고는 감았던 눈을 천천히 떴다. 세상이 온통 은빛으로 아롱지다가 점차 사물이 희미하게 명암으로 자리를 잡았고, 이 명암이 서서히 뚜렷한 형태를 이루어갔다. 그리고 김 목사는 자신의 주위에서 당황함과 놀라움에 서성대며 수군대는 소련 간수 몇 명을 볼 수 있었다. 그들은 그런 감방 안에서 여태까지 살아 있는 김윤찬 목사를 바라보며 너무도 놀라서 할 말을 잊고 있었다.

여태까지 이 감방에서 살아난 사람은 없었다. 보통 다른 사람들은 며칠이 지나면 고통과 외로움 그리고 공포심으로 견딜 수 없이 말라가다가, 양식도 없고 물도 없어서 꼬치꼬치 말라서 죽어갔다. 어떤 때에는 감방문이 열릴 때쯤 되면 시체마저도 알아볼 수 없을 정도로 썩어 있는 경우도 허다했다. 간수들이 감방 문을 열 때면 그것은 사람을 끌어내기 위한 것이 아니라, 죽은 시체를 치우기 위해서였다. 그럴 정도로 이 감방은 지독했고 악랄했으며, 역사적으로 그 유례를 찾아볼 수 없는 참혹한 것이었다.

그런데 그 감방 속에서 김 목사는 살아 있는 것이다. 온통 수염에 뒤덮인 꺼칠한 형상을 하고, 몸은 꼬치꼬치 말라서 거의 뼈가 드러날 정도였고, 머리는 더러워져서 무슨 털복숭이 같은 모습이었지만, 그러나 간신히 뜬 눈에서는 광채가 나고 있었고, 두 손은 꼭 모은 채로 '주여, 주여'를 불러대고 있었다.

이 날이 김 목사가 이 관 같은 감방에 들어온 지 29일째 되던 날이다. 소련인들의 관습에 그들은 이 관 같은 감방에 사람들을 가두되 한 달을 넘기지 않는다는 불문율이 있었다. 왜냐하면 한 달은 그 관 같은 공간 속에서 아무도 살아날 수 없는 긴 시간이었기 때문이다.

그런 관습이 있었기에 그들은 김 목사가 감방에 갇힌 지 29일째 되던 날에 김 목사의 시체를 치우기 위해 김 목사가 갇힌 감방 문을 열었던 것이었다. 나중에 그 29일의 관습을 안 김 목사는 자신을 먹여주었던 엘리야의 까마귀인 그 소련 간수가 보여주었던 2와 9의 참 의미를 알았다.

'29일만 견디시오. 그러면 사탄의 권세가 사라집니다'라는 의미를 말이다.

관 속에서의 수난

김윤찬 목사의 29일간 관 속에서의 수난은 1952년 크리스마스 때 미국기독교 유학생회의에서 성극으로 상연되었고, 타임스지에 기사화되었다. 당시 북장로교 선교사였던 옥호열 목사가 이 간증을 듣고서, 김윤찬 목사의 수난일지를 타임스에 기고했었던 것이, 전 미국을 감동시켰다.

따라서 기독교 유학생회의에서 그 기사를 성극으로 채택했던 것이다. 당시 기독교유학생회의의 성극에서는 새문안교회의 강신명 목사와 연세대학교 오기영 교수가 출연했고, 이 성극은 후에 미국 북장로교 총회 시에 다시 재연되었다. 당시 미국인들을 울렸던 이 신앙체험과 수난극은 오기영 교수가 환등 사진으로 보관하고 있다.

13

석방, 그러나 또 다른 고난의 시작

감옥 안의 가족

걸음을 제대로 걸을 수가 없었다. 비록 감방 안에서 앉았다 섰다 하는 운동을 했지만은, 머릿속에 하얗게 지워진 기억처럼, 다리근육은 김 목사의 몸에서 까맣게 잊혀져버렸다. 그가 간신히 한 발을 내딛자 소련 간수들이 답답했던지 그를 질질 끌다시피 해서 한 감방 안에 쳐넣었다. 김 목사가 몸을 가누지 못해서 감방 바닥에 쓰러지자, 안에 있던 사람들이 측은한 눈길로 그를 바라보았다.

'또 죄 없는 사람 한 명 병신 되어 들어오는구나' 하는 표정들이었다. 김 목사는 힘이 빠져 그 자리에 쓰러진 채로 한참 동안 그대로 있다가 숨을 몰아쉬며 고개를 들었다. 그리고 사람들을 쳐다보았다. 얼마 만에 보는 사람들이냐? 아니 얼마 만에 보는 우리 민족들이냐? 그의 눈에서 눈물이 흘러나왔다. 고난을 함께 받는 동족들을 보는 김 목사의 눈에는 죽음에서 간신히 목숨을 건져 나온 사람다운 진한 눈물이 흘렀다.

감방 안에는 약 12명의 젊은 청년들이 눈을 빛내며 처음 들어온 김윤찬 목사의 모습을 살펴보고 있었다. 자신들이 반대할 인물인지, 아니면 경계할 인물인지를 살피는 것이다. 아무렇게나 자란 수염, 죽음의 문턱까지 갔다 온 사람이다. 보여지는 푹 꺼진 보랏빛의 눈자위, 홀쭉해서 거의 양쪽 뺨이 서로 붙어 있는 것 같은 두 볼, 인간의 것이라고는 보이지 않는 거친 피부, 그리고 옷이라고 볼 수도 없을 정도로 더러워진 잠옷을 입은 사람, 이것이 김 목사의 모습이었다. 머리는 긴 채로 헝클어져 잡초 같았고, 무슨 짐승의 거죽 같은 피부는 햇빛을 못 보아서 창백했으며, 온몸은 수분기가 모두 증발한 듯 가죽만 남아 있었다. 이렇듯 험악하게 변한 김윤찬 목사를 찬찬히 살피고 있었던 청년 중에서 한 명이 경악의 신음을 내뱉었다.

"저, 저, 저…."

청년은 가슴에 너무 심한 격동으로 말도 제대로 하지 못했다. 그는 무너지려는 가슴을 부여잡은 채로 김윤찬 목사의 앞으로 달려왔다.

"저, 저, 혹시, 김, 김윤찬 목사님이 아니십니까?"

그 청년은 너무나 충격이 컸는지, 아니면 너무나 의외였던지 말을 제대로 못하고서 더듬댔다.

김윤찬, 자신의 이름. 그러나 그것은 지옥의 굴 안에 있을 때에 전혀 기억할 수 없었던 이름이었기에, 지금은 너무도 생소하게 들렸다. 김. 윤. 찬. 그리고 그 이름은 너무나 다정했기에 마치 그 소리가 무슨 꿈에서 들려오는 것 같은 느낌이었다. 김 목사의 눈동자가 비로소 그 청년의 얼굴을 쳐다보며 청년의 질문에 반응을 보였다. 그의 고개가 몇 번 끄덕이더니 온 세상이 노랗게 꺼져가면서 그 청년의 얼굴이 하늘에서 아롱댔다. 그는 그 아롱대는 현기증을 참지 못하고 바닥에 고개를 쳐 박았다.

"목사님! 목사님!"

청년의 소리와 다른 청년들이 다가오는 소리가 생시가 아닌 것처럼 들려왔다. 쓰러진 김 목사의 눈가에도 다가오는 학생들의 눈가에도 진한 눈물이 흘러내렸다.

그로부터 약 열흘 뒤, 김 목사는 두 청년의 부축을 받으며 감방 안에서 걸음마를 배우고 있었다. 걷는다는 것은 저절로 이루어지는 것이 아니다. 모든 사람이 걷고 있기에 걷는 것은 아주 당연하고 쉬운 일인 것처럼 느껴지나, 그것은 각고의 노력 끝에 획득되어지는 것이다. 그리고 그것이 획득되어진 후에도 수없이 많은 실패를 거듭한 뒤에야 비로소 직립보행을 하는 것이다. 그런데 직립보행을 완전히 이룬 순간부터 인간은 그 어려웠던 실습 기간의 노력을 까맣게 잊어버린다. 몇몇 사람, 즉 김윤찬 목사와 같이 걷는 것을 포기하도록 강요된 사람 같은 경우에만 걷는 것이 어렵다는 것을 다시 깨닫게 되는 것이다.

그것은 신앙도 비슷하다. 주님을 영접하는 시간까지 엄청난 노력과 정성과 때로는 사투까지 벌인 뒤에 주님을 영접하게 될지라도, 일단 주님을 영접한 후에는 신앙이 일상의 지루한 한 부분이거나, 아니면 습관적인 행위로써 인식되어지고, 그래서 자신도 모르는 사이에 신앙을 잊게 되어, 신앙이 단순한 일상생활의 습관적인 일 중에 하나로 생각하고 그렇게 살아가는 것이다.

이런 대부분의 사람들이 어떤 충격에 의해 -그것이 병이건, 경제적 이유건, 또는 사고건 간에- 다시 신앙의 중요함을 깨닫게 된다. 그리고 이런 충격이 없는 일반 신앙을 가진 일부 사람들은 -아니 거의 대부분이라고 해도 좋을- 언제든 주님을 부인할 마음의 준비가 되어 있고, 그 기회가 오면 일상 속에서 버려지는 한 부분처럼, 기꺼이 주님을 모른다고 부인하는 것이다. 이런 왜곡된 신앙도 언제부터인가 신앙의 한 형태처럼 되어 버렸다.

아무튼 김윤찬 목사는 어렵게 다시 걸음마를 배웠고, 그가 걸음마를 배우기 위해 부축해주는 두 청년 가운데 한 명은 평양신양리감리교회 임태정 목사의 아들이고, 다른 한 명은 평양산정현교회 임리걸 장로의 아들이었다.

"청년들, 들어보게. 우리 생각에 주님은 언제나 멀리 있는 것 같고 우리를 보호하는 데 힘쓰시지 않으시는 듯 보여도, 항상 우리와 함께 계신다네. 우리가 주님을 기억지 않고 하나님을 섬기지 않을지라도, 주님은 이런 우리를 항상 측은히 여기시고 보호해 주신다

네. 그리고 언제라도 우리가 다시 주님을 기억하고 온전한 주님의 아들딸이 될 것을 아시면서 말이지."

김윤찬 목사의 말은 감미롭게 감방 안에 갇힌 청년들의 귀에 단비처럼 스며들었다. 이런 설교와 청년들의 질문 그리고 성경공부가 자유가 구속된 조그만 공간 안에서 매일 계속되었다. 12명의 청년과 김윤찬 목사는 말 그대로 한식구가 되었고 신앙공동체가 된 것이다. 이러기를 약 2개월이 지났다. 그러나 김 목사의 걸음은 비교적 정상이 되어 갔지만 몸은 아직도 허약하기 짝이 없었다.

소련에서 평양으로, 끝없는 고문

1946년 7월 북한에서는 북조선민주주의 민족통일 전선위원회가 창립되었고, 이로써 소련의 감시하에 있던 소련 감옥에 갇혀 있던 한국 사람들은 모두 정치보위부로 넘겨져서 평양감옥으로 이송되었다. 북한에서의 정당은 조만식 장로의 조선민주당이 1945년 11월 3일 결성되었었고, 천도교 청우당이 1946년 2월에 조직되었으나, 역시 북한에서의 주도세력은 1946년 2월 16일에 결성된 김두봉이 이끄는 조선신민당이었다.

물론 공산당이 전 북한을 자신의 세력권 내에 두고 있었지만, 이때까지만 해도 전 세력을 완전히 규합한 것은 아니었고, 어느 정도의 자유도 있었다. 1946년 8월 말경 소련군의 지시에 따라 조선신민당과 공산당이 합당을 했고, 북한노동당이 창당되었다. 이 북로당의 위원장은 김두봉, 부위원장은 김일성이었으며, 김일성의 세력이 급격히 부상하기 시작했다.

그때, 한국 사람들은 모두 소련 감옥에서 북한 감옥으로 옮겨지게 되었고, 김윤찬 목사도 평양으로 이송되었다. 김 목사는 감방에 들어서자마자 환하게 웃으며 반겨주는 사람을 보고는 코끝이 찡했다. 해방 후 평양신학교 교장으로 있으면서 전국의 교인에게 존경을 받던 김인준 목사가 그곳에 갇혀 있다가 김윤찬 목사를 맞아주었다. 김윤찬 목사는 비틀거리는 걸음걸이로 김인준 목사에게로 다가갔다.

"김 목사님…."

"김윤찬 목사, 고생 많았지요."

김인준 목사는 김윤찬 목사를 보고 이렇게 말했는데, 이렇게 말하는 김인준 목사의 모습도 김윤찬 목사처럼 많이 망가져 있었다. 그도 고난을 당한 것이다. 그리고 이 고난의 끝은 영원히 다가오지 않을 것 같았다. 김윤찬 목사는 김인준 목사가 내미는 손을 굳게 잡고 눈물지을 때, 김인준 목사의 입에서 조그만 목소리가 새어나왔다.

"의를 위하여 핍박을 받는 자는 복이 있나니, 천국이 저희 것임이라. 나로 인하여 너희를 욕하고 핍박하고, 거짓으로 너희를 거스려 모든 악한 말을 할 때에는 너희에게 복이 있나니, 기뻐하고 즐거워하라. 하늘에서 너희의 상이 큼이라…."

김윤찬 목사는 그의 손만을 잡은 채 하염없이 눈물을 흘렸다. 공산당 간수들은 두 목사를 번갈아가며 고문했다. 김인준 목사가 피를 흘리고 감방 안으로 들어오면 그 다음에는 김윤찬 목사의 차례였다. 처음에는 겁이 덜컥덜컥 나던 숱한 고문이었지만 차차 지독하고 악랄한 고문에도 참을 수 있게끔 익숙해져 갔다. 다만 김윤찬 목사는 그 험악했던 관 속의 고립 생활 때문에 건강을 되찾지 못하고 점점 쇠약해졌다. 김인준 목사가 자신이 아픔에도 불구하고 정성껏 김윤찬 목사의 병간호를 했지만 감옥 안에서 할 수 있는 일이 뭐가 있겠는가?

그저 흘리는 피를 소매로 닦아주고 흐르는 진땀을 손바닥으로 쓸어주는 일뿐 달리 할 일이 없었다. 거의 일어서지도 못하는 김윤찬 목사를 간수들은 하루에 한 번씩 꼭 끌고나가서 지독한 고문을 가했으니, 고문을 당하고 돌아오는 김윤찬 목사는 다 찢어진 걸레처럼 너덜너덜해져서 돌아오곤 했다. 김인준 목사는 제대로 움직이지도 못하는 몸을 움직여서 내동댕이쳐지는 김윤찬 목사를 끌어안고 '주님, 도와주소서, 주님, 도와주소서'라는 기도만 되풀이할 따름이었다.

죽음의 문턱에서 맞은 가석방

다음 날 다시 감방문이 열렸다. 항상 그렇듯이 간수 두 명이 눈을 부라리며 험상궂은 얼굴로 소리쳤다.

"김윤찬, 나와."

그러나 김윤찬 목사는 바닥에 웅크리고 쓰러져서 움직일 줄을 몰랐다.

"야, 김윤찬. 엄살 피우지 말고 나오란 말이야."

김인준 목사가 험악한 간수들의 기세에도 꼼짝 않는 김윤찬 목사를 이상한 듯이 쳐다보다가 그를 흔들었다.

"아, 아니. 김윤찬 목사. 김 목사."

김인준 목사의 부르짖음에 간수들도 낌새가 수상한지 뛰어들어 왔다. 김윤찬 목사는 거의 숨도 쉬지 못하고 웅크린 채로 움직이지 않았다.

"여보시오, 김 목사, 김윤찬 목사!"

김인준 목사의 통곡소리가 좁다란 감방 안에 공허하게 울려 퍼졌다.

죽음의 문턱에서 김윤찬 목사는 급히 제2인민병원 병동으로 이송되었다. 원장 김조훈 박사. 그는 공산주의자가 아닌 의사였다. 인술을 베푸는 김조훈 박사는 거의 다 죽어가는 김윤찬 목사를 응급실에 눕혀놓고는 인상을 찌푸렸다.

"세상에 이런 잔인한 짓들을… 짐승 같은 놈들."

그는 황급히 응급조치를 취한 다음 부지런히 자신의 사무실로 돌아갔다. 인민위원회에 보낼 보고서를 작성하기 위해서였다.

'김윤찬은 소생할 수 없는 환자이다. 고질적인 영양 부족에 따른 빈혈과 신경통, 그리고 극도의 허약 상태에서 나타나는 혼절이 빈번해지고 있다. 이런 상태라면 몇 달은커녕 며칠도 견디기 어려운 상황인 고로, 이 환자의 담당의사로서 또 병원장으로서 본인은 김윤찬의 가석방을 청구하는 바이다. 만일 김윤찬이 목사의 신분으로 감방에서 죽었을 경우, 기독교계가 우리 인민위원회에 대하는 반감이 고조될 염려가 있고, 공산주의 사상에 대한 일반인들의 반항과 증오가 만발할 것이 염려되는 바, 김윤찬 목사는 감옥에서가 아닌 가정에서 죽어야만 그의 죽음에 대한 책임이 인민위원회에 전가되지 않을 것이다….'

김조훈 박사의 김윤찬 목사에 대한 보고서는 이렇게 시작되었고, 장문의 보고서를 접한 인민위원회는 회의를 열고 김 목사의 가석방을 가부로 표결에 붙여, 그의 가석방이 허가되었다. 이로써 김윤찬 목사는 죽음 직전에 가석방을 받아 제2인민위원회 병원으로 입원되었고, 김조훈 박사의 전적인 치료를 받게 되었다. 가석방이 되자 곧바로 김윤찬 목사의 행방이 교회와 가정에 알려졌고, 약 4개월 동안 생사도 몰랐던 김윤찬 목사의 행방이 드디어 가족에게 알려졌던 것이다.

소식을 듣자마자 김 목사의 부인은 아이들을 데리고 급히 병동에 나타났다. 부인은 김 목사가 어떻게 되지나 않았을까 하며 숨

막히는 불안감에 싸여 있었기에, 그의 소식을 듣고도 반가운 마음이 생겨날 여유가 없었다. 아이들의 손을 잡고 부랴부랴 병원으로 뛰어오는 부인의 얼굴은 불안감으로 창백히 질려 있었다.

사모님과 아이들은 병실 밖에서 간호원들의 제지를 받고 기다릴 수밖에 없었고, 잠시 후에 연락을 받은 교회의 장로와 집사들도 달려왔다. 그리고도 한참이 지난 뒤에야, 김조훈 박사가 병실에서 나와서 사모님에게 말했다.

"지금 잠들었습니다. 환자에게는 안정이 절대 필요합니다. 고비는 넘겼으니 이제 하나님의 뜻만을 기다려야 하겠지요."

김조훈 박사는 이런 말을 남기고 사라졌고, 사모님은 너무나 정신이 없었기에 그에게 고맙다는 인사조차 할 정신이 없이 병실로 들어갔다. 하얀 시트에 싸여 있는 창백하고 뼈만 남은 남편 김윤찬 목사. 부인은 그 자리에 무너지며 걷잡을 수 없는 눈물을 쏟아냈다. 얼마나 걱정했던가. 얼마나 어디로 끌려갔는가 알려고 노력했던가. 사모님은 눈물을 흘리면서 가슴을 부여잡고 조심조심 김 목사에게로 다가갔다. 마치 빨리 다가가면 픽 하는 소리와 함께 꿈이 깰 것 같았기 때문이다.

자신이 꿈을 꾸고 있는 것 같다고 사모님은 생각했다. 자신이 김 목사의 곁에 다가서는 순간, 여태까지 악몽에 시달렸던 것과 똑같이 김 목사가 펑하고 연기처럼 사라질 것 같았다. 그러나 사모님이 불안한 마음으로 머뭇대며 잡는 김 목사의 손은, 꿈에서와는 달리 사라지지 않고 그대로 있었고, 그의 손을 통해서 따듯한 온기가 전해져 왔다.

공산당과 손잡은 기독교

1946년 10월경 북한의 정당이나 세력들은 기독교도를 자신의 세력권에 흡수하기 위해 노력했고, 이에 따라 잠정적으로 기독교 탄압을 중지했다. 이때 남과 북은 각각 다른 몸체인 양, 별도로 정권을 구상하고 있었으니, 1946년 6월 이승만은 정읍 발언에서 친미주의에 입각한 남한 단독정부 수립을 표방하고 나섰고, 좌익계는 돌연 반탁에서 찬탁으로 그 방향을 선회했으며, 김구 선생만이 쓸쓸히 반탁에 의한 통일운동을 계속했다.

중도좌파인 여운형과 중도우파인 김규식이 좌우합작을 제의한 미군정과 합의했으나, 현실적인 문제로 와해되었고, 미국이 남한 단독정부 수립 쪽으로 그 노선을 바꾸자, 이승만의 세력이 현저히 강대해졌다. 김구 선생과 김규식은 남한 단독정부수립론이 민족을 분열시키는 민족분열 행위가 아니냐고 강력히 주장하며, 통일론을 주장했으나, 이런 주장은 한낱 물거품이 된 채로 한국은 서서히 두 동강이 나고 있었다.

1946년 10월경 김윤찬 목사는 3개월의 입원치료를 마치고 비교적 안정된 모습으로 가정으로 다시 돌아왔다. 아직은 완전히 정상으로 돌아오지 않은 허약한 몸이었지만 그래도 일상생활을 하기에 무리는 없었다. 가정으로 돌아온 후에 그는 혼자 묵상에 잠기는 일이 많았고, 그의 생활은 기도와 성경읽기로 이어져 나갔다.

이때 북한에서는 김일성의 친척뻘인 강양욱이라는 목사가 공산당에 포섭되어 북조선 기독교연맹이라는 단체를 만들려 하고 있었다. 그 취지는 북조선 노동당과 기독교가 연합해서 교회가 자유롭게 존속하고 발전하자는 명목이었다. 그리하여 그는 그 연맹을 결성하기 위해 목사들을 포섭하기 시작했다. 때로는 위협으로, 때로는 감언이설로, 때로는 금전으로, 북한에 있는 모든 목사들은 이 강양욱이라는 변질된 목사에게 고통을 받았다.

강양욱은 채필근 목사가 교장으로 있었던 평양신학교를 졸업했고, 평안노회에서 목사안수를 받아, 평양고적재교회를 맡았던 엄연한 목사였다. 그런 그가 권력에 맛이 들어, 참 신앙을 버리고 주님을 부인하며, 세상권세를 좇아 사탄과 손을 잡았던 것이다. 북조선 기독교연맹이 조직되고도 목사들의 동의가 하나도 없자, 강양욱은 평양에 있는 저명한 목사들을 초대했고, 그들을 설득하려고 노력했다.

그러나 목사들은 모두 그를 비난했고, 특히 김윤찬 목사의 통렬한 공격에 당황할 수밖에 없었다. 평양에서 기독교연맹 설립이 무산되자, 강양욱은 황해도로 내려가서 그 목적을 이루려고 했으나, 황해도의 목사들도 평양의 목사들과 마찬가지로 그를 통렬히 비난했다. 그는 황해도에서도 뜻을 이루지 못하고 평북으로 갔으나 상황은 그곳에서도 똑같았다. 그러나 그는 뜻을 포기하지 않고 함경도로 건너가서 함경도의 거물급 목사를 설득하는 데 성공했고, 그래서 함경도에서 기독교연맹 발기위원을 구성했다.

이것은 그야말로 사탄에게 날개를 달아준 셈이 되었다. 발기위원회가 구성되고, 위원회의 임원이 거물급 목사이니, 강양욱은 이것을 빌미로 많은 약한 목사들을 찾아다니며 기독교연맹에 가입할 것을 강요했고, 그의 강권에 못 이겨 기독교연맹에 가입하는 목사들이 늘어갔다. 이렇게 되자 기독교연맹에 반대하는 목사들이 다시 고난에 떨어야 했다.

처음 기독교연맹에 가입하기를 거부했던 목사들 중에서도 연맹에 가입한 후에는 자발적으로 나서서, 이 연맹에 가입하지 않거나 연맹을 거부하는 목사들을 무자비하게 탄압했으니, 그 주동자가 강양욱이었고, 그 대표자가 평양정치보위부 책임자 박윤모, 정치보위부 차장 김영찬, 그리고 부수상 홍지주 등이었다.

> "그때에 사람들이 너희를 환난에 넘겨주겠으며 너희를 죽이리니, 너희가 내 이름을 위하여 모든 민족에게 미움을 받으리라. 그때에 많은 사람들이 시험에 빠져 서로 잡아주고 서로 미워하겠으며, 거짓 선지자가 많이 일어나 많은 사람을 미혹하게 하겠으며…"(마태복음 24:10-11).

지금이 바로 '그때'인가? 김윤찬 목사는 거짓 목사들과 목사들의 환난을 바라보면서 마음을 굳세게 먹었다. 언제 또 다른 환난이 자신에게 다가올지 몰랐다. 그때를 대비해서 마음에 단단한 준비를 해야만 했다.

기독교연맹 가입을 거부했던 목사들은 이유택, 김철훈, 최감은, 김윤찬 목사 등 여러 명이었다. 기독교연맹의 임원, 즉 변절된 기독교 목사들은 이들 기독교연맹 가입을 적극 거부한 목사들을 차례로 불러들여 숱한 고통을 안겨주었다. 강양욱, 박윤모, 김영찬의 악행에, 이들 목사들은 그 잔인한 고문을 견디지 못하고 하나 둘씩 순교해갔고, 김윤찬 목사와 최감은 목사가 최후까지 이 사실을 증거하듯 살아남았으나, 이 변절목사들의 가해는 중지되지 않았다.

죽은 자는 죽은 자로서 스데반 집사와 같이 주님을 증거하고 산 자는 산 자로서 또한 주님을 증거하는 것이 주님의 뜻이라면, 김윤찬 목사는 산 자의 사역을 맡았다. 그로서는 산 자로서 주님의 사명을 다해야 하는 것이 그의 본분이었다. 그것이 먼저 고난 속에 죽어간 다른 사역자들에 대한 의무이기도 했고, 자신의 몫이기도 했다.

당시 정치보위부는 나는 새도 그 서슬에 놀라 떨어진다는 곳이다. 보통사람들은 그 근처에만 와도 벌벌 떨며 오줌을 싸대는 그런 지독하고도 무시무시한 곳이었다. 김윤찬 목사는 이곳에 끌려왔어도 조금도 두려워하지 않았다. 아니 두려워할 수가 없었다. 자신의 등 뒤에는 하나님이 함께 하시고, 또한 의연히 죽어갔던 다른 순교자들의 행동이 그를 더욱 담대하게 만들었다. 죽더라도 주님을 증거하며 깨끗이 죽자. 주님을 부인하고 사탄과 타협하면서 구차한 삶을 사느니, 차라리 깨끗하게 죽어가자. 그의 가슴 속에는 항상 이런 생각이 불타오르고 있었다.

"김윤찬 목사님, 생각이 바뀌셨습니까?"

박윤모가 태연하게 이렇게 물었다. 김 목사는 아무런 대답도 하지 않았다.

"나, 박윤모는 김 목사의 그런 태도를 이해할 수 없습니다. 왜 다른 목사들도 다 가입한 연맹에 가입하지 못한다는 말입니까? 원로

목사인 채필근 목사도 가입했고, 이성희, 이학봉 목사도 모두 가입했습니다."

김윤찬 목사는 입술을 깨물었다. '채필근 목사가?' 김윤찬 목사는 며칠 전에 채 목사와 만나 절대로 연맹에 가입하지 않겠다는 결심을 들은 바 있었다. 일제시대 때 친일적이었던 그가 과거의 연약함을 후회하면서, 다시 무신론자인 공산당과 손을 잡을 수 없다고 단언했었는데, 기어코 공산당의 협박에 못 이겨 연맹에 가입한 것이다.

"어때요, 김윤찬 목사님. 다 잘되라고 하는 일입니다. 가입하세요."

김 목사는 고개를 강하게 가로저었다. 누가 뭐라고 할지라도 현재의 안락이나 편안을 위해서 적그리스도와 손을 잡을 수는 없다.

"이 새끼!"

갑자기 박윤모가 상소리를 하면서 김 목사의 가슴을 발로 냅다 질렀다.

"으헉!"

김 목사는 부지불식간 날아온 발길에 채여 가슴에 충격을 받고는 뒤로 나동그라졌다. 숨을 쉴 수가 없었다. 가슴이 딱하고 막혀서 그는 캑캑댔다. 그러고는 숨을 몰아쉬려고 했으나 잘되지가 않았다. 그때 박윤모가 눈짓을 하자 김영찬이 나가떨어진 김 목사에게 득달같이 달려들어서 마구 발길질을 했다. 어허헉! 가뜩이나 숨도 쉬지 못하고 있던 차에 김영찬의 발길질은 김 목사를 반죽음으로 몰아갔다.

"이 반동새끼. 네놈이 교회에서 교인들을 남한으로 내려가라고 선동하고, 또 우리 북조선을 그리스도의 적이라고 선전하는 것을 잘 알고 있다. 한번 죽어봐라!"

김윤찬 목사는 발길질에 채여가면서 이들의 이런 행위가 권세를 받은 적그리스도의 행위이기도 했지만, 이것은 자신이 공산당에게 했던 일과는 무관하지 않다는 생각이 들었다. 처음 김일성을 무시했고, 다음에 공산당과 타협을 거부했던 때문이라는 것을 말이다. 그러나 지금의 탄압은 얼마 전에 자신과 5인의 신앙동지에 의해 이루어졌던 선거반대에 대한 보복인 것 같았다. 그러고 보니 선거에 반대했던 다른 신앙동지들이 순교했던 이유가 여기에 있었다. 그것을 생각하니 김윤찬 목사 자신도 또한 이들의 손에서 벗어나기는 어렵겠다는 것을 깨달았다.

14

주여, 저들을 불쌍히 여기소서

안식일을 기억하여 거룩히 지키라. 엿새 동안은 힘써
네 모든 일을 행할 것이나, 제 칠 일은 너의 하나님 여호와의 안식일인즉,
너나 네 아들이나 네 딸이나 네 남종이나 네 여종이나 네 육축이나
네 문 안에 유하는 객이라도 아무 일도 하지 말라
(출애굽기 20:8-10)

주일을 지키다

김윤찬 목사와 그의 신앙동지들이 고난 받고 순교한 일의 발단이 되었던 것이 1946년 11월 3일에 일어났던 북한 총선거였다. 이 선거는 북조선 인민위원회를 조직하기 위한 전(前) 단계로서 도, 시, 군 인민위원회의 위원선거를 한 것이다. 북한노동당이 선거일을 주일인 11월 3일로 잡은 것이 기독교 측에 강한 알력을 만들고 말았다. 아직도 공산당이 전 북한의 세력을 완전히 장악한 것은 아니었지만, 반제국 반봉건 체제를 확립해 가고 있었고, 서서히 김일성의 세력이 확고히 굳어져 갔다. 선거일이 확정 공표되자, 기독교 목사들과 교인들은 안식일인 주일날 선거를 할 수 없다는 입장을 표명했고, 몇몇 목사들은 공산당이 주일날을 선거일로 책정한 데 대한

강한 불쾌감을 표했다.

평양에서도 많은 목사들이 이것에 반대했고, 특히 김윤찬 목사를 포함한 이유택, 김철훈, 김길수, 최감은 목사는 신앙동지회를 조직하여, 당국에 선거일을 변경해 달라는 신청을 했다. 그러나 당국은 그 신청을 일언지하에 거절하였고 마침내 선거일이 다가오자, 5인 신앙동지회는 죽음으로써 신앙을 지킨다는 신념하에 주일날 선거에 참여치 않고, 새벽부터 밤 12시까지 교회 안에서 예배를 지킨다는 결의를 했다.

11월 3일 새벽 4시 30분 김윤찬 목사는 시무 중이던 평양 연화동 교회로 들어섰다. 새벽기도를 인도하기 위해서였다. 그는 쌀쌀한 날씨에 솜바지와 덧버선까지 신고서, 감방에 끌려갈 만반의 준비를 하고 있었다. 먼젓번에 잠옷 차림으로 끌려가서 고생했기에 이번에 끌려가면 추위만이라도 이기자 하는 생각이었다. 새벽기도가 끝나자 김 목사는 모여 있는 교인들에게 엄숙히 선포했다.

"주일은 주님이 거룩하게 하신 날입니다. 그러므로 주일날에는 선거할 수가 없습니다. 교인들께서는 교회를 떠나시지 마시기 바랍니다."

김윤찬 목사가 이렇게 선포하자 잠깐 동안 소란해졌으나 이어 본당 안은 잠잠해지고, 교인들은 김 목사의 말에 따라서 교회를 떠나지 않았다. 김 목사는 찬양을 이끌었고, 찬양과 통성기도가 되풀이되었다. 교인들은 김 목사의 인도하에 끈기 있게 교회 안에 머물렀고, 몇몇 사람들이 자리를 떴다가 집에서 식사를 하고 돌아오곤 했다.

오전 8시가 되자 주일 첫 예배가 시작되었다. 교인들이 1부 예배를 위해 교회에 들어섰고, 새벽기도회 때보다는 교인들이 불어났다. 설교와 기도 찬송이 끝나고, 1부 예배순서가 순식간에 긴장에 싸여 흘러갔다.

오전 11시 본 예배가 시작되자 교인들이 점점 불어났다. 마침내 본당 안이 교인들로 가득 찼고, 이어서 본 예배가 시작되자 교인들의 입에서 입으로 교회가 선거에 불참하기로 결정했다는 소식을 전했다. 대부분의 교인들이 그 말을 전해 듣고는 고개를 끄덕이며 시무목사인 김윤찬 목사의 결정에 동감했다. 예배가 끝났는데도 아무도 자리에서 일어나는 사람이 없었고, 김 목사는 교인들의 동참 의식에 감동한 채로 찬송을 인도했다.

드디어 인민군이 총을 멘 채로 교회에 들어와서는 소리쳤다.

"선거하러 나오시요. 선거 날이요."

그러나 교회 안에서는 찬송가만이 인민군의 외침에 대답할 뿐이었다. 인민군이 아무리 소리를 질러도 교회 안에서 응답이 없자, 얼마 후에는 정치보위부 간부와 선거위원들이 달려왔다.

"선거하러 나오시오. 그렇지 않으면 다 잡아넣겠소."

정치보위부 간부가 위협을 해댔다. 그러나 응답은 한결같았다. 찬송만이 그의 위협에 답할 뿐이다. 선거위원의 안달도 정치보위부 간부의 득달도, 그리고 인민군들의 강압과 위협에도 굴하지 않고 교회의 예배는 팽팽한 긴장 속에서 계속되었다. 교인들의 일부가 집에 다녀오는 이외에는 모두 경건한 마음과 뜨거운 정성으로 찬송과 통성기도에 임했으며, 마침내 주일 밤은 깊어가서 밤 12시에 예배를 마쳤다.

안식일이 지났음을 김윤찬 목사가 선포하자 교인들은 모두 긴 하루를 마친 안도감에 허리를 폈다. 주님이 명령하신 주님의 날을 지키는 일에 모두 함께했다는 뿌듯한 마음이 교인들의 마음에 간직된 채로, 교인들은 교회를 나섰다.

더 큰 고난의 서곡

그날 이후에 선거에 불참했던 교회의 목사들, 즉 5인 신앙동지회의 동지들은 모두 정치보위부로 끌려가서 갖은 악행을 당했고, 또한 기독교연맹의 가입 문제가 덧붙여져서, 정치보위부의 고문은 그 도를 더했기에, 기어코 김윤찬 목사와 최감은 목사를 제외한 3명의 목사들이 모두 주님을 위한 순교의 길에 들어섰던 것이었다. 그 악행과 잔혹했던 고문에도 굴하지 않고 주님을 위해 순교했던 그들은 온전히 주님을 위해 일했던 사역자들이었고, 주님의 명령에 충실히 따르는 종들이었다.

김윤찬 목사도 다른 4인의 동지와 마찬가지로 정치보위부에 끌려다니며 잔인하기 이루 말할 수 없는 악행과 고문을 당했으나 잘 견디어냈다. 고문은 예전에 기독교 목사이고 목사안수까지 받았던 강양욱 목사와 박윤모 장로, 김영찬 집사가 더 악독하게 가했으니, 바로 환난 날에 곁에 있던 자들이 자신을 사탄의 손에 넘겨준 꼴이 되고 말았다.

1946년 11월 총선이 끝나고 북조선인민위원회 3차 확대회의에서 세력을 장악한 김일성은, 사상개조운동과 교육문화 분야의 발전을 꾀했다. 이로써 지식인들이 아직도 이용가치가 있다는 것을 인정하는 꼴이 되어 그로 인해 강력한 고문이 일시적으로 중단되었다. 그러나 이미 많은 사람들이 그들의 손에 의해 순교한 뒤였다. 김일성은 초등의무교육제라는 법령을 발표하고 문맹퇴치에 노력했으니, 이 법령은 지식인들이나 교회의 임원들이 아직도 많은 이용가치가 있다는 것을 시사하고 있었다.

정권을 장악한 김일성이 사회 전반에 걸쳐 개혁과 합동을 추진해가자, 기독교계의 탄압은 묵시적으로 중단된 것처럼 보였다. 그러나 그것은 더 큰 고난의 서곡에 불과한 것이었다.

1947년 11월 유엔은 남북한 인구비례에 의한 남북한 총선거를 실시한다는 미국의 결의안을 채택했으나 소련이 이를 거부했고, 이에 따라 미국은 남한만의 총선거실시안을 제안하여 1948년 2월 26일에 유엔에서 가결을 받았다.

민족주의자 김구 선생과 중도우파인 김규식은 개별적으로 남북협상을 시도했고, 박헌영의 남로당은 적극적인 반대투쟁을 벌여서 2.7구국투쟁(2.7폭동)과 4.3제주도 인민항쟁 등의 극단적 무력투쟁을 일으켰다. 그럼에도 불구하고 이승만은 최선의 방법으로 남한 단독으로 정부를 수립함으로써 오늘의 민주주의 국가를 수립하였다. 그러나 이런 투쟁들은 미군정의 강경한 대응으로 실패했고, 남북협상은 1차로 김구 선생, 김규식과 북쪽의 김일성, 김두봉에 의해 이루어졌으나 만족할 만한 성과가 없었고, 5월 10일 기어이 좌파, 중도파, 민족주의자들이 모두 불참한 가운데, 미국과 이승만 세력이 강행한 남한 단독선거에서 이승만과 한민당계가 제헌국회를 이룩하고 말았다.

남한에 단독정부가 수립되자 북한에서도 9월 9일 김일성을 주석으로 하는 조선민주주의 인민공화국을 수립하여, 그야말로 남북이 두 조각으로 완전히 갈리게 되었다. 남북이 각자 독립정부를 가진 뒤에도 김구 선생은 남북한의 통일을 위해서 분주히 뛰었으나 소수의 힘으로는 역부족이었다.

남북에 각각 다른 정권이 들어서자 남북한의 교류가 이제는 완전히 막혀버렸으며, 38선을 중심으로 남과 북의 잦은 무력충돌과 간첩의 파견 등 정치상이 극히 혼란해졌다. 일단 두 정부가 수립되고, 김일성의 공산당이 북한의 전권을 완전히 장악하자, 기독교의 탄압이 다시 시작되었다. 그리고 이번의 탄압은 아주 극심한 것으로 기독교의 씨를 말리려는 것이다. 따라서 잠정적으로 중단되었던 수난은 김윤찬 목사에게 다시 어두운 그림자로 드리워졌다.

1948년 여름 김윤찬 목사는 김일성의 문화시책에 의해 풀려난 이후, 약 1년 반 동안은 아무런 수난도 받지 않고 지낼 수 있었다. 그러나 여전히 보이지 않게 정치보위부의 감시는 계속되었고, 직접적이지는 않지만 은밀한 압력은 김윤찬 목사의 일상생활에 항상 따라다니고 있었다. 김 목사는 신의주 제7교회에서 부흥회를 가졌고, 그 부흥회는 영광스런 은혜 속에 성공적으로 마쳤으며, 이번에는 용천노회 도사경회를 인도하기 위해 김 목사는 신의주 역에서 기차를 탔다. 기차를 탈 때 신의주 제7교회의 계창주 목사의 아쉬운 작별인사와 많은 교인들의 환송이 아직도 눈에 아른거렸다. 1주일의 불같은 은혜는 이상하게도 가슴 속에 미진한 불안감으로 바뀌었다. 그것은 북한 전체가 기독교를 탄압하고, 또 기독교에 등을 돌리는 지금의 현실에서 비롯된 불안감이었다. 비록 기독교인들은 아직은 교회를 떠나지 않고 그대로 있으나, 점차 위협과 비난, 그리고 생계의 곤란과 생활의 위험 때문에 하나둘씩 떠나려 하고 있었다. 현실에 타협하고 위협에 굴복하여 적그리스도에게 무릎을 꿇고 주님에게 등을 돌리려 하고 있는 것이다.

휴우!

그의 가슴이 답답해져서 자신도 모르게 깊은 한숨이 새어나왔다. 하늘도 그의 마음을 아는지 갑자기 검은 구름이 몰려왔다. 구름은 하늘 한 켠에서 세력을 잡고 뭉실뭉실 피어오르는 듯하더니, 어느새 권세를 받아 세상을 집어 삼키려는 듯이 하늘을 덮었다. 습한 바람이 공기 중에 뚝뚝 묻어났다.

"비가 오려나?"

김 목사는 악마의 세력처럼 커지는, 하늘을 덮은 구름을 보면서 나즈막이 중얼댔다. 김 목사가 잠이라도 취할까 하여 달리는 기차의 차창 밖에서 눈길을 거두어 자세를 바로잡는 순간, 그는 자신의 앞에 우뚝 서 있는 두 명의 건장한 청년과 눈이 마주쳤다. 그들은 벌써 오래전부터 거기에 서서, 김윤찬 목사를 노려보고 있었던 것 같았다. 그들의 눈동자에서 섬뜩한 냉기를 느끼며 김 목사는 그들을 마주 노려보았다. 올 것이 오고야 만 것이다.

또 끌려가다

"김윤찬 목사 되시죠?"

중절모에 감색 양복을 입은 단정한 자가 그에게 이렇게 물었다. 말투는 공손한 것 같았지만, 그 말속에는 위협적인 냄새가 물씬 풍겼다. 북한 전역에 산불처럼 다시 번지는 기독교인들에 대한 탄압, 그것이 드디어 자신의 앞에 당도한 것이다. 여태까지는 소극적이고, 잠정적이고, 또한 부분적인 탄압이었지만, 이제는 걷잡을 수 없이 대대적이고도, 극렬하게 전 북한을 휩쓸 것이다.

거대한 공산당의 세력이 기독교라는 종교를 적으로 삼은 채로 가장 악랄하고도 잔인한 탄압을 시작한 것이다. 김 목사의 대답이 없자, 두 청년은 그의 앞으로 다가서더니 조용히 그러나 날카롭게 말했다.

"같이 가셔야 하겠습니다."

김 목사는 천천히 자리에서 일어나서 여태까지 무릎 위에 놓여 있었던 중절모를 들어서 머리에 썼다. 반항할 필요가 없었다. 여태까지의 고난 생활에서 그가 익힌 바로는 반항은 불필요하다는 것이었다. 반항을 하면 그만큼 힘만 들고, 소용도 없었기에 차라리 그 힘을 아껴두는 게 훨씬 유리했다. 지금 들어가면 며칠, 아니 몇 년에 걸쳐서 고난을 받을지 알 수가 없었다. 견디어 낼 수만 있다면 말이다.

남신의주역에 내려서 끌려간 곳은 바로 보안서다. 보안서에서는 아무런 심문이나 질문이 없이 그냥 앉아 있기만 했다. 그냥 앉아 있었다고 하니 들리기에는 편하게 들릴지 모르지만, 앞으로 있을 고난을 생각하며 피를 말리는 시간은 정말로 참혹한 기다림의 순간이었다. 이제 막 다가올 고통의 전주곡인 양, 시간의 흐름이 혈관에서 날뛰는 못된 짐승의 몸부림처럼 그대로 아픔의 아우성으로 다가왔다.

그는 용천노회 도사경회가 열리는 용봉교회를 기억했다. 지금쯤이면 그들이 모여서 자신이 오는 것만을 기다리고 있을 터였다. 그리고 그들은 김 목사를 만나지 못하고서, 그냥 떠나가는 열차의 뒷모습만을 허망하게 바라보리라.

오후 8시 30분 용봉교회에서 도사경회가 열리는 시간이다. 김윤찬 목사는 두 손을 모으고 그를 위해 기도를 올렸다. 날이 어두워지고 있었다. 사방이 어둠의 권세에 못 이기고 성큼성큼 어두워졌다. 그때 컴컴한 어둠을 뚫고 소련제 지프차가 보안서 안에 멎었고 김윤찬 목사는 청년들에게 이끌려 차에 태워졌다.

그가 끌려간 곳은 신의주시 도경찰국이다. 어둡고 캄캄한 감방에다 내팽개쳐지고 문은 육중하게 닫혀졌다. 악취, 많이 맡아본 악취가 그리 정답지 않게 그의 코끝을 자극했다. 감방 안에는 아무 곳에나 갈겨놓은 배설물과 담 벽에 싼 오줌냄새, 땀에 절어서 썩어가는 시큼하고 퀴퀴한 냄새, 그리고 사람의 고통 냄새로 어디선가 절규하고 비명을 지르는 사람들의 악다구니가 들려오는 것 같았다. 감방 벽에는 그리 낯설지 않은 핏자국이 줄줄 이상한 추상화를 그려놓았다. 이 모든 것이 김 목사에게는 지금까지의 인생에서 익히 보아왔던 그리 생소하지 않은 것들이었다.

'또 왔구나. 주여, 함께 하소서.'

김 목사는 이렇게 속으로 중얼대며 눈을 감았다. 어디선가 새로운 먹이를 찾아 달려오는 빈대나 벼룩의 아우성이 느껴지는 듯하다. 피를 빠는 적그리스도의 교활한 미소와도 같은 그런 아우성이 말이다.

다음날 아침 9시 30분 김 목사는 간수들에게 이끌려 조그만 방으로 끌려갔다. 방 안에는 조악하게 만든 나무탁자가 두 개 양옆에 놓여 있었고, 그 탁자 뒤로 4명의 심문관이 안광을 빛내며 들어오는 김 목사를 잡아먹을 듯이 노려보았다. 회색벽의 암담함도, 심문관의 싸늘한 눈빛도, 백열전등의 침침한 빛도 더 이상 김윤찬 목사를 두렵게 하지는 못했다. 창문 하나 없는 심문실이다. 대낮에도 햇빛 하나 들어오지 않는 그 컴컴하고도 답답한 곳. 그 방의 중앙에 김 목사는 앉혀졌다.

"김윤찬 목사 맞나?"

붉은 제복을 입은 심문관이 위압적으로 묻자 김 목사는 묵묵히 고개만을 끄덕였다. 이것이 시작이다. 권세를 받은 또 다른 짐승에 의해 받게 되는 엄청난 시련의 시작 말이다.

"조만식을 아는가?"

조만식 장로, 평양 산정현교회 장로였고, 해방 직후 북쪽의 민족주의 세력으로 김일성 이전에 인민위원회의 행정과 건국위원회를 맡았던 사람이었다. 그리고 그는 해방 이후에 기독교 세력을 규합한 인물이었다. 김윤찬 목사는 고개를 천천히 가로저었다. 그를 알고는 있으나 개인적으로 친분이 있는 것은 아니었다.

"기독민주당과 같이 하는가?"

두 번째의 질문에도 김 목사는 고개를 가로저었다. 만일 그들이 하나님을 아느냐, 또는 하나님과 같이 하는가라고 물었다면 그는 고개를 힘차게 끄덕였을 것이다.

"조만식도 모르고, 기독민주당에도 가입하지 않았다면서 왜 사방으로 돌아다니면서 우리 공산당을 비방하고 다니는가?"

"나는 공산당을 비방한 적이 없소. 나는 목사요. 오로지 하나님의 말씀만 전하러 다니는 목사일 뿐이요."

"뭐야!"

한 사내가 탁자가 부서질 정도로 주먹을 내리쳤다.

"그럼 왜 목사들이 작당해서 기독민주당을 만들고 공산주의에 대한 악선전을 하고 다녀!"

"그런 적이 없소. 나는 오로지 하나님의 나라를 증거할 뿐이요."

"흥!"

다른 자가 김 목사의 말에 콧방귀를 뀌었다.

"김 목사, 당신이 신의주 제7교회에서 요한계시록을 설교하면서, 붉은 용은 붉은 세력이고, 그것은 불의의 세력이며 반기독교국가이니 곧 망할 것이라고 말하지 않았소. 그리고 붉은 세력은 우리 공산당이라고 은근히 암시하지 않았소?"

김윤찬 목사는 어이가 없었다. 그들은 자신들의 탄압을 정당화하기 위해서 억지주장으로 김 목사를 옭아매려고 하고 있었다.

"붉은 용과 음녀, 적그리스도는 하나님의 나라가 건설되기 전에 북방에 나타나는 큰 세력이라는 것이 성경에 나와 있소. 나는 이들이 공산당이나 북조선이라는 말을 하지 않았소."

"그래? 네 입으로 분명히 지금 북쪽에 있는 세력이라고 말했겠다."

김 목사는 기가 막혔다. 이들에게 무슨 설명이 필요하겠는가? 반항이 무슨 소용이란 말인가? 김 목사가 입을 다물자, 몇 사람이 번갈아가며 김 목사를 다그쳤다. 그러나 김 목사는 그들을 상대하기가 싫어서 입을 다물고 눈을 감았다.

'사탄의 권세야, 네가 아무리 크다고 한들 주님의 옷깃 하나 건드릴 줄 아느냐? 네가 권세를 얻은 시기가 아무리 길다 할지라도 그것이 영원할 줄 아느냐?'

오, 주여. 이 수난이 얼마나 계속되어야 합니까?

김 목사의 머릿속에 이런 생각이 떠올랐다. 그가 이런 생각을 하고 눈을 감고 있는데 갑자기 그의 머리에 불이 일듯이 충격이 오면서 그는 바닥에 꼬꾸라졌다. 퍽! 몽둥이가 날아오고 정신이 아득해졌다. 그는 그대로 바닥에 뒹굴었다. 그의 침묵에 성이 난 심문관이 그의 머리를 몽둥이로 있는 힘껏 내리친 것이다.

그들의 눈에 김윤찬 목사는 이미 인간이 아니었다. 죽여도 좋을 짐승이나, 무슨 물건같이 보였을 것이다. 땅바닥에 축 늘어진 김 목사의 몸 위로 몽둥이가 무수히 날아들었다. 그러나 이미 김 목사는 혼절해 있었기에 그 아픔을 느낄 수도 없었다. 몽둥이가 내리쳐질 때마다, 본능적으로 몸의 근육만이 움찔댈 뿐이었다.

다음날 아침 김 목사는 온몸이 피멍이 들고 머리가 깨져 피가 엉겨붙어 있는 상태에서 개 끌리듯이 끌려서 심문실로 다시 들어왔다. 똑같은 상황, 똑같은 질문이 어제에 이어 오늘도 계속되었다. 김 목사는 아픔을 견디면서 속으로 부르짖었다.

'주여. 이들을 불쌍히 여기소서. 이들은 자신들이 무슨 일을 하는지 모르고 있습니다.'

"죄수 김윤찬. 죄수는 신의주교회에서 부흥회를 인도할 때 돈을 걷은 일이 있는가?"

그들은 김 목사를 일방적으로 죄수라고 부르면서 이렇게 질문했다. 김 목사는 떼어지지 않는 입을 억지로 열었다. 입술이 온통 피 덩어리로 엉켜 있었고, 너무도 부르터서 입을 열기도 힘이 들었다.

"돈을 걷은 것이 아니라 헌금을 받았소."
"이 새끼!"

한 사내가 등 뒤에서 군홧발로 그의 등을 거세게 걷어찼다. 어흑! 김 목사가 간신히 중심을 유지하며 의자에서 넘어지지 않았다. 그렇지만 등은 부서져나간 듯이 아팠다.

"똑바로 말하라우."
"헌금이고 돈을 걷은 것이고 간에 그 돈을 무슨 목적으로 걷었나?"
"헌금은 하나님의 나라를 위해, 헉!"

또 다시 발길질이 날아왔다.

"남조선으로 보내기 위해 그랬다는 것이 분명한 사실인데 솔직히 불라우."

김 목사는 입을 다물 수밖에 없었다. 이런 정도면 이야기해 보았자 소용없는 것이다.

오, 주여. 이 수난이 얼마나 계속되어야 합니까?

15

사람이 내게 어찌하리오

주는 나를 돕는 자시니 내가 무서워 아니 하겠노라.
사람이 내게 어찌하리오(시편 118:9, 히브리서 13:6)

고문, 또 고문

매일같이 잔인한 고문을 당하는 김 목사는 이제 축 늘어져서, 감방 바닥에 누워 있었다. 이상한 것은 그 참을 수 없을 정도의 고통이 이제는 하나의 습관이나 속성처럼 김 목사의 몸에 배어 있다는 사실이었다. 고문이 습관처럼 익숙해졌다는 말은 정말 이상하게 들릴 것이다. 그러나 그것은 사실이었다. 참을 수 없는 고통이 엄습하여, 이빨의 치근(齒根)이 부서질 정도로 이를 악물며, 더 이상의 고통을 참을 수 없다고 생각한 후에도, 더 큰 고통이 닥쳐오면 그것을 참아낼 수가 있었던 것은, 인간 감각의 특수한 부분이었다.

"136번!"

김 목사는 간수가 소리쳐 부르는 소리를 듣고도 움직이지 않았다. 똑같은 시간에 똑같이 불러대는 간수의 목소리는 지긋지긋한 고문시간이라는 것을 알려주었다. 그가 두 명의 간수에게 끌려서 침침한 심문실에 들어섰을 때, 김 목사는 심문실의 중앙에 놓여 있는 이상한 기계를 보고는, 가슴이 덜컹했다. 그리고 그 기계보다도 그 기계를 만지고 있는 사람을 보고는 더욱 놀랐다. 씩 미소 짓는 그자의 눈빛은 도저히 사람의 눈빛이라고 생각되어지지 않는 이상한 동물적인 동공이었고, 그것을 보는 순간 김 목사의 가슴에 공포심이 일었던 것이다.

그자는 김 목사를 보자마자 누런 이를 드러내고 씩 웃더니, 기계의 손잡이를 마구 돌렸는데, 그것을 보는 김 목사는 그것이 무엇이라는 것을 단번에 알아챘다. 발전기. 그 조그만 기계는 바로 전기고문에 사용하는 발전기였다. 그자가 손잡이를 마구 돌리자, 그 생명 없는 사각의 상자에서는 희생물을 잡아먹으려는 듯 전류가 사탄의 눈동자처럼 찌르륵찌르륵 대면서 솟아오르는 듯했다.

김 목사는 의자에 앉혀서 움직이지 못하도록 손발을 꽁꽁 묶였다. 그리고 그자는 김 목사의 몸에다 물을 뿌렸다. 전기가 더 잘 통하게 만들려는 생각이었다. 김 목사는 그자가 뿌리는 물방울이 얼굴에 튈 때마다 마치 그것이 전기이기라도 하듯이 흐드득흐드득 떨었다. 그것을 보는 그자의 입가에 잔인한 미소가 흘렀다.

"주는 나를 돕는 자시니, 내가 무서워하지 않겠노라. 내가 비록 사망의 골짜기를 헤맬지라도 주가 내 곁에 있으니, 내가 두려워하지 않겠노라…"(시편 23편).

김 목사는 물방울을 맞으며 필사적으로 외쳐대며 기도를 올렸다. 그렇지 않으면 공포심에 온몸이 사그러질 것 같았다. 그러나 그 외침에도 불구하고 공포심은 김 목사 마음에 대롱대롱 매달린 채로 떨어져 나가지 않았다. 전극이 다가오고 있었다. 두 개의 전극은 그자의 손에서 마치 날카로운 창끝처럼 시퍼렇게 빛났다. 그자가 두 개의 전극을 마주치게 하자, 두 전극은 극성을 내면서 새파란 불꽃이 좌르륵좌르륵 솟아올랐다. 그리고는 그 새파란 불꽃은 곧 김 목사를 집어삼킬 듯이 그의 눈앞으로 다가왔다.

"내가 사망의 골짜기를 헤맬지라도, 흐헉!"

온몸이 파란 전류의 꽃이 되어서 푸르륵푸르륵 떨어댔다. 온몸의 핏줄 하나하나가 그대로 파열되는 느낌으로 정신이 멍해지면서 자신도 모르게 온몸이 움찔움찔 경련을 일으켰다. 그 와중에 잔인한 목소리가 김윤찬 목사의 귓전을 때렸다. 그 목소리는 마치 무형의 물질이 아닌 유형의 고체인 양, 그의 귓속으로 스르르 흘러들어오는 것 같았다. 그것이 전기가 주는 충격이었다. 모든 것이 일반적 감각이 아닌, 다른 감각의 형식으로 느껴지는 그런 충격….

"남조선 도당과 얼마 동안 교섭했으며, 몇 명의 기독교 목사들이 가담했는가?"

꿈결처럼 들려오는 고형(固形)의 목소리에도 김윤찬 목사는 전혀 현실감을 느끼지 못하고 그 자리에서 축 늘어져 버렸다.

"이런 지독한 놈!"

늘어지는 그의 몸 위로 이런 소리가 쏟아져 내렸다. 전기고문, 물고문, 고춧가루고문, 온갖 잔인한 악행이 가해졌어도 김 목사는 온몸을 덜덜 떨면서 그것들을 이겨내야만 했다. 조그마한 마음의 빈틈이 죄의 원인이 되어, 마침내는 온몸이 죄의 한가운데로 빠지게 되는 것이다.

그것을 잘 알고 있는 김 목사는 비록 거짓말일지라도, 그들에게 주를 부인하여 안락이나 평안을 꾀할 수는 없다고 마음먹었다. 발목에 동아줄이 묶이어, 대들보에 거꾸로 매달린 채, 피가 역류하는 상태에서 무차별적인 구타를 당하고 있을 때에도 그가 외친 말은 하나였다.

'사람이 나를 어찌하겠느냐?'

주님이 내신 생명인데 하찮은 인간이 그 귀한 생명을 어찌할 수 있단 말이냐? 인간이 죽게 되면 사람들은 언제나 제명에 죽었다든지 또는 명대로 살지 못했다든지 하는 말을 한다. 그러나 근본적인 것은 주님이 주신 생명, 주님이 거두어 가시는 것이다. 인간이 다른 사람을 해하여 죽일지라도, 그 죽임당한 사람의 행동이나 행위가 그 죽음에 합당한 일을 했기 때문인 경우가 많았다. 사람들이 그 행위를 인식하든 그렇지 않든 간에 말이다.

갖은 악독한 고문을 받은 김윤찬 목사는 점점 쇠약해져갔다. 몸에는 온통 상처투성이였고, 그것은 대부분 고문자들의 무자비한 구타에서 비롯된 것이었다. 조금만 신경이 거슬리면 구둣발이 날아왔으며, 몽둥이며 채찍이 살 속으로 파고들어 피부를 갈라놓았다. 눈자위가 동그랗게 움푹 파인 것은 극도의 영양실조와 피로에 의해 생긴 것으로, 움푹 꺼진 눈두덩에는 시퍼런 죽음의 빛마저 감돌고 있었다. 피부의 상처뿐 아니라, 날씨와 거친 감방의 시멘트 바닥에 의해 만들어진 거친 피부는, 이제 너무도 흉하게 변해서 인간이라고는 도저히 찾아볼 수 없는 형태로 바뀌었다.

그 고통을 못 이겨서인지, 아니면 그 고난에 신경이 쓰여서인지 모르겠으나, 머리카락은 하루에도 한 움큼씩 빠져 나와서 이제는 기계충이나, 아니면 원형 탈모증을 앓는 사람의 머리처럼 보였고, 손목과 발목은 거친 삼 줄에 묶인 탓에 살갗이 하나도 남아 있지 않고 시뻘건 핏빛으로 번들거렸다. 두 눈에는 진물인지 아니면 눈물인지 모를 액체가 항상 흘러 내렸고, 그것은 자신의 의지와는 상관없는지 닦아도 닦아도 계속 흘러내렸기에, 김 목사는 닦는 것 자체를 포기한 채, 마냥 흘러내리게 내버려 두었다.

팔다리는 대나무 꼬챙이보다도 말라있었고, 그나마도 힘이 없어서 축 늘어진 꼴이, 마치 풀죽은 배추 순 같았다. 이제 모든 것을 포기한 채로 죽을 날만을 기다려야 하는가?

죽음 같은 겨울, 그리고 소망

1948년 12월 북한의 겨울은 살을 에는 정도가 아니었다. 뼛속마저도 얼릴 것 같은 매서운 바람이 온몸의 온기란 온기는 모두 빼앗아 갈 것 같았다. 길가에 서 있는 가로수들은 모두 새하얀 얼음으로 옷을 입었다. 태양이 떠 있었으나, 그 두터운 겨울의 벽을 허물지는 못한 채로 마냥 침침하기만 했다. 태양빛에 빛나는 차가운 얼음장들도 전혀 태양의 빛을 두려워하지 않는 듯이 더더욱 굳게 얼어붙어만 갔다.

사물이 모두 동장되는 이 때, 김윤찬 목사는 병과 추위에 지쳐서 신음하고 있었다. 이제 그가 소생할 가능성은 없었다. 온몸의 세포조직이 더 이상의 분열을 거부하는 것같이, 그의 상처와 온몸은 누렇게 썩어갔다. 피부도, 머리카락도, 감각까지도 몽땅 죽어가고 있었다.

그가 웅크리고 있었으나, 그것은 추워서 그런 것은 아니다. 다만 본능적으로 그러고 있을 뿐이다. 그는 이미 추위를 느낄 감각을 상실한 것이다. 벌써 며칠째 그나마 지급되는 옥수수가루 주먹밥도 먹을 수가 없어서, 감방구석에 쓰레기처럼 처박혀 있는 옥수수 주먹밥은 그대로 하얗게 얼음덩이가 되어 있었다.

그에게는 마지막 소원이 하나 있다. 가족들이 보고 싶은 것, 살아서 나가는 것이다. 하지만 이런 것은 모두가 현 상태에서 이루어질 수 없는 소원이었다. 그럼에도 스러지는 육신을 부여잡고 가슴이 터지도록 원하는 그의 단 한 가지 소원이 있다. 아무것도 지금에는 이루어질 수 없는 헛된 소망이었지만 말이다.

쿨럭쿨럭! 기침소리가 너무도 메말라 있었기에, 그가 기침을 할 때마다 그의 목에서 누런 황토 빛 먼지가 일 것 같았다. 아니 새하얗게 얼어붙은 얼음조각이라도 튀어나올 듯했다. 그가 간신히 손을 들자 간수 한 명이 그에게 측은한 눈길을 보냈다. 무엇이 그 간수에게 측은지심을 일으키게 했던가? 누가 그의 마음을 움직이게 만들었던가?

"여… 보… 시… 오."

김 목사의 말소리가 간신히 끊어질 듯 끊어질 듯 이어졌다. 이 말을 하는데도 무척 힘이 들었다. 간수가 그의 말에 반응을 보이는 것 같았다.
"성경책… 좀… 부탁…."

간수는 그 모습을 보고 인상을 찌푸리다가 어디론가 사라졌다. 김윤찬 목사의 마지막 소망이다. 도저히 이루어질 수 없는 소망, 바로 그다음의 소망은 성경을 품에 안고 잠들고 싶은 단 한 가지 소망이었다. 마지막으로 성경책을 품에 안고 주님의 곁으로 가고 싶은 것이다. 그는 숨을 몰아쉬었다. 시간이 되어 가는가? 생명의 온기가 꺼져가고 있는가? 주님의 손길이 김 목사를 부르고 계신가? 천사의 강림이 나타나려는가?
얼마 후에 다시 돌아온 간수는 김윤찬 목사가 평소에 갖고 있던 성경을 찾아서 가지고 와서는 이미 정신이 나간 그의 품에다 놓았다. 이때가 12월 20일이다. 김 목사의 싸늘하게 식어가는 몸에는 성경책이 하나 놓여졌다.
암흑. 이것은 깨어져야만 할 존재였다. 하지만 이것은 분명 빛보다 먼저 존재한 것이기도 했다. 그러나 빛에 의해 암흑이 깨어짐으로써 인간의 구원과 탄생이 있는 것이다. 태초의 흑암에서 '빛이 있으라' 하신 하나님은 빛으로서 인간의 탄생을 전주하신 것이다. 그리고 그 후에 빛은 인간의 구원이나 정의로서 표현되어졌다. 당시의 그 암흑은 태초의 그것과 똑같아 보였다. 태초에 있었던 흑암처럼 세상은 어둠에 잠겨서 숨죽이고 있었다. 그러나 그 암흑은 그 안에 이미 깨어질 빛을 품고 있었고, 드디어 암흑이 잔혹한 소리를 내면서 깨어졌다. 태초에 나타났던 빛과도 같이, 하나님의 명령에 의해 어두움과 나누어진 빛처럼, 환한 빛이 암흑 속에서 나타났다. 조그만 감방 안은 그 빛에 의해 찬란히 빛났고, 김윤찬 목사는 자신이 끌어안고 있었던 성경이 이상하게 저만치 떨어져 있는 것을 이상한 눈길로 바라보았다.

'이상하다. 분명히 내 품속에 있었는데…?'

그가 이렇게 생각하고 있는데, 성경 앞에 한 청년이 나타났다. 나이는 약 30세 정도로 보였고 순결해 보이는 그 청년의 입가에 다정한 미소가 흐르더니 청량한 목소리가 감방 안을 울렸다.

"목사님, 제게 성경을 좀 가르쳐 주세요."

김 목사는 감방 안에 청년이 어떻게 들어왔을까 하는 의문이 전혀 들지 않은 채, 청년에게 이렇게 말했다.

"성경? 아무렴. 성경을 가르쳐주고 말고. 무엇을 가르쳐줄까?"
"히브리서 13장 5-6절을 가르쳐 주세요."

"그래. 히브리서는…."

청년이 성경책을 김 목사에게 건네는데, 청년의 뒤편에 눈부신 빛이 나타났고, 그 빛 안에서 주님의 인자하신 목소리가 들려왔다.

"윤찬아, 네 믿음의 굳건함을 내가 아노니, 네 믿음이 너를 살렸도다. 일어나라. 네 병은 치료함을 받았느니라."

김 목사가 놀라서 황급히 무릎을 꿇었다.
"주여!"

빛 속에 나타난 주님의 모습을 보자 온몸의 피가 뜨거워지며, 등줄기에 불기둥이 치솟아 올랐다. 온몸이 그대로 불덩어리가 되는 것 같았다. 그 순간 주님의 모습도 청년의 모습도 순식간에 사라져 버렸다. 모든 것이 마치 거짓말처럼 사라져 버린 것이다. 그러나 김윤찬 목사는 자신의 몸이 달라졌다는 것을 느꼈다. 아픈 상처가 일시에 치유된 것이다.

쑤시는 데도 없고, 두 눈에 흐르던 눈물도 더 이상 흐르지가 않았다. 살결은 뽀얗게 탄력이 있었고, 머리카락의 윤기도 살아났다. 김 목사는 너무도 기뻐서 자신의 눈을 의심했다. 엄청난 기적이 일어난 것이다. 금방 죽어가는 생명이 파릇파릇하게 다시 살아난 것이다.

'믿는 자에게는 능치 못할 일이 없느니라'(빌립보서 4:13) 하신 성경의 말씀처럼 그의 믿음이 그를 다시 살린 것이다. 그는 너무나 놀랍고 기뻐 그 자리에서 벌떡 일어나 저만치에 떨어져 있던 성경책을 집으러 달려갔다. 아무런 아픔이 없었다. 너덜너덜하게 망가졌던 상처도 모두 아물어버렸고, 감각은 온통 되살아나서 즐거움에 환호성을 지르고 있었다.

"오, 주님! 감사합니다. 감사합니다."

그는 그 자리에 무릎을 꿇고 기도를 수없이 기도를 드리다가, 넘쳐나는 환희를 참지 못하고 그 자리에서 펄쩍펄쩍 뛰었다. 다 죽어가던 그가 펄펄 뛰어다니고 얼어빠진 주먹밥도 아작아작 씹어 먹자, 간수들의 눈이 휘둥그래졌다. 그러나 그들이 무엇을 알겠는가? 불신자들이며 적그리스도들인 그들이 주님의 이런 기적을 어떻게 믿을 수 있으랴? 김 목사는 혼자만 기뻐서 미친 것같이 감방 안을 동동 구르며 뛰어다녔다.

기소, 그리고 재판장으로

김윤찬 목사가 병의 치유함을 받았지만 아직도 사탄의 권세는 없어지지 않았다. 그는 계속해서 갖은 고문과 악행을 당했지만 굴하지 않고 꿋꿋이 견디어냈다. 이러는 중에 세월은 흘러서 1949년 7월이 되었다. 김 목사가 부흥회를 떠나 체포된 지도 어언 1년이 지났다. 그날도 역시 김 목사는 매일의 일과인 고문을 받을 마음의 준비를 갖추고 있었는데, 간수들의 발자국 소리가 여느 때와 마찬가지로 들려왔다.

"136번!"

그를 부르는 소리가 났지만 김 목사는 자리에서 일어서지 않았다. 자발적으로 그들의 악행에 동조하지 않겠다는 생각이었다. 그리고 잠시 후면 그의 고집에 성이 난 간수들이 그를 끌어가려고 험악하게 달려들거라 짐작하고 있었다.

그런데 험악하게 달려들 줄 알았던 간수들이 감방 문 앞에 그대로 서 있고, 그 사이로 검은 양복을 깨끗이 차려입은 신사가 책 한 권을 옆에 낀 채로 김 목사에게 다가왔다.

"당신이 136번 김윤찬이오?"

김윤찬 목사는 의외로 점잖은 목소리에 고개를 들었다.

"흠. 직업은 목사, 소재지는 평양시 연화동교회라…."

신사는 이렇게 중얼대면서 김 목사에게 은근한 어투로 물었다.

"김윤찬 목사, 당신은 기소되었소."

기소. 1년이 넘게 기소조차 안한 채로 김 목사는 갖은 악행을 받았으니, 과연 그의 죄가 무엇이었는가?

"내 당신에게 선택할 자유를 주겠소. 이곳 신의주에서 재판을 받고 싶소, 아니면 평양에서 받고 싶소?"

간수들이 불만스런 표정을 떠올렸다가 신사가 쳐다보자 황급히 얼굴색을 고쳤다. 아마도 신사는 고위직 간부인 것 같았다. 상당히 높은 지위의 검사인 모양이었다. 그리고 그의 어감에는 다분히 김 목사에게 호의적인 의미가 내포되어 있었다.

"나는 평양 사람이요. 하니 평양으로 보내 주시면 고맙겠소."

신사가 고개를 끄덕이더니 다정한 눈빛을 보냈다. 여태까지 김 목사가 보아왔던 공산당과는 질이 전혀 다른 지성인인 듯했다. 그 날로 김윤찬 목사에 대한 고문이 중단되었고, 약 3일이 지난 후에 김윤찬 목사는 다른 감방으로 이감(移監)되었다. 독방에서 여러 사람이 함께 쓰는 방으로 옮겨간 것이다.

김 목사는 근 1년여 만에 만나는 사람다운 사람을 보고서는 감동의 눈물을 흘렸다. 그리고 그는 그들에게 하나님의 말씀을 전했고, 감방 생활의 고독으로 희망이 없던 사람들은 김 목사 곁에 모여서 기도와 찬송을 했다. 8일 후 그는 평양 감옥으로 이송되었다.

신의주역. 검은 머리통이 위압적으로 생겨먹은 화통기관차가 왝왝거리며 시꺼먼 연기를 토해냈다. 그 머리통의 아래쪽으로는 작은 난간과 연기에 그을은 철로 만든 계단 몇 개가 있었고, 그 아래에는 수십 개나 되어 보이는 바퀴들이 곧 있을 질주를 준비하느라고 쇳소리를 내댔다. 다른 곳은 모두 연기에 검게 그을어 있었지만,

쇠와 쇠가 맞닿는 부분, 즉 바퀴와 선로만이 찬란한 은빛으로 빛났다. 그것은 마치 권세를 받은 사탄의 세상에서 살아남은 참 그리스도인의 순결한 결정체 같은 느낌이었다.

꼬질꼬질하게 빛바랜 흰옷을 입은 촌사람 몇 명이 부지런히 기차에 올랐고, 눈자위를 찍어내는 처녀들에게 안쓰러운 눈길을 보내며 손을 흔드는 청년들도 있었다. 남편이 떠나가는데 아이들을 올망졸망 데리고 손을 흔드는 아내가 있는가 하면, 아들을 객지에 보내는지 무너지는 가슴을 부여잡고 눈물을 뿌려대는 늙은 어머니도 있었다. 그런 이별의 장인 신의주역에 수갑을 찬 꺼칠한 사람이 두 청년에 의해 끌려나왔고, 그 앞에 검은 양복의 신사가 청년들에게 가혹행위를 하지 못하게 단단히 명령을 했다.

"잘 가시오, 김윤찬 목사."

신사는 짧게 인사말을 했고, 김 목사는 그에게 고개를 조금 숙여서 답례했다. 가슴이 답답해왔다. 왜 이 세상이 이렇게 변했는가? 사랑으로 서로 손을 꼭 잡고 싶어도 그럴 수가 없는 세상이 되고 말았다. 마음대로 말을 할 수도 없었고, 감정 표현을 할 수도 없었다. 청년들이 그를 이끌자, 김윤찬 목사는 기관차 바로 다음 칸에 마련되어 있는 특별 칸에 올랐다. 석탄 타는 매캐한 냄새가 코를 찔렀다. 어디선가 발차하라는 외침소리가 들려왔고, 열차는 목이 터져라고 꽥꽥 소리를 질러대면서, 앞으로 그 육중한 몸을 달려나갔다.

16

탈출

어수선한 시대

남한 단독정부 수립을 반대했던 2.7구국투쟁(2.7폭동)과 4.3제주도 인민항쟁, 5.10선거반대투쟁으로 좌익의 무장투쟁은 그 도를 더해갔고, 남한에서 좌우익의 혼란상은 이미 민족적인 차원을 넘고 있었다. 이제는 민족보다는 사상이나 이념이 우선했고, 권력의 독점이 최대 관건이 되고 있었다. 민족을 위해, 겨레를 위해 피를 흘리며 죽어갔던 선열과 이름 모를 애국자들의 피땀으로 이룩한 해방이, 이제는 개인의 권력욕으로 인해 민족끼리 죽이고 헐뜯는 상황이 되어버린 것이다.

4.3폭동이 일어났고 곧이어 여순반란 사건이 일어나면서 좌익의 공세는 더욱 거칠어졌고, 1948년 12월 30일 대구 주둔 제6연대

의 반란과, 그 후 홍천, 춘천 주둔 제6사단 8연대 소속의 2개 대대가 집단탈영하여 월북한 사건이 일어나자, 이승만 정권은 군부 내 좌익분자 숙청작업을 거행했고, 이에 대한 압박으로 남로당의 지도자 박헌영이 월북하여 전쟁을 일으킬 것을 북한노동당에게 강력히 주장했다.

이와 비슷하게 남한의 이승만 정권도 5.30선거에서 패배와 사회불안의 고조로 인해서, 이에 대한 돌파구로 북진통일론이 대두되었고, 또한 미국 원조에 의해 군사력이 크게 증강되었으니, 남한도 북진론을 생각하고 있었다. 그러나 이 북진론은 이승만이 이끄는 정당에 의한 일종의 정치선전에 사용되었을 뿐이다. 따라서 그다지 큰 세력을 규합하지는 못한 채로 남북한은 제각기 평화통일이 아닌 전쟁무력통일론을 생각하고 있었다.

기차가 온다

1949년 8월 평양역, 한 무리의 사람들이 초조히 기차를 기다리고 있다.

"이거 왜 이리 늦지?"

성격이 급한 사람들은 안달이 나서 어쩔 줄 몰라 했고, 성질이 차분한 사람들도 입술을 깨물며 기다림의 지루함을 달래고 있다. 사람들이 이렇게 안달을 하다가도, 무리의 중앙에서 아이를 안고 초조히 서 있는 여인의 얼굴을 바라볼 때면, 모두 고개를 숙이고 한숨을 내쉬었다. 3살 된 재연이는 사모님의 품에 안겨서 아무것도 모르고 칭얼대고 있었고, 사모님은 기다림에 지쳐서 가슴이 까맣게 타들어가는 듯했다.

1년 동안 생사도 모르고 사라져 버린 남편을 찾아 헤매던 여인이다. 험한 일들을 너무나 많이 당했기에, 조금 큰 소리만 들어도 혹시 남편에게 무슨 나쁜 소식이 오는 것은 아닐까 하는, 불안감에 가슴이 덜컹덜컹 내려앉던 김윤찬 목사의 부인이었다. 교회의 교인들과 목사 부인은 김윤찬 목사가 평양역에 온다는 소식을 듣고는 부랴부랴 달려왔던 것이다.

"야, 기차가 온다. 기차다."

흔히 보는 기차를 손짓해 환영하는 재형이의 들뜬 몸짓은, 아무것도 모르는 다른 사람들에게는 이상하게 보였으나, 전교인들은 그 소리를 듣고 모두 다가오는 기차를 보고는 발을 동동 구르며 환호했다. 기차는 멀리서 꺼먼 연기를 뒤로 날리며 힘차게 달려오고 있었다. 마치 오랜 세월의 벽을 넘듯 아련하게 달려오고 있었다. 이따금 목이 쉴 정도로 왝왝대가면서 말이다.

평양역에 기차가 멎자 사람들이 기차 안에서 쏟아져 나왔다. 그 많은 사람 사이로 교인들은 이리 두리번 저리 두리번거리며 김 목사를 찾았다. 그 와중에 사모님은 너무나 긴장해서인지 하얗게 변해가고 있었다. 아무것도 모르는 재연이는 엄마 품에서 내려달라고 발버둥을 친다. 승객들이 거의 다 빠져나가고, 역내가 한산해질 정도가 되어도 아무도 김윤찬 목사를 보지 못했다. 김 목사가 아직까지 보이지 않자 불안해진 교인들 몇 명이 기차 안으로 뛰어들었다. 직접 객차 안을 찾아보려는 것이다. 혹시나 이 기차를 타지 못한 것은 아닌가? 무슨 불길한 일이 있지는 않을까? 교인들의 가슴에 불안감이 밀려들어왔다.

승객들이 모두 떠나고 역내는 바람소리만이 아우성을 칠 때, 기관차 바로 뒤칸 특별실에서 간수들에 의해 김 목사가 수갑을 찬 채로 비틀비틀 끌려나왔다. 아마도 혼잡을 피하기 위해 간수들이 승객이 다 나갈 때까지 기다렸던 모양이었다.

"목사님이시다."

"아버지!"

재옥이가 숨이 막힐 정도로 소리쳤고, 재성이는 벌써 그쪽으로 달려가고 있었다. 사모님은 온몸이 그대로 사라지는 연기처럼 사그라질 것 같은 느낌에 그 자리에 못 박혀서 움직이지도 못한 채, 다리와 온몸을 후들후들 떨고만 있었다.

김윤찬 목사는 교인들의 환영과 인사에 수척한 몸을 가누고 답했으며, 멀리서 움직이지도 못하는 부인을 쳐다보며 미소를 보였는데, 그모습이 우는 것보다도 슬퍼 보였다.

"여러분들, 안심하십시오. 나는 괜찮습니다."

재성이와 재형이를 부둥켜안고 김 목사는 이렇게 교인들을 안심시켰다.

"아버지, 왜 수갑을 차셨어요?"

재형이의 철없는 질문에 김 목사는 아무런 대답을 할 수가 없었다. 무어라고 말할 것인가? 일시적 권세를 받은 사탄 때문이라고 할 것인가, 아니면 믿음을 굳건히 하기 위한 시련이라고 할 것인가? 김 목사는 한참 후에야 그대로 굳어져 있는 부인에게로 다가갔다. 간수들이 제지했지만, 교인들이 많았고, 또한 신의주역에서 검사의 지시를 받았기에 가혹행위는 하지 않았다. 김 목사는 재연이를 부인에게서 수갑 찬 손으로 넘겨받아 꼬옥 껴안았다.

"고생 많았지?"

그 짧은 말도 의미가 되지 않고 중얼거림이 되어버렸을 때, 사모님은 기어코 울음을 터뜨리고야 말았다.

어흐흐흑!

김윤찬 목사의 평양감옥 생활은 교인들과 가족들이 찾아와서 그런대로 잘 지낼 수가 있었다. 고문과 잔혹행위는 계속되었지만, 자신을 따르는 교인과 가족 근처에 있다는 것이 그에게는 큰 위안이 되었다.

가석방 그리고 전쟁

1949년 6월, 민족의 지도자 김구 선생이 안두희의 흉탄에 맞아 암살되었고, 이로써 민족주의자들의 세력이 완전히 무너져 버렸다. 이제는 평화통일이나 민족연합통일이라는 말이 없어져 버린 셈이다. 다만 무력통일만이 남아 있을 따름이었다. 전운은 시시각각 코앞으로 다가오고 있었고, 남한에서는 사회불안과 국민의 불만이 고조된 채, 이승만 정권은 권력만을 유지하기에 급급했기에, 북한의 전쟁 준비를 전혀 눈치를 채지 못하고 있었다.

1950년 3월, 오랜 감옥생활과 모진 고문, 갖은 악행에 의해 극도로 쇠약해진 김윤찬 목사는 병 때문에 가석방이 되었다. 아무리 공산당이지만, 모든 가족이며 교인들이 곁에서 그의 안위를 걱정하고 있었기에, 함부로 감옥에서 그를 옥사하게 만들 수는 없다는 판단하에 가석방된 것이다. 김 목사는 정신은 더욱 초롱초롱했지만, 몸은 거의 망가져서 집으로 돌아왔다.

1950년 6월 22일 목요일, 평양신현교회에서 김윤찬 목사에게 주일 낮 예배에 설교를 부탁했다. 김 목사는 한번 사양했으나 교회 목사의 간곡한 부탁에 병과 재체포의 위험을 안고 설교를 수락했다.

1950년 6월 25일 주일 새벽, 38선에 집결되어 있던 인민군이 총공세로 38선을 넘어서 남한의 기습을 단행했다. 우세한 화력과 첨예한 군사력을 갖추고 있었던 북조선인민군들은, 마침 일요일이라서 느슨해진 남한의 국방군을 파죽지세로 깨뜨리며 남하했다.

새벽 6시 평양방송 뉴스.

"인민 여러분께 알려드립니다. 오늘 새벽을 기해 이승만 괴뢰정권이 38선을 넘어서 우리 북조선을 침략했습니다. 우리의 용감한 인민군대는 남조선괴뢰 군대를 맞아서 잘 싸우고 있습니다…."

김윤찬 목사는 이날 있을 설교를 준비하고 있다가 자리에서 벌떡 일어섰다. 전쟁은 바로 통일이 될 수 있다는 말이었고, 공산당의 세력을 무찌를 수 있는 유일한 기회였다. 김 목사는 뉴스를 듣자마자 지체하지 않고 바로 신현교회 목사 사택으로 바삐 발걸음을 옮겼다. 신현교회 목사와 김윤찬 목사는 만나자마자 서로 부둥켜안고 이제야말로 적그리스도를 무찌를 시기가 왔다고 기뻐했다. 두 목사는 방송대로 남한이 통일을 위해, 그리고 공산당을 무찌르기 위해 북침했다고 믿었다.

대대적인 기독교 탄압

전쟁이 일어나자 북한당국은 우선 북한 전역에 일어날 수 있는 소요와 폭동에 대비하여 그를 경계하는 데 총력을 기울였다. 후방에서 일어나는 소요는 전쟁에 지대한 영향을 미칠 수 있기 때문이었다. 주일예배를 마칠 때까지만 해도 아직 위험을 느끼지 못했다. 그런데 각지에서 교회 관련자들이 잡혀 들어갔다. 근처에 산정현교회 정일선 목사와 백인숙 전도사가 잡혀가고, 신현교회 이유택, 허천기 목사도 체포되었다.

김윤찬 목사는 재빨리 이들을 피해 평양에서 약 40여 리 떨어진 고향 청룡면으로 내려갔다가, 그곳에서 정치보위부에게 잡혀서 평양경찰서로 이송되었다. 그곳에서 갖은 구타와 고문을 다시 당했다. 북한에서 거의 모든 기독교 목사는 이 시간에 검거되어 구속되었던 것이다. 김윤찬 목사는 감방 안에서 간절한 기도를 올렸건만 전세는 남한이 절대적으로 불리했다. 감방 안에 부착된 스피커에서 나오는 뉴스는 거의 절망적이었다.

북조선 인민군은 개전 3일 만인 6월 27일에 벌써 서울을 점령하고 있었고, 3개월 후에는 대구, 부산지역을 제외한 거의 모든 지역을 장악했다.

8월, 김윤찬 목사는 이미 2개월간 감옥에 갇혀서 온갖 고문으로 그나마 추스린 몸이 다시 쇠약해져갔다. 인민군들은 한국의 거의 전 지역을 먹어치웠고, 이제 남한 국방군들은 최후의 고전을 하면서 버티고 있었으나, 그 방어도 얼마 남지 않은 것 같았다. 무슨 희망이 있겠는가? 모든 세상이 적그리스도의 붉은 세력 아래 들어가는데 무슨 희망이 있겠는가? 날씨마저도 지옥의 한가운데인 양 푹푹 찌는 폭염이 계속됐다.

"김윤찬 나와."

심문시간이다. 김 목사는 땀을 뻘뻘 흘리면서 감방 밖으로 나왔다. 시멘트 건물은 온통 열을 받고 뜨겁게 달아올라, 감방 안을 한증탕보다도 뜨겁게 만들었으며, 창문 하나 없는 감방은 그야말로 지옥의 열탕이었다. 감방 밖으로 나오니 조금 숨통이 트이는 것 같다. 김 목사는 간수에게 끌려서 취조실로 들어갔다. 보안서원 두 명이 눈을 희번득이며 질문 준비를 했다. 그때 갑자기 밖이 소란스러워졌다. 밖에 수십 명, 아니 수백 명이 될지도 모르는 사람들이 웅성대며 몰려왔다. 그들은 이른바 의용군이다.

북한 전역에서 추려온 15세 이상의 남자들이었다. 총을 들 수 있는 남자면 모두 징집되어 전선으로 보내지는 것이다. 그러나 말이 15세 이상 건장한 남자라고 했지만, 실제로는 10살 정도밖에 안 되는 아이도 있었고, 50세가 넘어 보이는 사람도 있었다.

별의별 계층의 사람이 모이자 자연 소란이 일었고, 다툼이나 혼란이 일었다. 김윤찬 목사를 취조하려던 보안서원 두 명도 이런 소란을 보고서 놀라고 있었다. 밖에서는 의용군을 몰아왔던 군인들이 인원이 모자라서 쩔쩔매며 그들을 감독하기 위해 전력을 다했다. 그러나 감독자는 의용군에 비해 너무도 작았다. 생각다 못한 감독자가 경찰서의 모든 인원에게 감독을 요청했고, 모든 경찰력은 그쪽으로 집중되었다. 김윤찬 목사를 심문하려 했던 보안서원 두 명도 급한 지시를 받고는 김윤찬 목사를 남겨놓은 채, 밖으로 부리나케 달려나갔다. 그런데도 소란은 여간해서 가라앉지 않았고, 오히려 혼란은 심해지는 것 같았다.

극적인 탈출

김윤찬 목사는 혼자 취조실에 남아 있다가, 갑자기 피가 곤두서는 느낌을 받았다. 너무도 더웠기에 창문은 모두 열려 있었고, 모든 경찰이나 보안요원들은 의용군에게만 신경을 쓰고 있었다. 쇠약했던 김 목사의 몸에 의욕이 솟아올랐다. 기회다! 그렇다. 바로 탈출의 기회가 생긴 것이다. 자신에게 주의를 기울이는 사람은 아무도 없었다. 창문은 열려 있고, 창문에서 뒷담까지가 약 20여 미터밖에 안 되었다. 그리고 그리 높지 않은 담장은 그를 불러대는 것 같았다.

그러나 도망치는 것이 발각되면 그 자리에서 총살이었다. 가뜩이나 전시였고 그들의 신경이 곤두서 있으니, 도망치는 그를 보면 무자비하게 사살할 것이다. 가슴이 막혀왔다. 온몸이 흥분으로 부들부들 떨렸다. 주여! 믿습니다. 모든 것은 주님의 뜻대로 하소서. 그는 벌떡 자리에서 일어섰다. 금방이라도 보안서원이 뛰어 들어올 것만 같았다.

그는 용기를 내서 창문으로 다가가서 동정을 살핀 후에, 이윽고 창문을 번개같이 뛰어넘었다. 그리고는 담장을 향해 죽어라고 달렸다. 그의 귓가에 스치는 바람소리가 마치 총소리인 양 그의 가슴을 박동치게 만들었다. 쇠약했던 몸에서, 온통 상처뿐인 몸에서 어찌 이런 힘이 났을까? 그는 담장을 잡자마자 훌쩍 뛰어서 밖으로 뛰어내렸다. 담장을 넘자 그는 경찰서와 반대방향으로 죽어라고 뛰었다.

주여, 도와주소서.

그의 입에서는 쉴새없이 기도가 새어나왔고, 그의 발은 자신도 모르게 비호처럼 움직여져서 쏜살같이 경찰서에서 도망쳤다. 그의 등 뒤에서 갑자기 호루라기 소리가 들려왔다. 아차, 발각되었구나. 그는 숨이 막히도록 달렸다. 멀리서 공포탄 소리가 들렸다. 그는 눈앞이 캄캄해지며 죽어라고 뛰다가, 옆에 보이는 논으로 빨려 들어가듯이 뛰어들었다. 그리고는 논두렁과 밭 둔덕 사이의 도랑으로 몸을 숨겼다. 논두렁은 진흙더미였기에 김 목사는 필사적으로 진흙 속에 몸을 처박았다. 잡히면 끝이다. 모든 것이 끝난다. 그는 진흙 속에 온몸을 처박은 채로 간신히 숨만 쉴 정도로 머리만을 진흙 위에 내밀고 누워 있었다. 숨이 가빠왔지만 참을 수밖에 없었다.

얼마 후에 사람들의 발자국이 어지러이 들려왔고, 아우성거리며 자신을 찾는 소리가 들렸다. 김 목사가 숨어 있는 곳으로 사람들이 다가왔다.

"이 새끼, 잡히면 죽인다."

온갖 험악한 욕을 해대며 그들은 점점 가까이 다가왔다. 이젠 다 틀렸다. 성이 머리 꼭대기까지 솟은 그들이 자신을 가만히 놔두지는 않을 것이다.

'주여, 내가 믿노니, 항상 저와 함께 하소서.'

그는 마음속으로 간절히 기도했다. 소리와 기척은 김 목사의 주위에 와서 뚝 멈추더니 이리저리 찾는 기척이 들렸다. 그들의 바로 한발자국 논두렁 아래에서 김 목사는 숨을 죽였다. 그들의 수색은 좀체로 멈추지 않고 김 목사의 주위를 맴돌았다. 얼마나 지났을까? 해가 서산으로 기울어지고, 밤이 오고 있었다. 그리고서도 더 시간이 지났고 결국 캄캄한 밤이 되어서야 수색이 멈추었다.

김 목사 찾는 것을 포기했는지 사람들의 기척이 사라진 것이다. 기척이 사라지고도 한참 동안 김윤찬 목사는 그 자리에서 움직이지 않았고, 사람들이 완전히 없어졌다고 확신하고서야, 그는 진흙

탕에서 몸을 일으켰다.

주여, 감사합니다.

그는 이렇게 중얼대며 다시 앞으로 내달리기 시작했다.

평양에서 약 40여 리 떨어진 곳에 위치한 구동창교회 시무목사인 최감은 목사의 사택에 도착했다. 그 사택의 문을 은밀히 두드리는 검은 그림자가 있었으니, 밤이 깊었기 때문에 조그맣게 울려 퍼지는 문 두드리는 소리는 의외로 크게 들렸다. 세상은 적막 속에 잠들어 있었고, 오로지 밤벌레 소리만이 시끄러이 사방에서 들려왔다. 한참을 두드리고야 집안에서 인기척이 있었다.

"누구신지…?"

경계하는 여자의 목소리는 최감은 목사의 부인이 분명했다.

"사모님, 접니다. 김윤찬 목사입니다."

김윤찬 목사는 목소리를 최대로 낮추어서 응답했다. 누가 들을까봐 주위를 살피면서….

"뭐라고요? 김 목사님이요?"

최 사모님이 와락 문을 열었다. 그리고 진흙투성이의 김윤찬 목사의 모습을 보며 깜짝 놀랐다.

"최 목사님 계십니까, 사모님?"

김 목사는 숨이 가쁜지 핵핵대며 물었다.

"어쩐 일이예요, 목사님? 평양경찰서에 잡혀 있다더니…."
"탈출했습니다, 사모님."
"어서 들어오세요."

최감은 목사는 그 시간에 이상한 기척을 느끼고는 장독대에 숨어 있었다. 여차하면 뛸 생각이었다.
"김윤찬 목사님."
"최 목사님."

김 목사는 사지에서 도망쳐서 신앙의 동지를 만나자 감정을 억누르지 못하고 최 목사를 덥석 껴안았다. 얼마나 많은 고통과 고난을 겪어왔는가? 김 목사도 최 목사도 그 험한 고난의 길을 넘어서 여태까지 온 것이다.

"잘 오셨습니다, 김 목사님. 놈들의 추적이 있을지 모르니 빨리 장소를 옮기도록 합시다."

김윤찬 목사는 최 사모님이 바삐 내온 식은 밥덩어리를 덥석 움켜쥐고 허겁지겁 먹었다. 언제 다시 배를 채울지 알 수가 없었다. 언제나 고난을 당하면 맨 처음 다가오는 것이 굶주림이었기에, 그것을 이겨나가려면 기회가 있을 때마다 먹어야 한다. 조금이라도 더 생존하기 위해서 말이다. 그래야지만 고난을 헤쳐나갈 수 있고, 그래서 주님의 말씀을 증거할 수가 있는 것이다. 그가 식은 밥을 후다닥 해치우자 최감은 목사가 재촉했다.

"갑시다, 김 목사님."

최 목사가 김윤찬 목사를 이끈 은신처는 산 쪽에 있는 외딴집이었는데, 최 목사가 낮은 음성을 내자 문이 스르르 열렸다.

"최 목사님, 늦으셨군요."

한 사람이 반갑게 그를 맞는 것을 보며, 김윤찬 목사는 최 목사가 이 집에서 숨어 있다가, 가끔 집에 들른다는 사실을 알게 되었다. 하긴 5명의 신앙동지 중 하나이고, 공산당의 고문에서 살아나왔으며, 가장 공산당에게 반대하는 사람 중에 하나인 그가 집에 그냥 머문다는 것은, 공산당에게 날 잡아가슈 하고 선전하는 것과 다를 바가 없었다. 대충 집안사람과 인사를 나눈 김윤찬 목사는 이곳이 최감은 목사와 그가 시무하는 교회의 장로, 집사들이 은거하는 곳이라는 말을 들었다.

조그만 부엌에 사다리가 놓여지자, 천장에 은밀한 문이 열렸고, 김윤찬 목사는 그 안으로 들어간 후 정신없이 잠들어 있는 피신자들의 모습을 보고, 닥쳐온 기독교도들의 환난을 가슴 아파했다. 최 목사의 권유에 김윤찬 목사는 한쪽에 자리를 잡고 누웠으나, 불안감이 가시지 않았다. 이렇게 함께 있다가 발각되는 날에는 모두 다 떼죽음을 당한다. 그러기 전에 피해야만 한다는 생각이 그의 머릿속을 떠나지 않았다.

"최 목사님, 주무십니까?"

"아니요, 김 목사님."

"저는 떠나야겠습니다."

"왜요? 하루쯤 푹 쉬고 가시지요."

"아닙니다. 어째 여기에 있는 것이 불안한 생각이 드는군요. 이렇게 함께 모여 있다가 들키는 날에는 꼼짝없이 떼죽음을 당할 것 같아서요."

"그것도 그렇군요."

최감은 목사도 그 생각을 하고 있었다. 지금까지는 다행히 무사했지만, 공산당들의 경계가 더욱 삼엄해졌고, 또한 의용군을 모집하기 위한 공공연한 가택수색이 빈번히 이루어지고 있는 상황이었다. 어느 곳을 가도 공산당의 세상이지만, 그래도 이곳에 있으면 안 되겠다는 생각이 든 것이다. 김윤찬 목사는 떠나기 전에 하나님께 간절한 기도를 올렸다.

17

주여, 저들의 눈을 멀게 하사

사방에 적이다

김윤찬 목사는 천장에서 내려오다가 깜짝 놀라 숨을 멈추었다. 사립문 밖에 다발총을 든 인민군이 보였기 때문이었다. 그는 당황해서 어쩔 줄 몰랐다. 어떻게 해야 하나? 지금 잡혀간다면 분명히 자신은 총살당할 것이다. 김 목사는 우선 천장 위에다 기척을 내어보냈다. 최 목사가 천장에서 고개를 내밀자, 김 목사는 손짓으로 집밖을 가리켰다. 최 목사의 얼굴색이 파랗게 질리는 것을 보고 김 목사는 바삐 사다리를 뛰어내려 뒤꼍으로 돌았다.

이제 제각기 갈 길로 가야만 했다. 천장에 숨어 있는 약 13명의 교인들은 제 살길을 찾아 가야 한다. 더 이상 생각할 기회도 없었다. 그는 뒤꼍에 허술한 담벽에 발을 넣고 넓혀서 사립담장을 뚫었다. 잽싸게 그 구멍으로 밖으로 나선 그는 동네 밖으로 뛰었다. 그런데 웬걸, 길이 모조리 막혀 있었다. 인민군들이 사방에서 다발총을 들고 길을 막고 있었고, 집집마다 그들은 무엇인가를 수색하고 있었다. 설마 저들이 나를 잡기 위해 저러는 것은 아니겠지? 그는 이렇게 생각하면서도 가슴이 철렁 내려앉는 것은 어쩔 도리가 없었다. 김 목사의 이마에서 식은땀이 흘러내렸고, 동이 터오는 때에 시원한 바람조차 느낄 수 없었다. 어스름이 사람의 윤곽에서 그 치가 떨리는 인민군들이 지옥의 악령처럼 불쑥불쑥 땅 끝에서 솟아오르는 듯했다.

이제 도망갈 구멍은 없었다. 사방이 전부 개미새끼 한 마리도 빠져나갈 수 없게끔 막혀버렸다. 아아, 어떻게 할 것인가? 이제 정말로 그들에게 잡혀서 개죽음을 당해야 하는가? 그때 난감해 하는 김윤찬 목사의 머릿속에 하나님의 지혜가 임하였다. 막다른 골목에서 그의 머릿속이 환해지며 번개같이 좋은 생각이 떠올랐던 것이다.

그는 서둘러 바지잠방이의 중간부분을 쭉 찢어냈다. 그리고 웃저고리에서도 헝겊을 찢어냈다. 단번에 그의 고문당한 상처며 피 흘린 자국이 드러났다. 그것이 그에게는 더욱 다행스런 일이었다. 김 목사는 헝겊으로 머리를 아무렇게나 동이고, 나머지 헝겊으로 팔을 어깨에 동여맸다. 그렇게 하니 그는 순식간에 흙과 더러움 투성이의 헝겊으로 인해, 병자 걸인처럼 바뀌어 버렸다. 특히 진흙투성이의 다 찢어진 옷과 고문 때 받은 상처로 그는 더욱 병자처럼 보였다.

"주여, 저들의 눈을 멀게 해서, 베드로를 옥에서 구원하신 것과도 같이 이 종도 저들의 사이를 무사히 빠져나가게 도와주소서."

김윤찬 목사는 이렇게 기도한 뒤에 결심한 듯이 인민군이 막아서 있는 마을 밖으로 향하는 길을 향해 다리를 절며 나아갔다. 얼굴은 태연함을 가장했지만, 가슴 속에는 불안감에 숨이 금방이라도 막힐 것만 같았다. 과연 그들이 자신을 못 알아볼까? 그것은 정말로 어려운 일이었다. 아니 불가능이라고 해도 좋을 것이다. 평양 근처에 김윤찬 목사의 얼굴을 모르는 사람은 거의 없었다. 특히 지금은 그의 도주가 보고되어서, 특별 체포령이 내려 있을 터였다. 그러니 조금이라도 주의를 기울이면, 아무리 이렇게 꾸몄다고 해도, 자신을 못 알아 볼 리가 없었다.

"주여, 이 종과 함께 하사, 이 난관을 극복하게 도와주시옵소서."

침 흘리던 다윗이 되어

그는 계속 이렇게 기도하면서 그들의 앞으로 서둘지 않고 나아갔다. 마음은 바빴지만 조금이라도 서두르는 기색이 보이면 그들이 의심할 터이고, 그러면 자신에게 주의를 기울일 것이다. 금방이라도 인민군들이 다발총을 갈겨댈 것만 같은 생각에 그는 그 자리에서 달려서 도망가고 싶었다. 그들에게 가까이 다가 갈수록 가슴이 심하게 뛰고 얼굴이 화끈 달아올랐다. 그 앞에 이르는 길이 몇 분도 안 되는 거리인데도, 그 시간이 수십 년은 지나는 것 같았다. 그리고 그들의 앞까지 영원히 이르지 못할 것만 같은 느낌이 들었다. 이윽고 그들의 옆을 지나가는데 전혀 눈길도 주지 않았던 인민군들 중 하나가 그를 보고 눈을 크게 떴다.

“야, 여기 좀 봐라.”

그 말에 벌써 김 목사의 가슴이 무너져 내리며, 심장이 멎는 것 같았고, 세상이 노랗게 변했다. 알아차린 것이다. 이제 그들의 다발총에서 무수한 불꽃이 날아와서 자신의 심장을 관통할 것이다. 자신의 얼굴을 모르는 사람이 없는 터에, 다른 인민군들이 모두 자신을 쳐다보고 있으니, 무사히 지날 수는 없는 일이었다. 그의 심장이 공포와 긴장으로 인해 빨갛게 굳어지고 있는데, 그 인민군이 소리쳤다.

“저놈의 늙은이가 대동아 전쟁에서 부상당했나 보구나, 쯧쯧쯧.”

혀 차는 소리가 들리고, 어떤 병사는 저러려면 차라리 죽는 게 나을텐데 하는 말을 하면서 중얼댔다.

‘오, 하나님. 감사합니다. 그들의 눈을 멀게 하사, 이 종을 그들의 손길에서 구원해 내서 감사합니다.’

그는 이렇게 마음속으로 부르짖으며 다리를 질질 끌면서 그들 앞을 천천히 지나쳤다. 이제 그들은 더 이상 김 목사에게 신경을 쓰지 않았고, 김 목사는 등 뒤에서 따갑게 느껴지는 불안감에 떨면서 아직도 안심을 못한 채로 앞으로만 나아갔다. 금방이라도 자신을 알아챈 인민군 중의 한 명이 자신의 등줄기를 다발총으로 갈길 것만 같다는 생각을 하며.

인민군이 안 보이게 되자, 김 목사는 죽어라고 앞으로 냅다 달렸다. 죽을힘을 다해서 바람보다도 빨리 달려야 하는 것이다. 그렇지 않으면 또 무슨 일이 일어날지 알 수 없었다. 숨이 턱에 닿도록 달리던 김 목사는 얼마 후에 다리에 힘이 빠지고 다리가 후들거려서 도저히 더 뛸 수가 없었다. 목도 마르고 배도 고팠다. 그는 아무도 뒤따르는 자가 없다는 것을 살핀 후에 그 자리에 털썩 주저앉았다. 숨을 몰아쉬면서 한숨을 돌려 보니 길가에 집이 한 채 보였다. 아마 이 마을에서 마지막 집이고, 벌써 수색을 했기에 인민군들은 이 집을 그냥 지나친 것 같았다. 김 목사는 목이 타는 갈증으로, 물이나 한잔 얻어먹으려고 그 집으로 들어섰다. 마루에 걸터앉으며 그는 걸인처럼 소리쳤다.

"주인장, 미안하지만 물 좀 한 그릇 얻어 마십시다."

주인이 그 소리를 듣고 김 목사의 걸인 차림이 측은했던지 물 한 그릇을 떠오다가 그의 얼굴을 보더니 깜짝 놀란다.

"김 목사님. 김윤찬 목사님이 아니십니까?"

산 넘어 또 산

김윤찬 목사의 가슴이 그 말을 듣고 덜컹 내려앉았다. 자신의 생각으로는 인민군들이 자신을 못 알아봤으니, 이 사람도 자신을 못 알아 볼 것이라고 생각했던 게 잘못이었다. 차라리 개울에라도 가서 목을 축일 일이지, 이곳에 머물다가 발각되고 만 것이다. 그는 망설이면서 아무런 대답을 하지 않았는데, 그 모양을 보고 주인이 말했다.

"목사님, 저는 각금리교회 홍 장로의 아들 홍내선 집사입니다."
"그래요?"

아직도 김 목사는 이렇다 할 반응을 보이지 않았다. 이것이 무슨 음모인지도 몰랐다. 하도 많은 음모에 시달렸던 김 목사인지라 거기에 대한 머리는 빨리 돌아갔다. 이자가 젊은 자인데도 어째서 의용군에 끌려가지도 않고 그대로 있는가 하는 의심이 든 것이다. 그리고 인민군이 왜 이 집을 뒤지지 않고 그냥 지나쳤을까?

"목사님, 제가 이 마을 인민군 서기장 일을 맡고 있습니다."

아! 김윤찬 목사는 이제는 틀렸구나 하는 생각이 들었다. 간신히 주님의 도움으로 사지를 벗어났는데, 자신의 발로 호랑이의 굴에 들어온 셈이었다. 그가 마을 인민군 서기장이었기에 인민군들은 그를 의용군에 징집해 가지 않은 것이다.

"목사님, 안으로 들어갑시다."

들어가? 그것은 그대로 날 잡아가라는 말과 똑같았다. 들고 튀어야 한다. 아니면 이자를 때려누이고 달아나야 한다. 그러나 김 목사는 쇠약했고, 피곤에 찌들어서 들고 튈 수도, 그렇다고 이자를 때려누일 수도 없었다. 그가 이제 할 수 있는 일은 무엇인가? 김 목사는 그에게 사정할 도리밖에 없다는 것을 알았다. 그가 눈감아 주면 자신은 무사히 도망칠 수도 있었다.

"홍 집사, 내가 죽고 사는 것은 홍 집사의 손에 달렸네, 내가 죽는 것은 두렵지 않으나, 주님의 사역을 다 못하고 가는 것이 아쉬울 뿐이네."

"목사님. 왜 이러십니까?"

홍내선이 정색을 했다.

"저는 공산당이 아닙니다. 다만 살기 위해서 이런 행세를 하는 것입니다. 저는 아직도 기독교인이고, 주님을 믿는 주님의 종입니다."

오, 하나님. 김윤찬 목사의 입에서 긴 안도의 한숨이 새어나왔다. 주님은 인민군의 손에서 자신을 구원하시고, 또 다시 쉴 곳을 마련해 준 것인가? 김윤찬 목사는 홍내선이 이끄는 대로 안방으로 들어갔다.

안방으로 들어가서 하나님께 감사기도를 드리는데, 갑자기 길가가 소란스러워졌다.

"인민군들입니다, 목사님."

홍내선이 얼굴이 사색이 되며 소리쳤다. 과연 집밖에서 인민군들이 몰려들고 있었다. 김 목사의 얼굴도 흑빛이 되며 도망갈 길을 찾으려 했다. 그러나 이미 도망할 길도, 시간도 없었다. 벌써 인민군들은 집주위로 몰려들었기 때문이었다. 몇 명의 인민군들이 집안으로 들어섰다. 뛰어야 한다. 이대로 잡힐 수는 없다. 집 뒤쪽으로 뛰다보면 살길이 생길지도 모른다.

이곳에 이대로 있다가 잡혀서 개죽음당할 수는 없다. 이런 생각들이 김 목사의 머릿속에서 무수히 난무했다. 그러나 인민군은 너무도 많았다. 뛰어도 그들을 따돌릴 수도 없을 뿐 아니라, 인원이 많은 그들이 다발총을 갈겨댄다면, 빗발치는 총탄을 피해 살아난다는 것은 실로 불가능한 일이다. 아아, 어떻게 할 것인가? 이대로 잡혀야만 한단 말인가? 주여, 굽어 살피소서.

갑자기 김윤찬 목사의 머리 속에 한 가지 생각이 떠올랐다. 암담한 그 상황에서 주님이 그의 지혜를 다시 열어주셨던 것이다.

"홍 집사, 빨간 약 있나?"

김 목사가 다급히 물었다. 홍내선이 당황해서 더듬댔다.

"없, 없습니다, 목사님."
이런. 하필이면…
"그럼 빨간 물감이라도 있나?"

상황은 급하게 전개되고 있었다. 인민군들이 이미 마당에 들어서 있었다.

"여기…."

김 목사가 홍내선이 급히 내미는 물감을 잽싸게 잡아채 머리며 얼굴에 처발랐다.

"병자라고 하게."

김 목사는 다급히 소리치면서 담요를 끄집어내서 머리 위까지 뒤집어썼다.

"이 집에 아무도 없나?"

밖에서 인민군이 소리를 쳤고, 그 소리를 듣자마자 홍내선은 벼락에라도 맞은 양 자리에서 발딱 일어섰다.

"아유, 어서 오십시오."

인민군이 홍내선이 뛰어나오자 그의 얼굴을 빤히 쳐다보았다.

"당신은 젊은 사람인데 왜 의용군에 안 갔나?"

의심스러운 눈초리에 홍내선이 바삐 설명했다.

"저는 이 마을 인민위원 서기장올시다."

"오, 그래?"

아마도 이 인민군들은 김 목사가 아까 보았던 마을로 왔었던 그 인민군들과는 다른 부대인 것 같았다. 그들의 말투가 처음 이곳에 오는 듯한 느낌을 주었다.

밖에서 그들이 주고받는 대화를 들으며 김 목사는 그들이 방에 들어오지 않고 그대로 가주기만을 간절히 바랐다. 그러나 그것은 그의 헛된 바람이었다.

"이 집에 다른 남자는 없나?"

이렇게 말하는 인민군들은 벌써 다른 방들을 뒤지기 시작했다. 혹시라도 다른 남자가 있으면 의용군으로 끌어갈 심산이었다.

"있어요."

갑자기 인민군에게 다른 남자가 있다고 말하는 여자애가 있었다. 바로 홍내선의 어린 딸이다. 그 말을 안에서 듣는 김 목사의 가슴이 철렁하고 내려앉았다. 저런, 이제 끝장이로구나. 김윤찬 목사의 가슴이 답답해졌다.

"있어? 누군데?"

인민군이 긴장하며 여자 아이에게 물었다. 홍내선이 눈짓을 하자

영리한 그의 딸이 눈치를 챈 것 같았다.

"우리 할아버지예요."

인민군이 그 말을 듣고 실망하는 눈치였다. 혹시라도 의용군이 될 만한 남자를 바랐기 때문이었다.

"너의 할아버지? 이름이 어떻게 되니?"

인민군은 그냥 인사말로 물었는지, 아니면 무슨 의심이 들어서 물었는지는 모르겠으나, 이렇게 아이에게 물었다. 갑작스런 질문에 아이가 당황했으리라.

"김순천이요."

아이는 생각보다는 영리했다. 아무 이름이나 갔다 붙인 것이다. 그런데 그게 또 문제가 되었다. 수첩을 들치며 마을 인민서기장의 이름이 홍내선이라는 것을 파악한 인민군이 의심을 하는 눈초리였다. 아버지와 할아버지의 성이 틀린 것을 이상하게 생각하는 것이다.

"네 어머니 이름은 무엇이냐?"

"김복순이예요. 할아버지는 우리 외할아버지예요."

아이가 영리하게 대답하자 인민군이 김이 빠졌는 모양이다.

"어디 좀 봅세."

인민군이 기어코 안방으로 들어섰다. 여태까지의 대화를 이불을 뒤집어쓰고 다 듣고 있었던 김윤찬 목사의 가슴이, 그가 안방으로 들어서자 무너질듯이 두근댔다.

"편찮으십니다."

홍내선이 불안하게 따라 들어와서는 이렇게 말했다. 인민군은 그 말을 듣고 이불을 조금 들춰보았다. 김윤찬 목사의 이마며 얼굴에서는 온통 진땀이 흘러내리고 있었다. 잠깐 동안 인민군이 이불을 들쳐보았지만, 그 몇 초 동안이 마치 수십 년은 되는 듯한 느낌이었다. 김 목사가 뻘뻘 땀을 흘리고 빨간 물감이 온통 범벅이 되어 있자, 인민군은 혀를 쯧쯧하고 찼다. 김 목사는 신음을 하면서도 그자가 자신을 알아보면 어쩌나 하는 불안감에 감은 눈꺼풀이 가늘게 떨렸다.

"음, 매우 아픈 모양이군. 된장을 좀 바르도록 해보오."

그자는 아는 체를 하더니 이불을 다시 덮었다. 오, 하나님. 감사합니다. 김윤찬 목사의 입에서 한숨이 새어나왔다. 살았다. 아슬아슬하게 위기를 모면한 것이다.

인민군들이 사라지자, 김 목사도 홍내선의 가족들도 모두 깊은 한숨을 몰아쉬었다. 구사일생으로 위기를 넘긴 것이다. 만일 김 목사가 잡힌다면, 그가 총살당하는 것은 당연한 일이었고, 홍내선 가족들도 죄인을 숨겨주었다는 죄 때문에 어떤 고초를 당할지 모르는 것이다. 한숨을 돌린 김 목사를 위해 홍내선의 아내가 요기를 하라고 밥을 내왔다. 그러고 보니 배가 몹시도 고팠다. 긴장했을 때는 전혀 몰랐는데, 위기가 사라지자 시장기를 느꼈다. 홍내선은 김 목사가 식사를 하고 있는 동안에 무슨 일이 있나 알아보기 위해 마을로 내려갔다. 얼마 후에 홍내선이 허겁지겁 돌아와서는 숨도 돌리지 않은 채로 말했다.

"목사님, 마을 남자들 노소를 가리지 않고 42명이 의용군으로 잡혀갔고, 그에 저항하는 사람들이 많이 총살되었습니다."

그 말을 듣고 김윤찬 목사의 머리 속에 퍼뜩 불길한 생각이 떠올랐다.

"혹시, 혹시 최감은 목사님도?"

홍내선이 내키지 않는다는 듯, 그러나 어쩔 수 없이 고개를 천천히 끄덕였다.

"예, 목사님. 최감은 목사님뿐 아니라, 그곳에 같이 숨어 계셨던 장로님, 집사님들 모두가 총살당했습니다."

"그럴수가…."

김윤찬 목사의 눈에서 눈물이 흘러내렸다. 허탈했다. 최감은 목사의 순교. 그것은 기독교 사역자들이 그 시대에 당했던 수난을 고스란히 대변해주고 있었다. 최감은 목사는 인민군들에게 끌려가 대동강 모래사장에서 쇠사슬에 묶인 채 몸에 휘발유를 뿌려서 태워죽였다고 한다. 일제시대 때 평양신학교의 동창이었고, 신앙의 동지였으며, 일제와 공산당에 항거하고, 오로지 주님의 말씀을 전하는 데 최선을 다했던, 5인의 신앙동지회의 한 명인 그가, 이제 김윤찬 목사만을 남겨놓은 채로, 주님의 곁으로 떠난 것이다. 최감은 목사!

'부디 주님 곁에서 영광이 있기를….'

김윤찬 목사의 절절한 기도가 눈물에 녹아서 하늘로 올라갔다. 마음이 조금 가라앉은 김윤찬 목사는 자신이 홍내선의 집에 오래 머물 수 없다고 판단했다. 인민군이 언제 다시 와서 집을 뒤질지도 모르는 일이었고, 만에 하나 소문이라도 난다면, 자신뿐 아니라 홍내선 가족들도 무사할 수는 없었다. 그가 이런 말을 하자 홍내선이 펄쩍 뛰었다.

새로운 은신처

"아니, 목사님. 가면 어디로 가시겠습니까? 이제 세상은 모두 인민군 천지입니다. 섣불리 나서다간 또다시 험한 일을 당하실 텐데, 어디로 가시겠다고 하십니까?"

"그럼 어쩌겠소, 홍 집사?"

홍내선이 잠깐 생각하다가 좋은 생각이 떠올랐는지, 자신의 의견을 내놓았다.

"목사님, 우리 뒷곁에 외양간이 하나 있습니다. 그 외양간 아래에 땅을 파고 숨어 있으면 쥐도 새도 모르는 은밀한 장소가 될 것입니다."

김윤찬 목사도 이대로 홍내선의 집을 나간다면, 그대로 인민군의 총알밥이 된다는 것을 잘 알고 있었기에, 그 의견을 마다할 수가 없었다. 김 목사가 고개를 끄덕이자, 홍내선은 그길로 소 외양간에 땅을 파고는 나무판자로 그 위를 덮은 다음 그 위에 덤불을 깔았다. 비록 갑갑했지만 훌륭한 은신처였고, 위에서 소가 왔다 갔다 하기에 그 밑에 땅굴이 있을 거라고는 누구도 생각지 못하리라. 김윤찬 목사가 그 안에 들어가자 홍내선은 그 위를 나무판자로 덮은 뒤에 지푸라기로 덮었다. 감쪽같았다.

다른 것은 참을 만했으나, 찌는 듯한 더위와 외양간에서 나는 악취는 못 견딜 지경이었다. 그러나 어쩌겠는가? 그래도 관 같은 감방이나 공산당의 고문이 기다리는 감옥보다는 나았다. 이곳에서는 최소한 그런 고문이나 악행은 없었으니까.

피로 물드는 조국 강산

조국의 산하는 민족의 피로 시뻘겋게 물들고 있었다. 허울 좋은 이념이란 이름 하에 조국을 이끌고 갈 젊은이들의 아름다운 청춘은, 모조리 이 땅에서 산화되었다. 누가 이 민족을 이렇게 만들었는가? 권력은 무엇이고, 사상은 또 무엇이란 말인가? 두 손을 마주잡고 해방의 기쁨에 온몸을 떨던 그 환희는, 일부 집권세력에 의해 싸늘히 식어버렸고, 민족의 열망이던 자주는, 자꾸자꾸 겨레의 피만을 요구했다.

마주보고 환하게 웃던 그 웃음이 이제는 서로가 서로를 죽이는 총칼로써 변모했고, 이념이 뭔지 사상이 뭔지도 모르는 숱한 젊은이들이 일부 권력자의 야욕에 의해 살해되었다. 무엇이 중요한 것이던가? 무엇이 민족보다도, 무엇이 혈육보다도 더 중요한 것이란 말인가? 펄펄 뛰며 환호하던 젊은이들의 끓는 피를 삼켜버린 조국의 산하는 아무런 말도 없이 이 민족의 비극을 숨죽여 지켜보고 있었다.

한국의 거의 모든 지역이 북조선인민군에 의해 점령되자, 미국은 황급히 전쟁에 참전했고, 곧이어 소련이 불참한 유엔총회에서 유엔군의 한국전 참전을 결정했다. 이에 총 16개국의 참전국들이 한국전에 참전하자, 이제 전쟁은 남북한의 전쟁이 아닌 국제전의 양상을 띠고 있었다.

1950년 9월 15일, 맥아더 장군의 지휘 하에 인천상륙작전이 감행되어, 유엔군은 인민군의 허리를 끊고서 그 기세를 눌렀다. 이어서 유엔군과 남한국방군이 9월 28일 서울을 수복했고, 병사들은 전우의 시체를 넘고 넘어서 북으로 북으로 북진해갔다. 미군의 살벌한 폭격기 공습은 이 산하를 잿더미로 만들었으며, 산은 시체로 가득 찼고, 시내와 강물은 모두 핏덩어리가 되어 흘러내렸다.

미군의 작전은 이 땅을 초토화시켜서 단 한 명의 공산당도 남기지 않겠다는 것이었고, 그것은 폭격이 끝난 후에, '더 이상 한국 땅에는 폭격의 목표물이 없다'고 공언한 미군 지휘관의 말이 그것을 정확하게 입증하고 있었다. 이 땅의 씨를 말리려는 것인가? 아무튼 인민군도 국방군도 그리고 우리 민족의 전부가 엄청난 피를 흘리며 비명을 질러대는 것이다.

홍내선 집사는 김윤찬 목사에게 매일 식사와 과일을 대접하면서 전쟁 상황을 설명해 주었다. 김 목사는 처음에 어둡던 전황에 가슴을 졸이다가, 인천상륙작전과 서울 수복소식을 듣고는 무척 기뻐했다. 이제 적그리스도가 이 땅에서 그 권세를 잃을 때가 온 것이다. 사탄의 권세가 영원한 듯하지만, 그것은 잠깐에 불과한 것이지, 절대로 영원한 것이 아니다. 그 잠시의 고통을 참아내지 못하고, 사탄이 내미는 손을 잡고서 그와 타협을 한다면, 그 잠시가 지나간 뒤에는 죽어도 죽지 못하고, 살아도 살지 못하는 고통을 영원토록 받게 되는 것이다.

1950년 10월. 드디어 평양에 국군이 입성했다. 탱크와 군용트럭에 국군들은 빽빽이 타고서, 손을 흔들어댔고, 거리에 나와 있는 평양시민들은 태극기를 미친 듯이 흔들며 국군을 환영했다. 평양시청에 태극기, 유엔기, 미국기가 걸리고 마침내 평양에서 모든 인민군은 자취도 없이 도망치고 말았다.

"목사님, 목사님."

홍내선이 죽어라고 소리치며 외양간으로 달려오자, 외양간 아래에 숨어 있던 김 목사는 깜짝 놀랐다. 저렇게 소리치다간 근처에 인민군이라도 있다면 단번에 발각될 것이다. 그러나 홍내선은 그것을 생각지도 않는 듯, 고래고래 김 목사를 불러댔다. 그리고 외양간으로 한달음에 달려오더니, 다짜고짜로 김 목사의 손을 잡아당겼다.

"나오세요, 목사님. 이젠 자유예요."

"아니, 홍 집사. 무슨일이요?"

"목사님, 국군이 평양에 들어왔어요. 인민군들이 모두 도망을 갔다고요. 이제 우리 기독교인들은 해방이에요, 해방."

김윤찬 목사가 믿기지 않는다는 표정을 짓자, 홍내선이 마구 그를 잡아끌었다. 밖에는 태극기의 물결이 넘쳐나고 있었다.

"정말이군, 홍 집사. 정말이야!"

김윤찬 목사는 기뻐서 발을 동동 구르며 소리쳤다.

18

내가 네 앞길을 밝히리니

다시 찾은 눈물

1945년 8월 15일 해방으로부터 1950년 10월 국군의 평양 입성 때까지, 북한의 기독교인들은 모두 권세를 받은 사탄의 손아귀에 잡혀서 고통과 죽음을 당했고, 그래서 이 5년 동안 북한에서의 기독교인들은 거의 씨가 마를 정도가 된 것처럼 보였지만, 다행히 이곳 저곳에 숨어서 국군이 입성하자 기쁨의 눈물을 뿌렸다.

1950년 10월 평양 모란봉극장에 수도 없이 많은 사람들이 모여들고 있었다. 모두가 피곤하고, 찌들고, 상처 입은 모습들이지만, 그래도 그들의 가슴만큼은 누구보다도 성스러웠고, 그들의 얼굴은 누구보다도 환한 표정들이었다. 바로 사탄의 환난에서 살아남았던 기독교인들이다. 그들은 국군 평양 입성 3일째 되는 날, 대대적인 강연회를 가지려고 모란봉극장에 모여들었다. 만나는 사람마다 즐거운 표정이었고, 유쾌했고, 감격적인 표정으로 인사들을 나누었다. 할렐루야와 아멘소리가 곳곳에서 유행처럼 번져, 모란봉극장에 모인 사람들은 이 두 마디의 말밖에 모르는 사람들 같았다. 모든 사람들이 고난을 이긴 기쁨을 나누면서, 모란봉극장은 환희와 감동에 터져나갈 듯했다.

모든 것이 복된 은총으로, 성스러운 은혜로, 복스러운 감격으로 휩싸여, 극장 안이 기쁨으로 충만할 때 그 충만함 사이로 들어서는 초췌하고도 피곤하게 보이는 남자를 보고서 사람들이 소리를 죽였다.

김윤찬 목사. 얼마나 고난을 받았는가? 얼굴이 반쪽이 되었고, 몸에는 아직도 아물지 않은 상처와 흔적이 남아 있었다. 머리는 아무렇게나 길어서 등 뒤까지 내려왔고, 수염은 파뿌리처럼 어지러이 나 있었다. 한 사람이 달려와서 그를 앞자리로 안내했다. 평양시내에서 김윤찬 목사를 모르는 사람은 거의 없었다. 특히 기독교인이라면 대부분 그를 잘 알았다. 공산당에 잡혀가서 순교당한 줄 알았던 그가 극장에 나타나자, 교인들은 모두 그 크신 하나님의 은혜에 깊은 감사를 드렸다.

잠시 후, 이 강연회의 연사인 목사가 극장으로 들어섰다. 군복을 입고 오른편 어깨에 십자가가, 왼쪽 어깨에는 소령 계급장을 단 군목이었다. 사람들이 들어오는 군목에게 환호를 하자, 김 목사도 고개를 돌려 극장 안으로 들어오는 연사를 쳐다보았다. 엇! 그의 입에서 짧은 소리가 새어나오더니, 김 목사는 갑자기 그 연사에게로 달려나갔다.

"황 목사! 황 목사가 아니오."

김윤찬 목사가 이렇게 소리치자 군목이 어리둥절한 표정을 지었다. 그럴 수밖에 없는 것이 김 목사의 몰골이 말이 아니었기 때문이다.

"누구신지…?"

"나요, 김윤찬이요."

"김윤찬? 김 목사?"

"그렇소. 평양신학교의 김윤찬이요."

갑자기 군목이 김윤찬 목사를 얼싸안았다.

"김윤찬 목사가 맞구료. 살아 있었구료."

황은균 목사 그는 김 목사의 옛 신앙 동지였던 절친한 목사였다. 수많은 세월이 흐른 뒤에 만난 두 목사는, 서로 부둥켜안고 흐느껴 울었고, 그것을 지켜보는 극장의 모든 교인들이 함께 흐느꼈다. 잠시 후 다른 군목이 들어오고, 그가 김 목사의 옛 신앙 동지였던 황금천 목사란 것을 알자 김 목사는 다시 그를 얼싸 안았다. 그것을 보고 극장 안은 온통 통곡의 바다가 되어버렸다. 누가 이 민족에게 이런 시련을 주었는가? 눈물 많고 정 많은 이들에게 고통을 주는 자가 과연 누구란 말인가?

"하늘을 향해 늠름하게 치솟던 교회의 십자가는 다 어디로 갔으며, 하늘에 울려 퍼지던 아름다운 교회의 종소리는 또 어디로 갔단 말입니까? 한국의 예루살렘이라고 일컬어지던 그 아름다운 주님의 나라 평양이 어이하여 잿더미로 변했고, 옛 신앙의 동지들은 또 어디로 갔단 말입니까? 아직도 그들의 감사기도와 가슴을 울리는 찬양소리가 귓가에 남아 있는데, 어이하여 우리들은 뿔뿔이 흩어져서 가슴을 에이는 고통을 받아야만 했습니까?”

황은균 목사의 절규하는 연설은 끝내 극장 안을 울음바다로 만들었으며, 이어서 등단한 김윤찬 목사의 환영사가 교인들의 애간장을 끊는 듯하여, 서로가 서로를 부둥켜안고, 통곡하고 말았다. 강연회 내내 장내는 줄곧 울음바다였으며, 교인들은 서로가 부둥켜안고, 손을 꼭 잡으며, 가슴이 메어서 캑캑대며 울어댔고, 눈에서는 울어도 울어도 다 없어지지 않을 그런 눈물이 하염없이 흘러내렸다.

국군의 평양 입성 뒤 며칠 후에 김윤찬 목사는 평양의 유서 깊은 장대현교회(將台峴교회, 장태현교회, 후에는 章台峴교회라고 불리움. 1893년 마펫 선교사에 의해 평양중앙교회(속칭 널다리골교회)가 설립되었고, 1899년 교회건축을 시작해서 장태현에 72간의 대교회를 1900년에 준공함. 장태현에 설립되었기에 이후 장태현교회라고 불리우고, 세간에는 장대현교회라고 불림. 자세한 것은 조선예수교 장로회 사기에 나와 있음) 시무목사로 임명되었다. 잿더미가 된 평양시내에는 기독교구국회가 결성되었고, 김윤찬 목사는 부회장으로 선임되어, 인민군이나 폭격에 의해 외롭고 고독하게 된 교인들을 위로하는 한편, 구국운동에 박차를 가했다. 평양시내의 교인들은 오랜만에 한껏 신앙의 자유를 누렸고, 교회는 나날이 은혜로 충만해 갔다.

전세의 역전

1950년 10월 25일 국군과 유엔군이 압록강 부근까지 진격하자, 이에 위협을 느낀 중공군이 참전을 결정했다. 이렇게 되자 지금까지 파죽지세로 북진하던 국군과 유엔군에게는 상당한 타격이 되었고, 곳곳에서 유엔군이 중공군에게 패하는 사태가 생겼다. 전세는 유엔군 쪽이 점점 불리하게 전개되었고, 견디다 못한 유엔군들이 전선에서 물러나기 시작했다. 중공군들은 꽹과리를 쳐대며, 죽어도 죽어도 아귀 떼처럼 계속 남하했으니, 이름 하여 인해전술이었다. 인구가 넘쳐났던 중공군 측의 잔인한 인간소모전이었다.

전선에서 불리함을 느낀 유엔군 측 사령관 맥아더와 몇몇 장성들에 의해 전쟁 확대론과 만주 폭격론이 제기되었으나, 소련의 참전을 우려한 트루먼 미국 대통령에 의해 이 의견은 묵살되었다. 이에 따라 중공군은 각지에서 승전고를 울리고 있었고, 전세는 유엔군에게는 극도로 불리해졌다.

1950년 11월 26일 평양 서문외교회에서는 서울 승동교회의 시무목사인 이대영 목사를 강사로 평양기독교 연합부흥회가 열리고 있었다. 그 숱한 고난을 이기고 처음으로 연합부흥회를 갖게 되었으니, 그 부흥회의 열기는 어떤 부흥회보다도 뜨거웠다. 시간마다 은혜가 넘쳐났고, 교인들은 거세게 밀려드는 성령의 충만함에 온몸을 떨어가면서, 불같은 찬송과 기도를 올렸다. 김윤찬 목사는 이대영 목사를 맞아 부흥회에 최선을 다했고, 모든 교인들이 적그리스도에게 고난을 받았던 탓에, 신앙이 굳세어지고 믿음이 굳건해져서, 전 교우들이 합일체가 되어, 주님의 은혜를 흠뻑 흡수했다.

1950년 11월 28일 새벽 이대영 목사가 김윤찬 목사를 조용히 불렀다.

"김윤찬 목사님, 저는 서울로 돌아가야겠습니다."

이 말을 듣는 김윤찬 목사는 자신이 그의 말을 잘못 들었나 해서 자신의 귀를 의심했다. 부족한 것이 없고, 부흥회는 여태껏 있었던 어떤 부흥회보다도 성공적이었다. 날이면 날마다 성도들이 넘쳐났고, 폭풍 같은 은총이 교인들의 머리에 이루 말할 수 없이 임했기에, 이런 부흥회를 이끄는 강사가 중도에서 포기한다는 말을 믿을 수 없었다.

"이 목사님, 저희가 무슨 잘못이라도…?"

김윤찬 목사는 이렇게밖에 생각할 수 없었다. 자신이 대접을 소홀히 했기에 그가 떠나는 것이라고. 그러나 이대영 목사의 대답은 뜻밖이었다.

"어젯밤에 선교사가 찾아왔더군요. 전세가 불리해서 유엔군이 후퇴를 하고 있답니다."
"후퇴를요?"

김윤찬 목사가 경악했다.

"해서, 오늘 비행기를 타지 않으면 위험하다고, 군이 비행기를 타라는 겁니다. 저는 하나님의 사역자로서 최선을 다했습니다만, 김 목사님도 아시다시피 제게도 교회가 있고, 돌보아야 할 교인들이 있습니다. 목자를 기다리는 양 떼들을 그냥 둘 수는 없는 노릇입니다. 죄송합니다, 목사님."

맞는 말이었다. 김 목사가 이끄는 교인들이 있듯이, 이대영 목사도 자신이 책임지는 양 떼가 있는 것이다. 그러나 김 목사는 허무했다. 부흥회의 마지막 날인데 강사가 떠나고 없으면, 썰렁한 교회에는 빈손만 허공에 젓는 교인들만이 남을 것이다. 그리고 다시 적그리스도인 공산당이 난입하고….

김윤찬 목사는 부흥회를 인도하는 인도자들에게 이 일을 알리고, 4천여 명의 교인들에게 1시간여 동안 찬송과 통성기도를 인도한 후에 상세한 설명을 하고는 부흥회를 마쳤다. 교인들이 김 목사의 말을 듣고 불을 맞은 듯이 들끓었다. 다시 공산군이 이 땅에 들어온다면 그것은 영영 발목에 족쇄를 채우는 일이거나, 아니면 그들의 악행에 이번에는 순교할지도 모르는 일이었다. 기독교인들이 모두 그 사실을 알고 있기에 공산군이 내려오기 전에 이 땅에서 도망쳐야 하는 것이었다.

살기 위한 몸부림

11월 29일 이날 따라 살을 에이는 듯한 삭풍이 몰아닥쳤다. 휘몰아치는 북풍은 살점을 떼어갈듯이 귀뺨을 후리고 지나가고, 사람들은 온몸을 얼리는 추위에 입조차 얼어붙은 채, 한마디 말도 못하고 거리를 쏘다녔다. 소식을 들으랴, 남쪽으로 내려갈 준비를 하랴, 또 가족을 모으랴 분주했다. 이윽고 대낮이 되어서 북쪽에서 대대적인 군용트럭과 탱크들이 내려오기 시작했다.

바로 한 달 전만 해도 세상 끝까지 지배할 것 같았던 국군과 유엔군들이 후퇴하는 행렬이다. 날씨는 추웠고 병사들은 한결같이 혹독한 추위와 굶주림, 그리고 피곤에 절어서 오합지졸들처럼 보였다. 어떤 어린 미군병사는 눈물마저도 흘리고 있었다. 모두들 시퍼렇게 얼어서 발을 동동 구르며 남으로 남으로 쫓겨가고 있었다.

패전군이 평양에 이르자 평양의 다리는 모두 군인들의 군 퇴로로만 이용되었고, 민간인들의 통행은 금지되었다. 민간인들의 다리 통행이 금지되자, 기독교인들은 그야말로 독 안에 든 쥐꼴이 되고야 말았다. 그 당시에 평양시에 살고 있던 기독교인과 그 가족들이 수만 명이 넘는데, 이들은 모두 국군의 평양 입성 시에 쌍수를 들고 환영했기에, 더 이상 북한에 남아 있을 수 없었다.

사실 기독교인들이 북조선인민군들이 쳐들어오는 북한에 그대로 남아 있는다는 것은 자살 행위와 다를 바가 없었다. 허나 어떻하겠는가? 북에서는 중공군과 인민군이 밀려 내려오고, 대동강은 그들의 앞에 놓여서, 발길을 잡아매고 있다. 날씨는 추웠어도 대동강은 얼어붙지 않았기에 걸어서 건널 수도 수영을 할 수도 없었다. 배들이 이미 사람들을 싣고 반대편에 가 있었고, 아무리 작은 배라도 남은 것이 없었다.

이대로 우리 교인들이 앉아서 죽어야만 합니까, 하나님? 김윤찬 목사는 하늘을 향해 부르짖었다. 그럴 수는 없었다. 그는 절망적으로 주저앉아 있다가 벌떡 일어섰다. 그리고는 부리나케 뛰었다. 그가 찾은 곳은 평양주재 미군청이다. 김 목사는 먼시키라는 장교에게 사정을 설명하고는 사정했다.

"장군님, 기독교인들은 대동강을 건너가야 합니다. 그렇지 않으면 몰살당하고야 말 겁니다."

김 목사가 애원하자 먼시키가 승락했다.

"좋습니다, 목사님. 내일 군용트럭을 보낼 테니, 교인들을 한 곳에 모아주시오."

"아아, 감사합니다. 감사합니다."

김 목사는 몇 번이고 고맙다고 그에게 인사했다.

12월 1일 수만 명의 기독교인들이 서문외 거리에 모였다. 기독교인도 있었고, 비교도도 있었으나, 그것이 문제가 아니었다. 모두가 주님이 사랑하시는 주님의 아들 딸이고, 이곳에 나온 것조차 하나님이 불러 주신 것이리라. 김 목사는 바삐 먼시키에게 사람을 보내서 준비가 다 되었다고 통보했다. 그러나 미군청 사람들은 무책임하게 고개를 저었다.

"미안합니다. 차가 없습니다."

너무나 무책임한 말이었다. 정의를 위해, 이 땅의 평화를 위해 이 땅에 왔다는 미군들의 처음 논리와는 너무도 모순된 행동이었다. 수만 명의 목숨을 단 한마디 말로서 간단하게 버릴 수 있는 사람들이 어떻게 정의를 구현하기 위해 이 땅에 왔다고 말할 수 있겠는가? 허무했다. 공산당의 손을 벗어나 남쪽으로 갈 수 있다는 소망이 한마디 말로서 물거품이 되어버린 것이다.

모인 기독교인들의 울부짖는 소리가 김 목사의 가슴을 발기발기 찢어놓았다. 마치 홍해 가에 이른 모세의 가슴처럼 말이다. 바로의 군사들은 바로 등 뒤에서 그들의 등짝을 꿰뚫기 위해 달려오고 있는데, 말없는 홍해는 유대인의 울음을 고스란히 삼키고 있었던 것 같이, 대동강은 말없이 기독교인들의 눈물을 삼키고만 있었다.

유혹을 넘어서

김윤찬 목사는 이렇게 앉아 있을 수만은 없었다. 이대로 목을 놓고 주저앉으면, 이 많은 교인들은 악마의 밥이 되고 말 것이다. 그럴 수는 없다. 이들을 모두 피신시켜야만 한다. 김 목사는 자리를 박차고 일어나 앞으로 뛰었다. 그가 간 곳은 선교부이다. 벌써 선교사들은 모두 떠났고, 오직 허일 선교사만이 남아서 뒷정리를 하고 있었다. 김 목사는 다급하고 초조한 마음으로 그에게 자초지종을 이야기하고 도움을 청했다. 허일 선교사는 그 말을 듣고 쾌히 자신에게 트럭이 한 대 있으니 그것을 이용하자고 했다. 김윤찬 목사의 가슴이 갑자기 환해지는 것 같았다. 오, 하나님. 감사합니다.

그런데 허일 선교사는 이상한 제안을 했다. 트럭은 한 대이고 인원은 수만이며 어차피 트럭 한 대로 모두를 옮길 수는 없는 일이니, 우선은 김윤찬 목사와 그 가족을 먼저 건네게 하자는 것이었다. 김윤찬 목사에게 그것은 일종의 유혹이자 시험이었다. 물론 허 선교사는 그를 위해서 이런 제안을 했지만, 그것은 김 목사의 마음속에서 그를 시험에 빠뜨릴 수 있었다. 김 목사인들 왜 자신과 자신의 가족들만 먼저 무사히 피신하는 것을 원치 않겠는가?

그 숱한 고난을 당하면서, 더 이상 그런 고난을 견딜 수 없을지도 모른다는 것을 잘 알기에 허일 선교사의 제안을 수락하고 싶었다. 그것은 달콤한 유혹이었다. 그래. 내가 떠난 뒤에도 많은 사람들이 구출될 수 있을 거야. 나는 여태껏 그만한 고통을 받았으니, 먼저 도피할 자격이 있어. 그의 자아가 필사적으로 이렇게 자신의 시험에 정당성을 부여했다. 그러나 김윤찬 목사는 단호했다.

"안 됩니다, 선교사님."

그의 입에서 나온 말은 그의 생각과는 정반대의 말이었다. 그래. 목자가 양 떼를 버리고 저만 살겠다고 먼저 도망칠 수는 없었다. 그러려면 벌써 오래전에 사탄과 손을 잡았을 것이다. 자신이 여태까지 사탄과 싸워 온 것은 오로지 주님의 사역자로서 주님의 뜻에 합당한 삶만을 살기로 결심했기 때문이었다. 김 목사의 입이 결심으로 앙다물어지자 허 선교사도 강요하지는 않았다. 김 목사는 자신이 하마터면 유혹에 빠질 뻔했다는 것을 생각하며, 그렇게 되지 않은 것에 깊은 한숨을 내쉬었다.

트럭이 다가오자 수만 명의 군중은 그야말로 아귀다툼을 했다. 서로가 먼저 타려고 아우성을 쳤고, 한 치의 양보도 없이 살기 위해 피 튀기는 투쟁을 했다. 그렇다. 그것은 투쟁이었다. 생존을 위한 투쟁 말이다. 김 목사는 그 아수라장을 보면서 노인과 순교자 가족들을 먼저 태우자고 소리소리 질렀으나, 이미 이성을 잃은 군중에게 그 소리는 들리지 않았다. 트럭에 더 이상의 자리가 없자, 수십 명을 태우고, 또 수십 명이 매달린 트럭이 출발했다. 이렇게 하기를 서너 번 했다. 너무나 사람이 많이 탔기에 급기야는 트럭이 고장이 나버렸다. 사람들이 트럭이 고장 나자 울부짖었고, 아우성 소리가 하늘을 메웠다.

고장이 난 트럭을 보고, 더 이상 희망이 없다고 판단한 군중들이, 제각기 살길을 찾아 뿔뿔이 흩어졌고, 김윤찬 목사는 아우성이 끝난 텅빈 거리에 가족들과 함께 허망하게 서 있었다. 그때 허일 선교사에게서 또 다른 소식이 왔다. 다음날 마지막 비행기가 있는데 함께 떠나자는 것이다. 김 목사는 뛸 듯이 기뻤다. 이 지옥을 벗어나야만 한다. 무슨 수를 써서든지 가족들을 공산당의 치하에서 피신시켜야만 한다. 그는 이렇게 생각하면서 다음날을 초조히 기다렸다.

그런데 밤새워 기도를 하는데, 기분이 영 이상했다. 도저히 은혜가 안 되는 것이다. 자신이 가는 길이 주님이 원하는 길이 아니라는 생각이 퍼뜩 들었다. 아직도 이 평양 땅에는 수많은 교인들이 있었고, 다음날 즉 12월 2일은 주일이었기에 상한 심령을 가진 사람들이 교회로 찾아올 수도 있으니, 그들을 모른 체하고 예배를 폐할 수는 없었다. 그는 그 밤으로 사람을 보내 허 선교사에게 자신은 갈 수 없다고 전하고서는, 밤새도록 주님에게 처절한 기도를 올렸다.

"주님. 제게서 무엇을 원하십니까? 그렇게 고난을 주신 것을 탓하지는 않겠습니다. 하지만 제 가족들만큼은 무사해야 하지 않겠습니까? 저 어린 재연이를 보십시오. 주님, 이제 4살밖에 되지 않았습니다. 아무 것도 모르는 것이 춥다고 떨기만 합니다. 주님, 저는 어떻게 되더라도 괜찮습니다. 그러나 저 어린 것들을 도와주소서. 주여, 주여!"

마지막까지 드린 예배와 섬김

12월 2일 주일, 아무도 교회에 나타나지 않았고, 김 목사는 마지막으로 가족과 예배를 본 후에 교회를 나섰다. 이제 길에는 사람이 별로 없었다. 2일 낮, 평양시에서 갑자기 큰불이 일기 시작했다. 불은 이곳저곳에서 산발적으로 일어나다가 급기야는 전 평양시가 불바다가 되어버렸다. 후퇴하는 국군과 유엔군에 의해, 적군에게 유리한 점거지를 주지 않기 위한 전략이었다. 평양시는 마치 소돔과 고모라에 떨어지는 거대한 불기둥과도 같이, 혀를 날름거리는 불덩어리들의 춤판으로 변하고 말았다. 이제 김윤찬 목사도 더 이상 평양에 머무를 필요가 없었다.

12월 3일 낮에 대동강을 건너려고 온갖 방법을 생각하고 있던 김 목사에게 이런 소식이 들어왔다. 군목으로 평양에 입성했던 황은균 목사가 평양 어느 장로 집에서 장질부사로 누워 있다는 것이다.

피난을 가야 했는데, 병 때문에 홀로 누워 있다는 것이었다. 김윤찬 목사는 소식을 받자마자 가족들을 남겨두고 부랴부랴 그 장로 집으로 뛰었다. 황 목사는 병 때문에 몰라보게 수척해졌고, 또한 뒤숭숭한 전황으로 인해 더욱 불안해하고 있었다. 종군목사인 황 목사가 이곳에 남는다면, 인민군이 들어온 후에는 어떤 고통을 당할지 알 수 없는 것이다. 눈물을 흘리는 황 목사를 들쳐 업고 김 목사는 바삐 그 집을 나왔다.

"황 목사, 기운을 내시오. 이러고 있어서는 안 되오."

김 목사는 무거워서 걸음을 제대로 옮길 수도 없었지만, 그래도 그대로 있을 수 없어서 죽을힘을 다해서 거리로 그를 옮겨놓았다. 황은균 목사를 길가에 눕혀놓고, 지나가는 차들에게 도움을 청하는데 서는 차가 없었다. 가까스로 차 한 대가 김 목사의 앞에 섰기에, 사정사정해서 황 목사를 차에 태웠다. 그러나 차는 모란봉에 이르자 고장이 나버려서 옴짝달싹도 하지 못했다.

"황 목사, 걱정 마시오. 잘 될 거요. 우리에게는 하나님이 계시지 않소."

황은균 목사의 신음소리를 들으며 김 목사는 다시 황 목사를 길거리로 끌어냈다. 다행이 모란봉거리는 차량통행이 많은 곳이었고, 또한 후퇴로였기에 차들이 끊이지 않았다. 그러나 김 목사가 아무리 손을 흔들어도 서주는 차가 없었다. 금방이라도 인민군이 들이

닥칠 것 같은데, 병든 사람을 태워줄 리 없었다. 주여, 도와주소서. 주님의 종을 모른다 버리지 마시고, 이 난관을 이길 수 있도록 도와주소서. 그는 이렇게 기도하면서 다가오는 차에게 필사적으로 손을 흔들었다. 미군차였다. 김 목사는 두 손을 모으고 소리쳤다.

"우리는 목사요. 도와주시오."

서투른 그의 말을 알아들었는지 미군이 차를 세웠다.

"감사합니다, 주님. 감사합니다."

김 목사는 황 목사를 차에 태우려고 끙끙댔다. 그러나 너무나 무거웠기에 힘이 들었고, 황 목사는 열이 펄펄 끓어서 정신을 거의 잃고 있었다. 미군의 도움으로 간신히 황 목사를 차에 태우고 자신도 얼른 차에 올랐다. 차가 출발하자, 김 목사는 혹시라도 미군의 마음이 변할까봐 걱정했다.

"이분은 종군목사입니다."

미군의 얼굴에 반응이 보이는 것 같았다. 번잡한 도로를 이리저리 움직여서 미군의 차는 동평양교회의 한 장로 집에 다다랐다. 김 목사는 황 목사를 장로 집에 부탁한 후에 쉴새 없이 한달음에 밖으로 뛰어나왔다. 이제 가족들을 찾아야 했다.

주님, 저의 가족을 살려 주소서

오후 5시가 되자 김 목사는 난민들이 들끓는 거리로 가족을 찾아 헤맸다. 살을 에이는 듯한 바람이 불어왔고, 그의 두 뺨은 얼어버려서 감각도 없었지만, 그는 추위를 느낄 수 없었다. 가족을 찾아야만 한다는 일념이 그의 감각을 마비시킨 것이다.

"재연아! 재연아!"

그의 외침은 찬바람이 휩쓸어갔고, 거리에는 울부짖는 난민들의 통곡소리가 난무했다. 평양시의 불은 이제 제 세상을 만난 듯이 하늘 높이 치솟으며, 온 세상을 지옥의 불구덩이로 만들려 하고 있었고, 그와 걸맞게 서산에는 빨간 황혼이 지며 하늘가에도 불을 한가득 질러놓은 것 같았다.

오후 5시 30분에 김 목사는 대동강변에서 오들오들 떨고 있는 가족들을 간신히 찾을 수 있었다. 선옥이와 재연이는 엄마 품에서 고개만 빠끔히 내밀고 얼어 있었고, 맏딸 재옥이가 재성이와 재형이를 혹시라도 잃어버리지는 않을까 해서 부둥켜안고 추위를 달래고 있었다.

"아버지!"

재성이가 김윤찬 목사를 보고 황급히 달려왔다.

"아, 재성(혜)아. 춥지?"

김 목사는 가족들을 보면서 안도의 숨을 쉬었고, 아버지를 애타도록 기다렸던 가족들이, 그를 보자 추위에 아랑곳없이 활짝 웃었다. 김 목사는 그것을 보고 눈시울이 뜨거워져서 얼굴을 들어 하늘을 바라보았다.

"가자, 재성아."

그의 목소리가 떨려나오는 것 같았다.

오후 6시 30분경 그렇게 궂은 날씨는 기어이 참지 못하고 눈송이를 날려댔다. 세상은 온통 눈발로 희끗희끗해졌고, 얼굴에 부딪히는 눈송이는 김 목사의 가슴에 비수가 되어 꽂혔다. 일곱 식구가 눈보라 속을 헤매다녔다. 어디로 가겠는가? 어디로 가면 이 일곱 식구가 눈보라를 피해서 따듯한 밤을 보낼 수 있겠는가? 그것은 꿈이었다. 이루어질 수 없는 소망이었다. 선옥이는 엄마의 손을 잡고 춥고 배고프다고 마구 보챘다. 김 목사의 등 뒤에 업혀 있는 재연이는 울다가 울다가 잠이 든 모양이다.

길을 계속 가다가 드디어 역포에 도착했다. 평양에서 남쪽으로 약 30여 리의 거리에 위치한 곳이다. 세상은 혼돈 속에서 빙글빙글 돌아가고, 아직도 평양시의 불길이 이곳에서도 보였다. 그 불빛을 받아서 눈보라가 마치 일부러 뿌려지는 듯 퍼부어댔다.

"하나님, 어찌합니까? 이 어두운 밤, 갈 곳 잃어 헤매는 종을 버리

시렵니까? 이 어린 처자식이 이 밤에 추위를 견디지 못하고, 이 험한 벌판을 헤매다가 얼어 죽어야만 합니까? 주님! 주님!"

자신이 당하는 고통은 참을 수가 있었다. 살이 베어지고 뼈가 부러지는 고통도 능히 참아왔지 않는가? 그런데 처자식이 굶주리고 추위에 얼어붙는 것을 보는 것은, 이 세상 어떤 고통보다도 큰 것이리라. 그의 가슴이 어린 것들의 울부짖음에 찢어져 나가고, 세상은 온통 험악한 눈보라에 덮여가고, 갈 길 몰라 헤매는 김 목사의 절규는 그대로 하나의 울부짖음이 되고 있었다. 그때, 김 목사의 귓전에 이상한 소리가 들려왔다. 미친 듯이 몸부림치며 흩날리는 눈보라 사이로 그 소리는 명확하게 그의 귀를 울렸다.

"윤찬아, 이리 와서 차를 타거라."

주님? 김윤찬 목사는 그 소리를 듣고는 갑자기 힘이 솟으며, 등 뒤의 재연이를 추스르고는 소리쳤다.

"여보, 부인. 이쪽이요. 힘을 내요."

기운 빠진 다리에 힘이 생기고, 온몸에 열기가 뻗쳤다. 아이들은 아버지가 서두르며 앞으로 나아가자, 행여나 놓칠세라 그 뒤를 따랐고, 사모님은 혹시라도 아이들을 잃을까 조바심을 내며, 김 목사를 뒤따랐다.

19

주여, 형제가 내게 죄를 범하면

기차 위에서

주님이 이끄는 대로 얼마를 가니, 역포역에서 얼마 떨어진 곳에 기차 한 대가 검은 몸체를 휘날리는 눈보라에 몸을 맡긴 채 길게 누워 있었다. 기차 안에는 어떻게 알았는지, 그 눈보라를 뚫고 찾아온 사람들이 발 들여놓을 틈도 없이 빽빽하게 들어차 있었고, 기차위에도 거의 사람들로 가득차서, 기차는 기차가 아닌 사람들로 이루어진 어떤 조형물처럼 보였다.

눈보라가 몹시도 쳐댔고, 기차의 지붕 위에 있는 사람들은 그 세찬 바람과 눈을 맞으면서도, 묵묵히 자리를 뜨지 않고 눈송이들만 노려보고 있다. 그러나 그 처참한 상황에서도 그들은 일단 기차를 탔다는 안도감이 언뜻언뜻 얼굴에 비쳤다가 사라지곤 했다. 뽀뽀

뽀옥! 기차가 경적을 목이 파열할 정도로 울려댔다. 그것은 곧 출발한다는 의미기도 했다. 김윤찬 목사는 서둘러야만 했다. 이 기차를 놓치면 끝장이었다. 이 기차를 놓치면 추위와 굶주림에 이 허허벌판에서 꼼짝없이 얼어 죽어야 할 판이었다.

"재성아! 빨리 기차에 타라."

기차가 덜컹거리는 품은, 금방이라도 그 긴 몸이 김 목사의 가족을 뒤로 남기고 앞으로 마냥 달아날 것만 같아서, 김 목사는 애가 달아 소리쳤다. 재성이가 재빨리 기차 위를 살피더니, 빈자리를 보고 뛰었다. 김 목사가 재성이가 뛰자, 그 뒤를 이어서 가족들을 이끌었다. 눈보라는 김 목사의 가족들을 그 자리에서 하늘로 높이 날릴 듯이 불어댔지만, 그 눈보라를 뚫고 김 목사는 기차 옆에 이르렀다. 재성이가 곡예를 하듯이 사람들 사이를 타고 지붕 위로 올라가서는 손을 내밀었다.

김 목사는 어린 재연이를 그에게 넘겨주었고, 이어서 다른 가족들을 재성이가 위에서 당기고, 김 목사가 아래서 밀고 해서 간신히 기차 지붕 위에 올라탈 수가 있었다. 꽤액! 기차가 출발하고 있었다. 사람들의 아우성과 비명, 그리고 욕지거리가 기차가 앞으로 힘차게 달리자, 그대로 눈보라 속에 묻혀버렸다.

기차가 설 때마다 피난민들이 몰려들었고, 이제는 기차 지붕 위에도 더 이상 발을 들여 놓을 틈조차 없었다. 사람이 빈틈도 없이 꽉 차 있으니 차라리 춥지가 않아서 다행이었다. 하지만 문제는 먹는 것과 용변이었다. 김 목사는 보퉁이에서 얼마간 싸온 곡식을 가족들에게 건넸고, 그것을 받은 아이들은 그대로 곡식을 씹어서 삼켜야만 했다. 용변도 그 자리에서 해결해야만 했으니 그 고충이 이만저만이 아니었다. 그러나 만일 자리를 조금이라도 뜨면 그나마 있는 자리도 빼앗기고 말 것이니 어쩔 수가 없었다.

기차는 멎었다 갔다를 되풀이해서, 거의 이틀 만에 이른 곳이 황해도 사리원이었다. 피난민들이 기차소리를 듣고 새까맣게 몰려왔으나, 탈 곳은 한 군데도 없었다. 김 목사는 기차를 타지도 못하고 허망하게 눈물짓는 피난민들을 쳐다보며 눈물을 흘렸다. 주여, 저들을 불쌍히 여기소서. 그는 나지막이 이렇게 중얼대다가 선로 밖에서 외로이 떨고 있는 한 노인을 보고는 깜짝 놀라서 눈을 크게 떴다. 머리가 하얗게 세었고, 지팡이에 온몸을 의지한 채로 추위에 온몸을 오들오들 떨고 있는 그 노인은 분명히 방효원 목사였다. 우리나라 초대 선교사 중의 한 명으로 중국 산동에 보내져서 주님의 사역을 마쳤던 원로목사였다.

"방 목사님! 방 목사님!"

김윤찬 목사는 그를 소리쳐 불렀지만, 피난민들의 아우성에 그의 목소리는 그대로 파묻혀 버렸다. 김 목사는 이대로 있을 수 없다고 생각하고, 재성이에게 가족들을 부탁한 후에 지붕 위에서 뛰어내렸다. 그리고는 방 목사에게 바람처럼 달려갔다.

"방 목사님!"

김윤찬 목사가 방 목사에게 다가가서 그의 팔을 잡자, 깜짝 놀라던 방 목사가 그를 알아보고는 반가워한다.

"아니 김 군, 아니 김윤찬 목사가 아닌가?"
"목사님, 갑시다. 시간이 없습니다."

기차가 사리원역을 떠나려고 빼액빼액 울어댔다. 잘못하면 이 혼잡한 피난통에 가족을 잃을 수도 있었다. 방 목사를 부축해서 김윤찬 목사는 바삐 서둘렀다. 빨리 가족들에게 돌아가야 한다. 뽀옥! 칙칙! 증기가 내뿜어지는 것이 곧 떠날 모양인데 방 목사는 너무나 늙어서 몸이 마음대로 되어주지 않고 자꾸만 넘어진다. 마음은 바쁘고 방 목사를 이대로 내버려 둘 수는 없었다.

"아버지!"

재형이가 조바심이 나서 손을 자꾸 흔들어댔다.

"아버지, 빨리요."

재옥이도 애가 타는지 소리소리 질러댔다. 그러나 피난민들이 자꾸 앞을 가로막아서 제대로 나아갈 수가 없었다. 방 목사의 걸음은 숨이 차는지 자꾸 느려졌고, 마음만 급해서 안달이 날 것 같다. 간신히 그를 부축해서 기차 옆에 도착하니 기차가 덜컹거리며 움직이기 시작했다.

"재성아, 재성아, 방 목사님 잡아드려!"

재성이와 재옥이가 방 목사의 손을 얼굴이 빨갛게 되도록 죽을 힘을 다해 잡아당겼고, 김 목사는 밑에서 그의 몸을 밀었다. 기차는 천천히 앞으로 나아가고 있었다. 꽥액꽥액! 방 목사가 간신히 기차 위에 올라탔는데, 기차가 속력이 붙었는지 앞으로 달려간다.

"아버지!"
"여보, 목사님!"

가족들이 소리소리치며, 김 목사를 불러댔고, 김 목사는 필사적으로 달리는 기차에 매달렸다. 기차가 속력을 내고 있었다. 사람이 떨어지건, 못 탔건, 가족들을 잃어버렸건 기차는 신경 쓰지 않고 앞으로만 달려 나갔다. 김 목사는 매달린 팔이 후들거렸지만 힘을 냈다. 재성이가 달리는 기차 위에서 손을 내밀며 김 목사의 팔을 잡았다. 그래. 나는 올라가야 해. 그는 젖 먹던 힘까지 내면서 간신히 기차 위로 기어올랐다. 그렇게 추운 날씨인데도 그의 이마에는 땀방울이 차갑게 맺혔다

기차가 멈추다

기차는 사람들이 너무 많이 타서 그런지, 헥헥대면서 삼강, 내포, 신원을 간신히 지나서 멸악산맥의 귀퉁이인 산 주막을 끙끙대며 넘어갔다. 이어서 펼쳐지는 곳이 연백평야다. 예성강이 이루어놓은

비옥한 평야지대였다. 그러나 피난민들이 보는 연백평야는 비옥한 땅이 아닌, 흰 눈이 덮인 황량한 벌판에 불과했다. 정단을 통과해서 이른 곳이 연안이다. 바로 연백평야의 중앙이었다. 기차는 이곳에 선 채로 도통 움직이지 않았다. 사람들은 행여 자리를 뺏길까봐 움직이지도 않고 그대로 있었다. 이러기를 몇 시간 한 후 마침내 기관사가 소리를 질렀다.

"기차가 고장이 나서 더 이상 갈 수가 없소. 모두 내리시오."

그 말을 듣고 사람들이 아우성을 쳤다. 여기서 내리면 어디로 가야 한단 말인가? 아직도 북한 땅에 있는데, 이곳에서 못 간다 하면 어쩌란 말인가? 피난민들의 가슴이 몽땅 무너져 내렸다. 아우성을 치고, 눈물을 흘리면서도 피난민들은 좀체로 기차에서 내리지 않았다. 혹시라도 기차를 고쳐서 앞으로 나아갈지 모른다는 실낱같은 희망이 있었기 때문이다. 그러나 종내 기차는 그 자리에서 움직이지 않았다. 수 시간이 또 흐르고야, 더 이상 이러고 있을 수만은 없다고 판단한 사람들이 하나 둘씩 자리를 뜨자, 사람들은 기차가 움직인다는 희망을 포기한 채로 슬슬 자리에서 일어섰다. 그러나 아직도 많은 사람들이 그 자리에서 움직이지 않았다.

서울로

밤 10시경 헌병들이 들이 닥쳐서 소리소리 질러대며 사람들을 강제로 내쫓았다. 피난민들은 득달하는 헌병들에게 쫓겨서 기차에서 내려 뿔뿔이 흩어졌고, 그래도 혹시나 하는 마음에서 연안역에는 많은 사람들이 서성대고 있었다. 김 목사는 가족들을 이끌고 역 근처를 헤매다가 아이들이 춥다고 울부짖는 바람에 근처에 있는 돼지우리에 들어갔다. 돼지는 없었고, 지푸라기들이 그래도 약간의 추위는 막아주었다. 아이들을 추위에서 막아 주고자 지푸라기를 들추던 김 목사가, 밖에서 피난민들을 뚫고 천천히 북으로 올라가는 택시를 바라보고는 이상한 마음이 들었다. 모든 사람과 차량들이 모두 북에서 남으로 내려오는데, 그 차만은 북쪽으로 올라가는 것이었다. 그는 돼지우리에서 나와서 그 차로 다가섰다. 왜 그가 그 차로 다가갔는지는 알 수 없었지만, 왠지 그래야만 할 것 같았다. 차 안에 타고 있는 사람은 놀랍게도 평안남도 도지사였던 김성주였다.

"아니, 김 목사님. 이게 웬일이요?"

김 도지사가 김 목사를 알아보고는 반갑게 인사를 했다.

"김 도지사님 아니십니까?"

김윤찬 목사도 그에게 마주 인사하며 왜 북으로 가느냐고 물었다.

"하도 전황이 불투명해서요. 올바른 소식도 없고 해서 제가 직접 살피러 가는 길입니다. 목사님은요?"

김 목사는 그에게 자초지종을 이야기했다. 이야기를 듣고 난 김 도지사가 혀를 끌끌 차더니 말했다.

"김 목사님, 여기서 이렇게 있으면 안 됩니다. 우선 서울로 내려가십시오."

"서울로 내려가려 해도 차가 없습니다."

"그래요?"

그는 고개를 끄덕이며 그도 그럴 것이라고 생각했는지, 품에서 명함을 한 장 꺼내서 메모를 써주었다.

"이것을 가지고 헌병대로 가서 보이면 될 것입니다."

"김 목사는 그것을 받으며 말했다.

"동행이 있습니다. 약 100명 정도 됩니다."

자신과 같이 왔던 평양의 교인들을 그는 버릴 수가 없었다.

김 도지사는 고개만을 끄덕였고, 김 목사는 그에게 고맙다고 인사를 하고는 바삐 자리를 떴다. 다시 역전으로 돌아와서 안면이 있는 교인들이며 남아 있는 사람들을 모아서 헌병대로 갔다. 김 도지사의 명함을 보였더니, 헌병이 50명만 이송해주겠다고 했다. 김윤찬 목사가 사정하고 애원하고 해서 간신히 모두 다 이송해주겠다는 허락을 받았다. 곧바로 헌병대의 차가 피난민을 수송했고, 김윤찬 목사 가족들도 트럭에 실려 경기도 고양군 수색에 도착하니 다음날 오후 3시경이었다. 수많은 난관을 뚫고 드디어 서울 어귀에 도착한 것이다.

수색역에서 간신히 기차를 얻어 타고 서울역에 도착했다. 그래도 수색에서 서울역까지는 기차가 있었기에, 다행히 손쉽게 올 수 있었다. 서울의 집들은 거의가 텅 비어 있었다. 모두가 국군의 후퇴와 중공군의 개입에 불안감을 느껴서 남으로 피난을 갔던 탓에 집집마다 텅텅 비었다. 김 목사는 추위도 녹일 겸, 주인도 없는 빈집에 들어가서 오랜만에 밥을 지어먹고는 남산성도교회를 찾았다. 성도교회는 신앙의 동지이자 친구인 황은균 목사가 시무하는 교회였다. 교회는 북에서 피난 온 피난민들로 꽉 차 있었고, 본 교인들은 대부분 남쪽으로 피난 가서 혼란스런 상황이었다. 김윤찬 목사는 황은균 목사를 찾았으나, 그는 병이 조금 나아서 남쪽으로 다시 피난갔다는 소식이었다. 예상은 하고 있었지만, 그래도 조금 서운했다.

김 목사는 가족들을 데리고 목사 사택으로 들어갔다. 이곳에도 피난민들이 들끓었지만, 그래도 김 목사가 머물 곳은 있었다. 그는 가족들에게 방 한구석 자리를 잡아주고는, 아이들이 오랜만에 들어오는 방을 보고 좋아하는 모습에 가슴아파했다.

그 다음날이 주일이었기에, 성도교회에 남아 있던 몇몇 장로들이 김윤찬 목사에게 설교를 부탁했다. 하나님의 사역자이기에 언제나 하나님의 말씀을 전해야 했다. 궂은 날이건, 맑은 날이건, 험한 때건, 편안한 때건 상관치 않고 말이다. 피난민들의 설움을 달래주는 설교를 마친 후에, 김 목사는 예배가 끝나자 바로 영락교회로 갔다. 한경직 목사는 이미 부산으로 피난 갔고, 강신명 목사만이 남아 있었다.

강신명 목사는 김윤찬 목사를 알아보고는 무척이나 반가워했다. 강 목사와 이런저런 이야기를 나눈 후에 헤어질 때에 강 목사가 보리 한 말을 김윤찬 목사에게 내밀었다. 피난 시에 쌀 한 톨이 귀할 때니, 보리 한 말이면 굉장히 귀중한 양식이었다. 김 목사는 몇 번이고 강신명 목사에게 고맙다는 인사를 하고는 다시 가족에게로 돌아왔다.

부산으로

아무래도 서울은 불안했다. 서울에서 얼마 멀지않은 곳에서 치열한 접전이 벌어지고 있었고, 전황은 연합군에게는 아주 불리하게 전개되고 있었다. 언제라도 다시 인민군과 중공군은 밀고 내려올 수 있는 것이다. 김윤찬 목사는 보다 안전한 부산으로 내려가고자 했으나, 수중에 남아 있는 여비가 없었다. 할 수 없이 그는 연지동에 있는 선교사댁을 찾았다. 거기도 역시 모두가 피난을 갔고, 안두화 목사만이 남아 있었다.

사정을 하니 안두화 목사가 연락을 해서 총회의 총무인 유호준 목사가 와서, 여비로 5천 원을 그에게 건네주었다. 그 돈을 받아들고 어린애처럼 기뻐하던 김윤찬 목사는 갑자기 안색이 어두워졌다. 이상한 기미를 느낀 안 목사와 유 목사가 그 이유를 묻자 김 목사는 이렇게 말했다.

"두 분 목사님. 저는 이렇게 여비가 준비되었으나, 지금 서울역에는 많은 북쪽의 목사들이 여비가 없어서 발이 묶여 있습니다. 그들을 생각하니 가슴이 아파서 그럽니다."

안두화 목사와 유호준 목사가 그 말을 듣고서야, 정말로 그렇다는 것을 깨달았다. 그러나 두 목사는 누가 평양노회의 목사인지 알지 못했다. 안 목사의 제의로 김 목사와 두 목사가 서울역으로 가서 만나는 목사마다 5천 원씩을 지급하자, 김윤찬 목사의 마음도 편해졌다. 그는 두 목사에게 감사와 치하의 말을 한 뒤에 가족을 데리고 부산으로 떠났다.

부산에 도착한 김윤찬 목사는 초량교회를 찾았다. 그리고 이곳에서 들끓는 피난민들과 1주일을 지내다가 부민교회 성경학교 한 모퉁이를 빌려서 기거했다. 그가 부산에 와서 하는 일은 매일 중앙교회에 나가서 기도회를 갖고 기도에 열중하는 것이었다.

특별한 사명

1951년 1월 4일 드디어 서울이 인민군과 중공군에 의해 뚫렸다. 유엔군의 저지선은 남으로 남으로 밀려 내려왔으며, 그에 따라 부산은 온통 피난민 천지였다. 집은 물론이고, 창고, 교회, 학교, 하다못해 외양간까지도 피난민이 차고 앉았고, 거리는 피난민에 의해 걸음도 제대로 걸을 수 없을 지경이 되었다.

"눈보라가 휘날리는 바람찬 흥남부두에, 목을 놓아 불러봤다, 울어도 봤다…."

고물라디오에서 피난민의 설움이 담긴 노래가 흘러나와, 사람들을 울렸고, 피난민들의 모습은 그야말로 걸인들과 다름이 없었다. 이제 사람들의 목표는 오직 하나. 어떻게 하면 생존할 수 있나 하는 것이었다.

피난민 생활에 물들어 가는 어느 날, 김 목사는 가족과 함께 있는데 누군가 자신을 찾아왔다는 기별을 받았다. 미군인데 한국말을 잘한다는 말이었다. 김윤찬 목사가 밖으로 나가자 자신을 보고 활짝 웃는 군복을 입은 사람이 눈에 들어왔다.

"김 목사님, 살아계셨군요."
"아, 아니, 이게 누구요."

옥호열 선교사였다. 옥 목사는 한국의 초대선교사 중의 하나이며, 함경도 원산 명석동교회의 설립자인 소안론 목사의 딸과 결혼해 외국에서 파견되어 온 선교사이다. 한국이 좋아서 한국에서 일생을 보내려 하는 평양에 적(籍)을 둔 선교사였다. 두 사람은 너무나 반가워 얼싸안고 뱅뱅 돌았다. 한참 동안 다시 만난 감격에 기뻐 말도 못하다가 감정이 조금 가라앉자 옥 선교사가 김 목사에게 은근히 말했다.

"김 목사님, 하나님이 김 목사님께 맡긴 사명이 있습니다."
"그것이 무엇이오, 옥 목사님?"

김윤찬 목사는 옥 선교사의 말에서 그가 무슨 중요한 말을 하고 있다는 것을 알아챘다.

"우선 저와 함께 갑시다."

옥 선교사는 김 목사의 손을 잡아끌어 차에 태웠다.

부산시 수영이다. 허허벌판에 철조망이 위협적으로 쳐져 있었고, 사방이 미군과 국군으로 삼엄하게 경계되고 있다. 수영포로수용소였다. 바로 전쟁에서 잡힌 포로들을 후방으로 이송해 와서, 이곳에 감금해 놓은 것이다. 김윤찬 목사는 자신을 이곳에 데려온 옥 선교사의 의도가 무엇인지 몰라 어리둥절했다. 그 모습을 보고 옥 선교사가 미소를 띠었다.

"김 목사님, 저 안에는 수만 명의 공산군포로들이 있습니다. 그들은 주님을 모르고, 또 알고는 있으나 믿지 않는 사람들도 있습니다. 어떤 사람은 믿고 싶어도 그들을 인도해 줄 사람이 없어서 그저 하늘만 쳐다보고 있는 실정입니다."

김윤찬 목사는 그 말을 듣고서야 옥호열 선교사가 자신에게 무엇을 원하는지 알았다. 그는 자신에게 저 공산당들을 인도하라는 것이었다. 보기만 해도 치가 떨리는 공산당들을 말이다.

김 목사는 29일간의 관 같은 감방 안에서의 생활을 기억했다. 그리고 그 수많은 고문과 악행들도 그의 머리에 떠올랐다. 자신을 인간이 아닌 개, 돼지, 아니 어떤 물건처럼 다루며, 자신에게 고문을 가했던 적그리스도들. 주님을 믿기보다는 오히려 주님의 반대편에 섰던 무리들. 그리고 수많은 기독교인들을 난도질해서 죽였던 사상의 노예들. 무저갱에서 올라온 사탄의 자식들. 그는 그들을 이해할 수가 없었다. 그들을 용납할 수가 없었다.

그러나… 그러나…

그의 가슴이 떨리고 있었다. 그들도 인간이었고, 하나님의 자녀들이었으며, 형제자매이기도 했다. 그의 눈앞에 엘리야의 까마귀였던 소련 간수와 자신을 평양감옥으로 보내서 가석방되게 만들었던 검정양복의 검사가 떠올랐다. 그들도 공산당이었다. 그리고 그들도 새빨간 피를 가진 하나님의 자녀였다.

"좋습니다, 옥 목사님. 언제부터 시작하지요?"

김 목사의 눈에 맺혀 있는 눈물방울을 보며 옥 선교사가 그의 손을 꼬옥 잡았다. 두 사람의 머리에는 이런 성경구절이 하나 떠올랐다.

> "주여, 형제가 내게 죄를 범하면 몇 번이나 용서하여 주리이까… 예수께서 가라사대 일곱 번뿐 아니라, 일흔 번씩 일곱 번이라도 할지니라" (마태복음 18:21-22).

그날부터 김윤찬 목사는 완악하고 강퍅한 포로들을 인도하기 위해 하루에 두 번씩 수영포로수용소에 들어가서 그들에게 복음을 전했다. 처음에는 김 목사를 비웃던 포로들도 그가 정성으로 나오자 하나둘씩 감화를 받고서 복음을 받아들이기 시작했다.

다시 회복되는 예배

연합군이 다시 반격을 개시했고, 중공군과 인민군은 필사적인 저항을 하면서, 전세는 이제 비등한 수준을 유지하면서 국지적으로 치열한 공방전이 계속되고 있었다. 전선은 다시 북상하여 이제는 38선 부근에서 교착상태에 빠져 있었고, 연합군과 미군 측은 혹시라도 소련이 개입하지 않을까 걱정하고 있었다. 만일 소련이 개입한다면 세계대전으로 발전할 가능성이 많고, 그 피해는 엄청날 것이다. 이때가 1951년 6월이다. 아직도 불안정한 정세 때문에 피난민들은 모두 부산에 모여 있었으며, 북한에서 피난 온 사람들은 오로지 부산에만 쏠려 있는 듯했다.

피난민들은 어떻게 하든 먹고 살려고 발버둥을 쳤고, 그런 와중에도 주일이면 교인들은 꼬박꼬박 교회에 나와서 예배를 드렸다. 교회는 몰려드는 교인들로 꽉 차서 복도나 교회 뒤에도 가득 자리를 잡았다. 교회의 공간은 한정되어 있었고, 교인들은 너무 많았기에 예배시간이 되면 교회 문을 걸어 잠그는 사태가 일어났고, 예배에 참석하지 못한 신도들이 울부짖으며 교회 문을 두드리는 일이 빈번했다.

1951년 4월 마지막 주일, 부산 광복교회는 38선 이북에서 피난 온 기독청년들의 모임인 면려회의 예배시간이 끝나자, 김윤찬 목사는 김처호 집사(평양평창리교회 집사)와 김광신 장로(평양장대현교회 장로)에게 이런 말을 했다.

"너무도 많은 우리 교인들이 장소가 부족하여 예배를 드리는 데 불편을 겪고 있습니다. 다음 주일이 마침 어린이주일이니, 좁은 교회에서 모일 것이 아니라, 보수산 위에서 모여 예배를 드리도록 합시다."

김 집사와 김 장로가 무릎을 쳤다.

"그것 좋은 생각입니다, 목사님. 우리 교인들을 모두 모아, 예배도 드리고 교회 설립도 의논하는 것이 좋을 듯합니다."

이렇게 해서 김 목사는 북에서 피난 온 교인들은 모두 5월 첫 주일 부산 보수산에서 모여 예배한다는 광고를 했다.

1951년 5월 첫 주일, 보수산 위에 연락을 받은 천여 명의 교인들이 산으로 모여들었고, 교인들의 얼굴에는 오랜만에 환한 은혜의 빛이 떠올랐다. 김윤찬 목사의 사회로 예배의 시작이 선포되었고, 김인서 장로의 울부짖는 '예루살렘을 생각하라'는 설교는 모든 교인들의 눈물을 떨구게 만들었다. 설교가 끝나고 찬송이 시작되자 교인들의 가슴이 찢어져 나가는 것 같았다.

"멀리멀리 갔더니, 피곤하고 곤하며, 슬프고도 외로와, 정처 없이 다니니. 예수 예수 내 주여, 이제 내게 오셔서, 떠나가지 마시고, 길이 함께 하소서…."

울먹임이 흐느낌이 되고, 다시 흐느낌이 통곡으로 변하니 보수산 꼭대기는 금방 울음바다가 되어서 산정이 흔들렸다.

20

평양노회의 탄생

천막 교회

"다음 주일에도 이 자리에서 모이겠습니다."

김윤찬 목사는 예배 후에 광고를 이렇게 마쳤다. 교인들이 예배가 마쳤는데도 눈물을 뿌리면서, 산을 내려가기가 아쉬운 듯이 그 자리에 앉아 있었다. 이것이 바로 평양교회, 아니 이북에 있는 모든 교회를 대신하는 교회의 태동이었으니, 피난민이 모여서 노천에서 3주간 예배드린 후에 일어난 놀라운 하나님의 역사였다.

1951년 5월 마지막 주일에 김윤찬 목사는 옥호열 선교사를 만나서 사정을 했다.

“옥 목사님, 부탁이 하나 있습니다.”

“그래요? 무슨 부탁입니까, 김 목사님?”

“포로수용소의 하나님의 사역도 중요한 일이라 생각합니다. 또 저는 그것을 제게 맡긴 하나님께 항상 감사하고 있습니다. 하지만 저 피난민들을 좀 보십시오. 노천에서 벌써 3주간 예배를 드렸습니다. 우리는 모두 다 주님의 귀한 아들 딸입니다. 그러니 저들도 교회가 있었으면 합니다.”

“교회요?”

“그렇습니다, 옥 목사님. 우선 바람과 비만 막을 수 있게 천막 정도면 만족할 수 있습니다. 옥 목사님, 우리는 도움이 필요합니다. 천막 몇 개만 구해주시면 정말로 큰 은혜가 되겠습니다.”

옥호열 선교사의 입가에 미소가 흘렀다.

“김 목사님, 저도 평양 사람입니다. 그러니 이북에서 온 피난민들을 돕는 데 앞장서야겠지요.”

김윤찬 목사는 옥 선교사의 말이 고마와서 그의 손을 덥석 잡았다. 그로부터 3일 후, 옥호열 선교사는 대형천막 6개와 널판지 6트럭을 실어와 보수산 위에 내려놓았다. 널판지는 포로수용소에서 쓰는 물품들을 나르는 데 쓰이는 포장용 나무상자들이었지만, 그런대로 쓸 만했다. 이것들을 이용해 교인들은 천막 4개를 잇고, 널판지를 대서 건물을 지으니, 볼품은 없었지만 그래도 비바람을 막아주는 훌륭한 예배당이 되었다. 이름을 평양교회라고 지었으니,

이것이 바로 북한에서 피난 온 피난민교회 중 최초의 것이었다.

교회는 나날이 교인들이 모여들어 부흥했으며, 김윤찬 목사의 헌신적인 노력으로 서러움 많은 피난교인들의 가슴에는 그래도 한줄기 빛이 생겼다. 피난민으로 이루어진 교인들 중에는 가족을 잃은 불행한 사람이 많았다. 어떤 이는 전쟁 통에 남편을 잃고, 어떤 이는 아내를 잃어버리고, 어떤 아이는 부모를 잃었다. 이 모든 사람들이 천막교회에 모여서 식사도 하고, 잠도 자고 해서, 천막교회는 살림집이 되어갔다. 사람들은 대부분 낮이면 먹을 것을 찾아 거리를 헤매면서 동냥을 해왔고, 저녁이면 그 동냥 해온 것을 끓여먹느라고 부산했다.

제직회에서 그것을 보며, 경건해야 할 교회가 저 지경이 되어 있다고 인상을 쓰며, 김 목사에게 그것을 불평했으나 김 목사는 항상, '너희는 과부와 고아를 사랑하며 돌봐주라'(야고보서 1:27)라는 주님의 말씀이 생각나서, 아무런 조치를 취할 수 없었다.

그러나 마침내 김윤찬 목사는 제직회의 불평에 무슨 수를 써야겠다고 생각하고는, 교회를 짓고 남은 천막 두 개를 교회 옆에다 쳐놓았다. 그리고 모든 살림하는 사람이며, 고아, 과부 등을 거기로 옮겼다. 그 천막 위에는 '평화모자원'이라는 이름의 간판이 붙었다. 그때부터 교회는 예배 보는 장소로, 평화모자원은 살림집과 고아 그리고 과부들을 위한 장소가 되었다.

성전 건축

그로부터 평양교회의 건축 설립계획이 수립되어 1년 동안 교인들이 산을 깎고 돌을 쪼아, 땅을 고르고 흙을 퍼 날라서, 기초를 다진 후, 그 위에 시멘트 건물로 100여 평의 교회를 지으니, 이 교회가 평안교회로서, 후에 평단교회로 이름을 바꾼 교회이다. 당시 땅을 파거나 산을 깎는 데 별다른 도구가 없었다. 그래서 교인들은 산을 깎느라고 손이 온통 부르트고, 손톱은 땅을 파느라고 긁혀 갈라졌으며, 온몸이 흙투성이 땀투성이가 되었으나, 오로지 주님의 교회를 짓겠다는 일념으로 모든 고난을 이겨냈다.

평화모자원은 안두화 선교사 부인이 함석을 기증하고, 포로수용소에서 나무를 얻어다가 수리한 후에, 나중에 장로, 집사들이 연보하여 영도에다 2층 건물을 신축하여 옮겼다. 그러자 심령이 가난한 자, 육친을 잃은 자들의 쉼터가 되었다.

1951년 7월 전쟁은 완전히 38선을 중심으로 교착상태에 빠졌고, 장기전에 돌입할 태세를 취하고 있었다. 이때 소련이 휴전을 제의했고, 일부 미군 장교와 분단의 고착을 염려한 남북의 지도자의 반대에도 불구하고, 전쟁의 피해와 확산을 불안해했던 대부분의 유엔군 측 지도자들이 환영의 의사를 표명했다.

이어 미국 대통령 트루먼이 소련의 휴전제의를 받아들여 정전회담이 개시되었다. 휴전제의와 정전회담이 진행되는 동안에도 전선에서는 치열한 접전이 벌어졌고, 정전이 되기 전에 한 치의 땅이라도 더 빼앗고자 하는 북조선 측과 남한 측의 접전은 혼신의 힘을 다하고 있었다.

정전회담이 열리고 더 이상 국군의 북진 가능성이 없자, 김윤찬 목사는 북한의 기독교인을 대표하는 노회를 구성할 필요가 있다는 것을 깨달았다. 더 이상 갈 수 없는 북한의 기독교회를 함께 모을 수 있는 구심점으로서 말이다.

원래 평양노회는 평남노회에 속해 있었다. 1907년 언더우드 선교사가 이 땅에 온 지 22년 만에 조선에는 독립된 노회가 조직되었고, 일곱 노회를 전국에 두었는데, 그중의 하나가 평남노회였다. 1921년 조선예수교 장로회 제10회 총회가 열렸고, 그때에 평남노회는 평양노회와 평서노회로 분리되었다. 김윤찬 목사가 시무하던 교회들은 모두 이 평양노회의 소속이었다.

1951년 10월, 부산 평양교회에 김윤찬 목사가 발기하여 목사 20명과 장로 20명이 모였다. 모두가 북쪽에 적(籍)을 둔 목사와 장로들이었고, 노회창립을 위해 모인 것이다. 창립총회에서 만장일치로 평양노회 설립을 가결했으며, 다음의 할일은 평양노회가 대한예수교총회에 가입하는 일만이 남아 있었다.

1952년 9월, 대구 서문교회에서는 대한예수교 총회가 총회장 명신홍 목사의 사회로 진행되고 있었다. 총회의 구성원인 총대들은 평양노회가 청원한 노회인준에 대한 의제를 토의했다. 분분한 의견과, 진지한 토의가 계속된 가운데 이 의제는 투표에 붙여졌고, 얼마 후에 총회는 평양노회가 총회에 가입할 수 없다는 것을 가결했다.

그 결과를 듣고 김윤찬 목사와 모든 평양노회 목사들의 실망은 대단히 컸다. 총회에 가입하지 못하면 뿌리가 없어지는 것이다. 하긴 주님이 있으니 총회에 들건 말건 그것이 그렇게 중요치는 않았다. 그러나 그것을 중요하게 여기는 많은 교인들에게는 시험에 들게 하는 원인이 될 수도 있었다. 김 목사는 이대로 포기할 수는 없다고 생각했다.

오후 속회 때 김 목사는 간신히 발언권을 얻었다. 총대가 아니었기에, 그는 본회원이 아닌 옵저버의 자격으로 발언권을 얻은 것이다.

"주님의 사역자이고, 믿음의 동역자이신 총대 여러분."

김윤찬 목사의 발언은 이렇게 시작하였다.

"이북에서 피난 온 평양노회가 총회에 가입하여 총회에 누가 된다면, 우리는 총회에 가입하지 않겠습니다. 1945년 8월 15일 해방을 맞아 38선으로 국토가 양분되자, 우리 총회는 이북의 5도 대회와 이남의 남부대회로 또한 양분되었습니다. 두 대회 중 어떤 대회도 반쪽이 없어졌기에 불완전한 대회였고, 그로써 총회는 반쪽만으로 이루어졌던 반쪽만의 총회가 되고 말았습니다. 북에서의 대회에서 우리는 언젠가는 남에서의 대회와 통합하여 온전하고 완전한 총회가 이룩되도록 기도해왔고, 그것의 주님의 뜻이라고 믿고 생각해왔습니다. 그러나 지금 북쪽에는 공산당에 의해 노회는커녕 교회도 없는 실정입니다. 만일 지금 우리의 피난민 평양노회가 총회에 가입하지 못한다면, 북에서 오로지 주님만을 바라고 내려온 우리 북쪽의 기독교인들은 어디를 뿌리로 하며, 무엇을 바라고 믿음을 키워나가겠습니까? 이것이 과연 주님의 뜻일까요?

존경하는 총대 여러분, 만일 이대로 남쪽의 총회만으로 반쪽의 총회가 이루어진다면, 수많은 북한에 남아 있는 교인들은 어떻게 하란 말입니까? 그리고 그들을 대신해서 이쪽 남한으로 내려온 수많은 피난교인들은 또 어쩌란 말입니까? 우리 평양노회에서 이들을 모두 받아들여서, 북쪽을 대표하는 노회를 만들었는데, 이제 와서 총회에 가입하지 못한다고 하면, 그들은 모두 기독교인이 아니란 말씀입니까? 아니면 우리보고 주님을 믿지 말고 뿔뿔이 흩어지라는 말씀입니까?

존경하는 총대 여러분, 우리 평양노회는 피난민들뿐 아니라, 북한에 있는 모든 교인들을 수용하는 노회입니다. 만일 우리 노회가 총회에 들면, 이것이 남과 북으로 갈라졌던 두 총회가 온전히 합쳐져서 명실공히 하나의 완전한 총회가 되는 것이 아니고 무엇이란 말입니까? 부디 믿음의 동역자이신 총대 여러분께 부탁하오니, 우리 평양노회를 총회에 가입시켜 주시기를 간절히 바랍니다."

김윤찬 목사의 긴 열변이 끝나자 총회는 찬물을 끼얹은 듯이 조용했다. 완고한 이들의 마음이 흔들리고 있었다.

김 목사가 강단에서 내려오고 총회는 속개되었다. 그러나 이왕 가결로서 결정된 것을 번복할 수 없다는 일사부재의의 원칙이 있었다. 총회장과 총대들의 숙고로 이 안건이 다시 표결에 붙여졌으니, 명목은 비상조례였다. 비상조례에 의한 표결에서, 총회의 총대들은 이 비상조례를 찬성으로 가결했으니, 이로써 평양노회는 당당히 총회에 가입되었다. 이로써 남북한의 노회가 1945년 이후 약 7년간 양분되어 있다가, 이때야 비로소 합쳐진 것이다.

김윤찬 목사는 그 이후에도 정전이 될 때까지 포로수용소의 예배를 주관했으며, 평양교회를 정성을 다해 시무했으니, 그의 어깨에는 항상 주님이 함께 하셨다. 그가 어려운 그때까지의 환난 중에도, 절대로 굴하지 않고, 그 수많은 수난을 이겨냈던 것은, 오로지 주님이 그에게 주신 커다란 은혜였으니 그것은 바로 이 말씀이었다.

"내가 너와 함께 있으매."

21

총회(합동)의 발전과 부흥을 위한 노력

총회(합동)의 발전과 부흥을 위하여 진력

1956년 통합측과 분열한 합동 총회는 한국 교회의 신학적 전통과 사상적 전통을 지켜 나가는 교단의 체계를 더욱 확고히 할 필요성이 대두되었다. 이러한 중요한 시기에 김윤찬 목사는 총회의 발전과 부흥을 위해 기여한 바가 컸다. 그는 선교사들이 전해 준 복음과 칼빈주의 신앙을 그대로 계승 발전시켜야 한다는 이념에 매우 충실하였다. 그것은 선교사들의 영향으로 평양신학교로부터 내려온 장로교 전통이었기 때문이다.

그는 총회 신학교의 신학적 정체성을 바로 세우기 위해 전임 강사 이상의 교수에 대해서는 매년 말에 칼빈주의에 입각한 신앙고백 서약서를 받기로 하는 제도를 총회장으로서 주도적으로 시행하였다.

또한 기독교서회가 W.C.C. 노선의 서적들을 대량 출간하여 저변을 확대하고 있는 상황에서, 김윤찬 목사는 "보수주의 연합기관"을 구성하여 발전시켰다. 보수주의 교단 연합기구의 시작은 1966년 51회 총회에서 허락을 받아 합동·고신·예성 세 교단으로 조직이 되었다. 기구 회원 자격은 첫째, 성경을 정확무오한 하나님의 말씀으로 믿는 교단과 단체, 둘째, W.C.C.와 N.C.C에 가입하지 않은 교단과 단체, 셋째 신비적인 사상을 용납하지 않는 교단과 단체였다.

김윤찬 목사는 두 번째 총회장을 역임하던 1967년에 이를 더욱 확대하여 성경장로교회, 예수교감리회, 나사렛교회, 한국복음주의동맹(TEAM 선교부)을 합류하도록 하여 그 영향력을 증대시켰다. 그리고 보수교단의 문서전파를 위하여 기독신보의 사장으로 사역하였을 뿐만 아니라, 1966년 총회기관지 기독신문 발간 1주년사에서는 전국 교회에 물심양면의 협력을 당부하기도 하였다.

특히, 김윤찬 목사의 W.C.C. 노선에 대한 반대가 교단에 끼친 영향은 지대하다고 할 수 있다. 그는 기독신문에 기고한 "W.C.C. 노선과 보수파 교단의 진로"에 대한 글에서 교리와 신조를 초월한 교회의 일치를 주장하는 W.C.C. 적 에큐메니칼 운동이 세계 교회를 어지럽게 한다고 지적을 하였다. 그러면서 보수교회의 대동단결을 촉구하였다.

김윤찬 목사는 이 글에서 에큐메니칼 운동에 대항하는 두 가지 제안을 하였다. 첫째는 내부적인 확충으로서 교단 자체의 단결과 교회의 신앙운동과 신학교 교육 운동을 강조하였다. 둘째는 외부적인 활동으로서 세계 보수교단과의 연합과 청년교역자와 신학생의 외국 보수신학교로의 유학과 해외 선교사 파송을 강력하게 요청하면서 합동 교단의 부흥 성장을 위해 헌신하였다.

마포삼열(마펫) 선교사의 신앙의 맥을 잇는 칼빈신학교에 헌신

2014년 7월 28일로 개교 60주년을 맞이하는 칼빈신학교는 김윤찬 목사가 헌신한 또 하나의 열매이다. 이 학교는 평양신학교의 정신과 신학을 이어가는 신학교로서, 김윤찬 목사는 당시 총회 회계를 맡으며 이북 10개 무지역 노회를 총회인준 받아 영도했었고 초대이사장으로 많은 헌신을 했다.

대한예수교장로교회의 총회 야간신학교로 시작한 칼빈신학교는 장로교평양신학교에 역사적 시원을 둔다. 그리고 이러한 장로교평양신학교는 선교사 마포삼열(Samuel Austin Moffett, 馬布三悅, 1864-1939) 선교사가 1901년 장대현교회 장로 방기창, 김종섭 두 사람을 목사 후보생으로 선발하여 가르치기 시작한 것이 그 시발점이다.

그러므로 칼빈대학교의 시원으로서 평양신학교 건립자이자 교육자이며 선교사인 마포삼열의 생애와 그의 교육적, 선교적 사상을 통해서 김윤찬 목사의 영적 유산과 헌신을 살펴보고자 한다.

선교사 마포삼열은 인디애나 주 매디슨에서 1864년 1월 25일 태어났다. 스코틀랜드의 "맹약자들"(covenants)의 후손인 아버지 슈만과 명랑한 어머니 매치 아래서 신앙교육을 받았다. 그는 18세기 초 서부 개척 전도자 양성을 목적으로 세워진 하노버 대학에서 자연과학 분야인 화학을 공부하였으나 당시 대학기독교청년회(YMCA)의 활동을 통해 기독교에 관심을 가지게 되었고 후배인 베어드(숭실대 초대 교장)와 그의 형 존 베어드(당시 대학 교수)와의 만남을 통해서 신학에 대한 관심을 갖게 되어 시카고 맥코믹신학교에 입학하게 되었다.

맥코믹신학교는 1829년 크로우(John Finley Crowe)에 의해서 서부 개척에 적합한 설교자 양성을 위해서 세워진 학교이다. 특히, 맥코믹신학교는 조선 선교와 관련하여 밀접하게 연결되어 있는데, 1885년에서 1929년까지 45년간 253명을 파송하였다. 그러므로 마포삼열은 맥코믹신학교에서 선교의 열정을 키웠을 것을 충분히 짐작할 수 있다.

그는 1888년 신학교를 졸업하고 미조리 주 애플톤 시의 제일장로교회에서 시무한 후 1889년 한국 선교사로 지원하게 되었다. 그는 미국인으로서 경제적 부를 통한 안락함을 포기했다. 마포삼열은 미국 선교부 총무 프랭크 엘링우드(Frank Ellingwood)의 도움으로 언더우드의 형 존 언더우드를 알게 되었고, 존은 마포삼열에게 한국 여행비용과 생활비를 지급하겠다고 약속했다. 마포삼열은 그 해 12월에 한국을 향해 출발한다.

마포삼열은 1890년 1월 20일 한강 마포 강변에 도착했다. 그는 우선, 한국어 습득과 더불어 한국의 정세에 주의를 기울이며 사역을 준비하였다. 마포삼열의 첫 선교 사역은 고아원 운영이었다. 언더우드 부인이 출산으로 건강이 나빠지자 언더우드 선교사가 마포삼열에게 인계한 선교 사업이다. 마포삼열은 자립과 규칙 생활이라는 원칙으로 이 고아원을 운영하였다.

그해 6월에 존 네비우스가 조선에 머물고 있는 선교사들을 초청하여 모임을 가졌는데, 여기에서 조선 선교부는 순회전도, 조사제도, 자급, 자전, 성경공부반, 엄격한 규율, 타 교단과의 협력 등을 선교정책으로 채택하게 된다. 이 정책에 따라 마포삼열은 그해 8월에 아펜젤러와 헐버트와 함께 언어습득과 조선 사람들과의 접촉을 목적으로 첫 번째 평양전도 탐색 길에 나서게 된다. 이때는 조선에서 아직 예배를 드릴 수 있는 자유가 허락되지 않았으며, 선교의 자유가 공식적으로 주어지지 않았기 때문에 서울을 벗어나 선교지를 탐방하는 것은 위험을 무릅쓰는 행위였다.

그럼에도 불구하고 1887년 4월 24일 북감리교 선교회 아펜젤러가 헌트와 함께 처음으로 방문한 이래 지속적으로 선교사들이 이곳을 방문하였다. 마포삼열은 사역지 탐방에서 그의 평양 선교 사역의 평생 동반자 한석진을 만나게 된다. 한석진은 이후, 마포삼열의 2차 탐색 여행에서 세례를 받고 그와 선교 사역의 동행자가 되었다.

마포삼열은 제1차 선교지 탐색여행을 한 이듬해 1891년 2월 27일부터 5월 중순까지 제2차 탐색여행을 떠나게 된다. 그는 선교의 목적을 “가는 곳마다 복음을 전하고 한국어를 실제로 익히고 연구하며, 언어뿐만 아니라 그 지방과 그 지방 사람들을 더 잘 알아보는 것”으로 삼았다. 그가 이렇게 선교 목적을 설정한 이유는 “이미 의주에서 이루어진 일들이 어떠한가를 시찰하는 한편 한국을 지나 중국 국경 지대를 넘어서까지 가보고 싶은 생각에서였다.”

이때 그는 한석진, 게일, 서상륜과 함께 만주로 가 그곳에서 존 로스 선교사를 만났고, 강계, 함흥, 원산, 철원을 거쳐 서울로 돌아왔다. 험한 산을 때로는 걸어서, 때로는 노새로 여행한 그의 노고를 짐작할 수 있다. 그는 키가 커서 노새를 타도 다리가 땅에 닿아 어려움이 더했다고 한다.

아울러 마포삼열이 평양을 선교 사역지로 정하고자 할 때 상당한 어려움과 갈등이 있었다. 당시 선교지로서 평양에 대한 평가는 상당히 부정적이었으며 평양 사람들은 “형편없는 도덕적 상태”였고

“사악함”으로 유명했다.

그럼에도 불구하고 마포삼열 선교사는 평양을 자신의 선교지로 삼았다. 그 이유는 첫째, 평양이 “관서 지방의 교통 중심지이고, 이곳에 자리를 잡게 되면 자신의 선교구역이 서울 못지않게 좋은 조건이라는 사실을 하나둘씩 발견”했기 때문이다. 이러한 배경에서 1893년 1월 북장로교 선교회는 평양에 기지를 개설하기로 결의하고 마포삼열과 이길함, 소안론을 평양 개척자로 임명했다. 이길한, 소안론이 3월초 선교기지를 구하기 위해 평양으로 향했다.

조선에서는 외국 선교사들이 합법적으로 거주할 수가 없었기 때문에 초기 평양 선교는 한석진의 손을 통해서 이루어지게 되었다. 마포삼열이 월급을 주려 하자 “우리 민족의 일을 하며 월급을 받을 수는 없다”고 단호한 태도를 보인 한석진은 마포삼열의 중재자가 되어 마포삼열의 집을 구입해 주었고 심지어 1894년 5월 8일, 마포삼열이 서울에 가 있는 동안 평양 감사가 장별군관을 파견하여 예배드리고 있던 한석진, 송인섭을 잡아 가둔 후 처형하려는 일이 일어났을 때, 한석진은 하늘을 향해 주먹질을 하면서 하나님을 한 번 욕하면 석방해 주겠다고 위협한 감사에게 역으로 주먹질을 하면서 욕을 했다.

결국 사형 선고를 받고 사형장에서 한 번 더 배교의 기회를 주었지만 거부했다. 그 결과 그들의 목 위로 형리의 칼이 떨어지려는 순간 황제의 어명이 내려와 이들의 목숨을 건질 수 있었다.

마포삼열은 이러한 한석진의 도움으로 평양에서 기숙하면서 전도할 수 있는 물리적 여건을 마련하였다. 선교사로서 마포삼열은 사랑방을 평양 주민들과 만나는 거점으로 삼아 ‘사랑방 전도’를 하였다. 1894년 1월 12일에 마포삼열이 북장로교 선교본부에 보내는 서신에서 자신이 잠시 머무는 거처에 모여든 방문객들에게 둘러싸여 있다고 보고한 것으로 보아 사랑방 전도가 마포삼열에게 주요 전도 방법이었던 것은 분명하다. 마포삼열은 한 사랑방에서 2개월간 머물면서 그곳에 오는 평양 주민들과 이야기를 나누며 복음을 전하였다. 그가 한석진과 함께 길거리를 다니면서 전도지를 나누어 주었을 때 평양의 토착민이 던지는 돌에 맞기도 하였다.

이러한 어려움을 극복하면서 마포삼열은 피선교지의 주민과 더불어 살면서 복음을 전하는 '동화'의 방법을 통해서 평양 주민들에게 신뢰를 얻으며 자신만의 선교 방법을 구축하여 나갔다. 마포삼열의 전도 방법은 철저하게 피선교지의 주민들과 삶을 나누면서 동화되는 것이었다.

삶을 공유하는 동화의 방법을 통해서 그는 첫 개종자 김종섭을 얻게 된다. 김종섭은 마포삼열이 성경을 읽어보라고 권유하며 그 말씀이 진정 하나님의 말씀인지 알아보라는 말을 받아들여 성경 공부를 하기 시작했다. 일 년 후 그는 학습 기간을 거친 후에 세례를 받음으로 평양에서 첫 번째 장로, 첫 번째 병원 전도자, 첫 번째 목사 후보자가 되었다.

그의 어머니는 그가 전해주는 전도를 통해서 평양에서 첫 번째 여성 신자가 되었다. 그의 노력은 1893년 1월에 이길함, 소안련 선교사와 함께 평양 선교사로 임명을 받고 난 다음 해에 7명이 세례를 받고 최초로 성찬식을 베푸는 것으로 결실을 맺게 된다. 마포삼열의 동일화 방법은 지금도 우리에게 큰 울림으로 다가온다.

선교사 마포삼열의 평양 전도 사역의 전환점은 바로 청일전쟁

(1894)이다. 조선은 중국 청나라와 일본의 전쟁터가 되었다. 이 전쟁으로 조선인들은 재산을 잃었고, 전답이 황폐화되었으며 부상으로 인해 두려움뿐만 아니라 고초를 당했다. 이런 상황에서 선교사들은 조선인들을 떠나지 않고 그들과 함께 피난길에 올라 함께 고통당하며 섬김으로써 한국 사람들에게 미국 선교사들이 그들의 진정한 친구임을 깨닫게 해주었다. 이로써 대중적인 정서가 기독교에 호의적인 분위기로 바뀌게 되었다.

이후 1895년 마포삼열이 평양으로 돌아오면서 그의 선교 사역은 놀랍게 확산되며 성과를 내기 시작했다. 1896년 8월부터 이듬해 3월까지 8개월 만에 교인이 51명에서 263명으로 증가했고, 다시 1898년에는 525명으로 늘어나 교회당 안에는 자리가 없을 정도로 교회가 성장했다. 그 가운데 대표적인 인물이 이기풍이다. 그는 마포삼열과 한석진이 서문 거리를 걸어 내려가면서 감영 앞을 지날 때, 그들에게 돌을 던져 맞힌 자이다.

1895년 청일전쟁 중에 원산으로 피신했던 그는 "기풍아, 왜 나를 미워하느냐?"는 가냘픈 음성을 듣고 괴로워 참을 수가 없었다. 그래서 소안론(Swallon) 선교사를 찾아가 마포삼열에 대한 자신의 범죄 사실을 고백하고 회개한 후, 1896년 원산에서 세례를 받았다. 그는 소안론의 밥 짓는 사람으로 섬기면서 함께 지방을 순회하며 열심히 전도했고 매서인으로 또 그의 조사로 봉사했다.

전쟁이 끝난 후 평양에 돌아온 그는 마포삼열을 방문하여 과거에 그에게 저지른 비행에 대해 사과했다. 이기풍은 평양신학교 제1회 졸업생 7인 중 1인으로 초대 목사로 안수를 받고 그의 아내와 한국 장로교가 파송한 최초의 선교사가 되어 제주도로 가게 되었다.

청일전쟁을 기점으로 기독교를 대적했던 자들이 기독교로 개종하는 일이 일어났다. 이때의 선교를 목도한 비숍은 “지난 겨울에 내가 보았고, 지금도 많은 면에서 같은 방법으로 진행되고 있는 평양 사역은 내가 세계 여러 곳에서 보았던 선교 사역들 중에서 가장 인상적이었다”고 고백한다. 전쟁 이후 급증한 기독교인들을 위해 마포삼열은 훈련반을 만들어 조사, 교사, 지방교회 지도자들을 훈련하여 그들로 하여금 각 지방에서 전도하고 가르치는 일을 하게 했다.

이것이 이후에 평양신학교로 이어지게 된다. 마포삼열은 이 일을 가장 중요하게 여겼기 때문에 자기 시간의 절반을 그 일에 매진하였다. 그리고 나머지 절반의 시간은 지방 순회에 바쳤다. 이런 헌신으로 1900년에는 약 천 명을 수용할 수 있는 평양 장대현교회를 건축하게 되었다.

청일전쟁을 기점으로 하여 기독교인의 수가 급증하게 됨으로써 이들을 양육하기 위한 목회자가 절실하게 되었다. 한국에서의 신학교육 기관 설립은 우선, 성경공부반에서 출발하였다. 마포삼열은 사경회를 통해서 성경공부가 신급, 교육의 정도, 성별 등과 상관없이 이루어질 수 있다고 보았다. 사경회는 성경공부를 통한 복음의 전도자 양성을 그 목적으로 하기 때문이다.

이렇게 사경회를 통해서 신학교육이 이루어졌으나 청일전쟁 이후 급증하는 교회의 현실에 부합하기 위해서 전문적인 목회자 양성 기관이 절실히 필요하게 되었다. 그는 개별적인 사경회 수준의 성경공부에서 벗어나 체계적인 교육제도를 통한 복음화가 궁극적 목적임을 밝힌다. 조선의 복음화를 위한 전도인을 양성하기 위해서 지적 능력과 영적 자격을 갖춘 사람들을 뽑는다는 목적을 두고 선발 기준을 삼았다.

1914년에 재학생이 196명으로 많아지자 각 노회가 추천하는 신학생의 수를 줄여달라고 요청했다. 그러나 이때 한국은 많은 목회자를 필요로 하는 특수한 상황이었다는 점을 감안해야 했다. 평양신학교의 교육에 대한 평가에 있어서 논란이 있었으나 선교사들은 한국 교회를 책임질 교역자가 절대적으로 필요하다는 사실에 공감하였다.

동시대 선교사들의 비판에도 불구하고 마포삼열은 우선 1900년 선교사연합공의회 산하의 평양위원회 책임자로 서울에서 실시하고 있는 신학반을 정규 신학교로 격상할 계획을 가졌다. 그는 문제를 근본적으로 해결하기 위해서 뉴욕의 선교 본부에 한국 교회를 돌볼 목회자 양성이 시급하다는 것과 이를 해결하기 위해서 신학교 건립을 위한 자금이 절대 필요하다는 내용을 언급하면서 편지를 보냈다.

그의 요구에 대한 선교부의 허락이 이루어지자 마포삼열은 1901년에 평양 장대현교회 장로 방기창, 김종섭 두 사람을 목사 후보생으로 선발하여 마포삼열의 사랑방에서 신학교육을 시작하였다.

1901년 마포삼열과 이길함이 교수로 가르치기 시작하여 1916년의 교수진은 17명으로 증가하였다. 1903년 평양신학교 교수단에 포함된 인물은 신학, 교회정치를 담당한 마포삼열과 기독교윤리, 신, 구약 주해를 담당한 소안론(W. L. Swallen)이다. 설교학을 담당한 곽안련(C. A. Clark)과 함께 후에 편하설(C. F. Bernheisel), 배위량(William M. Baird) 등이 교수진으로 참여하였다. 이들이 평양신학교의 신학과 성격을 좌우하는 결정적인 동인이 된 것은 당연하다.

간하배의 증언에 따르면, "1936년까지 선교사들은 여전히 평양신학교의 신학을 좌우하고 지도했다." 그래서 선교사들의 신학적 경향이 평양신학교의 신학적 배경을 이루고 있다는 것을 잘 알 수 있다. 평양신학교의 교수단은 모두 맥코믹신학교 출신으로, 맥코믹신학교가 평양신학교에 끼친 영향이 얼마나 큰지 짐작할 수 있다. 이는 1920년 평양장로회신학교 교과과정에서도 분명하게 드러난다. 평양신학교는 3년 과정으로 1888년 맥코믹신학교 교과과정과 매우 유사하다. 그 유사성은 당시 평양신학교의 신학풍을 형성한다.

이처럼 평양신학교의 교수진들이 맥코믹신학교 출신이라는 점과 평양신학교 초기의 교과과정이 맥코믹신학교의 과정과 유사한 것은 평양신학교의 신학적 분위기가 보수적이라는 것을 말해준다. 평양신학교가 지닌 보수적 신학의 특징은 바로 "성경을 하나님의 말씀으로 믿고, 예수 그리스도를 통하여 죄로부터 구원받는 복음을 믿는 철저한 믿음과 열정적인 복음주의 정신"을 지니고 있었다고 평가할 수 있다.

선교사 마포삼열이 한국장로교회 형성에 끼친 가장 큰 역할은 평양을 선교의 기점으로 삼아 장로교회의 뿌리를 조선에 내렸다는 분명한 사실이다. 그가 행한 선교사로서의 삶과 평양신학교를 통한 교육자로서의 삶이 이를 반영한다. 또한 선교사로서 마포삼열의 삶은 한국교회에 기록될 역사적 모범이다. 선교지의 토착민들과 함께 더불어 살면서 그들과 함께 삶을 나누는 동일화의 본을 보여주었다.

아울러 그가 한국 교회에 끼친 가장 큰 영향은 철저한 보수신학에 기초한 교회가 될 수 있도록 신학적 기초를 놓았다는 점이다. 그는 사경회를 통한 성경공부에 근거하여 하나님의 말씀의 권위를 강조하였다. 그리고 그는 평양신학교를 보수적인 신학교로 유지하기 위해서 교수들도 선별하여 세움으로써 신학적 울타리를 만들기 위해 노력했다.

성경신학, 조직신학 등의 교수진은 당시 보수적 신학교인 프린스턴신학교, 맥코믹신학교 출신이 아니면 안 되었다는 것은 그것을 단적으로 보여주는 예이다.

마지막으로, 마포삼열의 공헌은 장로교회가 한국에 뿌리를 내릴 수 있도록 전도자로서 목회자를 양성하기 위하여 평양신학교를 건립했다는 것이다. 그는 23년간 신학교 교장으로 재직하면서 800명 이상의 졸업생들을 배출했는데 그들은 그를 "영적 아버지"로 인식하였다.

1897년 평양의 교회당 안에서 마포삼열 목사는 이렇게 기도하고 있었다. "주여, 이 민족을 도와주시고 이 민족에게 하나님의 도가 전해지도록 도와주소서! 저에게 십자가의 도만 전하게 하시고 하나님의 뜻에 따라 구원의 복음만을 전하게 하소서. 사도 바울의 결심과 같이 그리스도의 십자가 외에 다른 것을 전하면 이 종에게 저주를 내려 주소서." 이 기도를 마친 후 마포삼열 선교사는 또 이곳 저곳으로 전도를 위하여 떠나곤 하였다.

평안도 대동군 청룡면 산사리. 상처로 찢어진 평양시를 어루만지며 흘러가는 대동강 물을 거슬러 올라가면 나타나는 조그만 마을 강서봉, 신필봉, 차락봉이 병풍처럼 둘러쳐진 마을은 27대 동안 광주 김 씨들 100여 세대가 살고 있는 산사리 마을이 있다. 이곳에 나타난 마포삼열 선교사는 "자, 여러분 하나님을 믿으세요" 하며 하나님은 땅과 하늘의 주인이시고 사람을 만드셨고 복을 주시며 이 땅에 살게 하셨다고 전했다.

산사리의 김락환 청년은 새 하얀 피부에 머리는 노란색이고 코는 유난히 크고 키도 엄청 큰데 평안도 사투리 조선말로 외쳐대고 있는 이상한 원숭이 같은 사람의 말에 귀를 기울이고 있었지만 충격적이고 신비로운 말들뿐이었다.

"자. 여러분. 저는 하나님의 말씀따라 먼 미국 나라에서 온 마포삼열 선교사입니다. 하나님께서 이 땅을 사랑하시여 우리를 고통에서 건져 주시려고 저를 통하여 예수의 복음을 전파케 하십니다"라고 외쳤다. 아무런 반응이 없자 "섭섭합니다. 다시 오겠습니다"라고 말하며 평양 쪽으로 말을 몰고 갈 때 한 청년이 뛰어 쫒아가고 있었는데 이를 발견한 마포삼열 선교사가 말을 멈추고 또렷이 쳐다보는 청년과 눈이 마주쳤다.

"안녕하세요, 청년, 하나님이 당신을 인도하셨습니다." 김락환 청년은 그때 이렇게 말했다. "당신이 말하는 신을 알고 싶습니다. 좀 더 자세히 가르쳐 주세요." 이것이 청년 김락환과 마포삼열 선교사의 첫 번째 만남이었고 하나님의 부르심에 순종한 사건이었다. 그의 나이 34세였고 한국에 복음이 들어온지 12년 평양에서 선교를 시작한 지 7년이 되는 해였다. 그는 마포삼열 선교사의 전도로 예수를 믿고 신앙이 성숙되어 갔다.

청년 김락환은 기도하던 중 어느 날 밤에 산사리 마을 초입에 있는 서낭당 나무를 밤새껏 찍어 넘겨 버렸다. 그래서 전통적인 유교 마을의 어른들은 락환이를 잡아 죽인다고 잡으러 다녔고 온갖 저주를 퍼부으며 급사할 것이라고 악담을 퍼부었다. 그러나 청년 김락환은 친구와 함께 서낭당 나무로 교회당을 지었고 1900년에 마포삼열 선교사에게 세례를 받았다.

그 후 청년 김락환은 마포삼열 선교사를 따라 다니는 전도인이 되었다. 마포삼열 선교사는 한 민족의 복음화는 현지 토착인 목회자의 훈련에 달려 있으므로 신학교 교육을 충실히 해야 한다고 믿었다. 그 결과 평양신학교에서 훈련받은 한국의 목회자들은 이후 한국 교회를 이끌어가는 지도자들이 되었다.

대표적인 예가 바로 길선주인데, 그에 의해서 평양 대각성운동이 일어났다. 주기철 목사도 1926년에 평양신학교를 졸업하고, 1936년도에 조만식 선생이 장로로 있는 평양 산정현교회에 부임하여 한국 교회를 위해 헌신했다. 결국 그는 신사참배를 반대하여 투옥되어 순교했다. 1934년은 조선 선교 50주년의 해였다.

그때 선교사, 목사, 교인들은 이 해를 기독교의 "희년"이라고 정하고 희년 기념행사가 평양에서 이루어졌다. 숭실학교 운동장에 수많은 인파가 모였다. 이때 평양신학교 설립자인 마포삼열 선교사의 말씀이 모든 성도들의 가슴에 깊은 감명을 주었다. 앞으로 주님 오실 때까지 오로지 십자가의 도와 복음만을 전하겠다는 말씀으로 불을 토했다.

1893년 마펫 선교사에 의해 평양중앙교회, 속칭 널다리교회가 설립됐고 1899년에 교회건축을 시작하여 72간의 장태현교회라고도 불려졌고, 세간에는 장대현교회라고도 불려졌다.

1938년도에 평양 신학을 졸업한 김윤찬 목사는 이 유서 깊은 평양의 장대현교회에 시무목사로 임명 받아 주님의 교회를 섬겼다. 김윤찬 목사는 마펫 선교사에게 전도받고 서낭당 나무를 찍어 교회를 세우고 마펫 선교사를 따라 다니면서 전도인이 되었던 김락환 전도인의 아들이다.

또한 김윤찬 목사는 1954년 총회 야간신학교로 출발한 칼빈신학교를 위해 초대 이사장으로서 8년간 역임하였고, 칼빈신학교 교장직을 25년간 재직하면서 33년 동안 칼빈신학교의 발전과 중흥의 초석을 마련하였다. 이것은 김윤찬 목사가 마포삼열 선교사의 정신과 신앙을 이어받아 평양신학교의 맥을 이으면서 교육 사업에 매진한 결과이다. 뿐만 아니라 칼빈신학교는 평양신학교의 신학 전통과 광맥을 이으며 한국 보수신학의 큰 기틀을 다졌다.

마포삼열 박사의 칼빈주의에 입각한 보수신앙을 전수받은 김윤찬 목사는 생명을 걸고 신사참배 결사반대 운동에 앞장설 수 있었다. 이렇게 마포삼열 목사의 신앙 유산을 이어받은 김윤찬 목사가 헌신한 신앙 곧 하나님 나라를 지향하면서 경건을 훈련하고 수준 높은 다양한 학문을 연마하도록 한 헌신의 결과가 바로 현재 칼빈대학교의 역사라 할 수 있다.

이제 그의 하나님 나라를 향한 열정과 헌신을 본받아 후학들은 삶의 모든 영역에서 복음을 실천하는 사명자들이 되어 21세기 한국 교회 부흥과 미래를 책임지는 자로 헌신하며 살아야 할 것이다.

김상복 목사의 증언(횃불트리니티신학대학원대학교 총장)

1959년 9월 24일 대전중앙교회에서 제44회 장로회 총회가 열릴 때 총회장은 부산중앙교회의 노진현 목사님이셨다. 경기노회 회원권 문제로 12차례나 정회를 하며 파행의 길로 가고 있었다. 그러나 내면적인 문제는 W.C.C. 탈퇴 건의서 즉 에큐메니칼 운동에 반대하는 측과 그 건의에 대한 답변서를 제출한 W.C.C. 옹호하는 그룹으로 나누어지는 진통으로 소위 통합측은 1960년 2월 17일 통합 총회를 발족했고, 합동측은 승동교회에서 속회하고 각자 대한예수교장로회의 법통 계승자라고 선언하면서 75년 전통을 이어온 법통 총회라고 선언했다.

그 때 W.C.C.를 찬동하는 그룹에 모든 선교사들이 동조하므로 선교사들이 건립을 주도한 학교, 병원, 사회사업기관까지 다 통합 쪽으로 속하게 됨으로써 보수신앙을 고수하며 W.C.C.를 적극 반대하던 합동총회는 무일푼으로 교단을 시작하게 되었다. 그 당시 학생 신분이었던 저 김상복은 김윤찬 목사님이 이끄시는 모금운동에 통역관으로 늘 동행하였다. 그 때 ICCC(International Council of Christian Church)의 칼 맥킨타이어(Carl Mckintire) 박사는 미국 Faith Theological Seminary 총장이셨고 일행 4명이 한국에 왔다.

가는 곳마다 우리 목사님들의 영어통역을 맡았고 또한 미국인들의 설교를 한국말로 통역하면서 전국을 순회하였다. 당시 합동측 총회가 빈손으로 시작한 교단을 세우신 분이 김윤찬 목사님이셨다. 김윤찬 목사님께서는 미국까지 가셔서 모금을 하여 당시 10만 불을 모금하여 총회신학교(현 총신대학교)를 세우며 교단을 이룩하신 분이다.

김근수 목사의 증언(칼빈대학교 교수, 한울교회 담임목사)

김윤찬 목사는 선교사들이 전해 준 복음, 곧 한국 교회에 평양신학교로부터 내려온 장로교 정통의 칼빈주의 신앙을 그대로 계승 발전시킨다는 가장 중요한 이념에 매우 충실하셨다. 그는 다양한 자유주의 신앙 사조가 공존하는 초기 한국 교계에 정통 칼빈주의 신앙 이념을 지켜내기 위해 적극적으로 노력하셨다. 실제로 그는 김재준을 중심으로 한 성경무오성을 부정하는 자유주의 신학으로부터 장로교의 정통신학을 지켜내는 데 중추적 역할을 감당하셨다.

1930년대 당시 김재준은 성경은 구원에 관해서는 무오하나 과학적, 역사적인 측면에서는 오류가 있다고 주장하며 성경의 무오성을 부인하였다. 또한 김재준은 이 주장에 동조하는 세력들을 규합하여 교단 신학의 보루였던 '신학지남'을 장악하여 본격적으로 자유주의 신학의 중흥을 꾀하였다. 성경 무오성을 부인하는 김재준의 신학은 장로교 정통 신학과의 단절을 의미하였다.

1940년대 중반을 기점으로 더욱 적극적으로 성경 무오와 축자영감에 대해 날을 세워 공격하기 시작한 김재준을 중심으로 한 자유주의 신학의 약진 앞에 장로교 총회는 정통신학을 지켜내기 위한 용단을 내려야 했다. 결국 대한예수교 장로회 제38회 총회는 자유주의 신학을 표방하는 김재준의 목사직을 파면하기로 의결하였다. 이 용단의 중심적 역할을 감당했던 인물이 바로 김윤찬 목사이다.

김윤찬 목사는 성경의 무오성을 파괴하는 김재준을 파면시키기로 결의한 제38회 총회에서 총회와 총회가 내린 김재준 목사의 목사면직 결정을 대표하여 총회 석상에서 기도를 담당하였다. 이 때 그를 주축으로 하여 내린 총회의 정치적 용단으로 인해 한국 교회는 김재준이 설립한 조선신학교를 중심으로 한 거센 자유주의 신학의 풍파 가운데서도 성경 중심의 정통 장로교 신앙을 계승해 올 수 있었다.

김윤찬 목사는 이에 그치지 않고 정통 장로교 신앙을 계승하기 위해 제도적 방안을 고안해 냈다. 그는 총회신학교의 신학적 정체성을 바로 세우기 위해 전임강사 이상의 교수에 대하여 매년 학기 초에 개혁신학에 충실하겠다는 서약 갱신을 받기로 하는 제도를 총신 이사장이자 당시의 총회장으로서 주도적으로 실시하였다.

합동 교단의 영적 부흥과 성장에 크게 공헌

통합측이 분리되어 나간 후에 합동 총회는 교회의 영적 부흥에 매진을 하였다. 여기에 앞장선 사람이 바로 김윤찬 목사였다. 그는 1964년 총회장을 역임할 때 전국 목사 장로 기도회에 힘을 쏟았다. 제1회 목사 장로 기도회가 1964년 2월 22일부터 충현교회에서 모인 뒤에 지금까지 교단의 일치와 화합 그리고 발전을 도모하게 되었다. 뿐만 아니라 김윤찬 목사는 국난타개를 위한 총회임원 중심의 기도회에도 앞장을 섰다.

또한 그는 1964년 제49회 총회에서 총회장으로서 주일학교 사업을 통한 백만 신도 부흥운동 10개년 개획을 세우기도 하였다. 주일학교 교육에 대한 그의 지대한 관심은 교회 설립 80주년을 기념하여 개최된 교육대회에서도 잘 나타나 있다. 그는 이 대회의 총회 측 설립위원으로서 각종 수양회와 주일학교 교육 공로자 표창, 성경암송대회, 찬송대회, 설교대회 등 선교 80주년 기념사업에 크게 힘을 썼다. 그리고 김윤찬 목사는 1964년 총회장을 역임할 때 총회 자립을 위하여 세례교인 의무헌금 제도를 처음으로 시행하였다. 또 교단의 성장을 위하여 1968년 십일조 통일안을 마련하여 시행을 하였다.

그 결과 총회와 각 노회가 시행 이전에 비해 몇 배의 예산안을 수립하고도 십일조 상회납부금이 거의 거출되는 놀라운 성과를 거두었다. 재정 확충으로 인해 각 노회와 총회가 발전하는 데 큰 힘이 되었다. 그의 활동은 여기에 그치지 않고 교단 성장과 더불어 사회의 선한 영향력을 끼치기 위해 경찰선교위원회를 만들었고, 경목회장으로서 경찰전도에 앞장서기도 하였다. 한국 교회가 성장하기 시작한 1960년 후반에 김윤찬 목사가 총회장으로 당선되어 합동 교단을 위해 헌신한 결과 교단의 부흥에 따른 재정 자립과 더불어 사회 선교에도 기여하여 놀라운 결실을 맺었다. 실로 그는 합동측 부흥의 기초를 세우는 데 공헌할 뿐 아니라 사회를 변혁시키는 데도 크게 기여한 위대한 하나님의 사람이다.

교회의 일치와 연합을 위한 합동에 크게 공헌

무엇보다도 김윤찬 목사는 교회의 일치와 연합을 갈망하는 합동운동에 언제나 중심에 서 있었다. 통합측의 분열 이후, 고려파와의 합동이 시급한 과제로 떠오르게 되었다. 고려신학교 설립 후 분리주의라는 비판을 받으면서도 보수적 신학을 지켜가려는 고려파와 반 W.C.C. 에큐메니컬 입장을 분명히 천명한 총회와의 연합은 자연스러운 것이었다.

따라서 1960년 제45회 총회에서는 고신측과 합동을 만장일치로 가결하고, 합동추진 위원 10명을 선정하였는데, 그 중에 김윤찬 목사가 있었다. 양측의 합동 결의 사항을 보면 양측은 5인씩 헌법수정위원회를 선임하여 합동을 위해 헌법을 수정하기로 하였다. 그 때 헌법수정 위원으로 합동측에서 김윤찬 목사를 포함하여 4명이 선임되었다. 그 결과 1960년 12월 13일 오후 5시 30분에 서울 승동교회에서 고신 측 총대 131명, 총회 총대 233명이 참석한 가운데 역사적인 합동 총회가 개최되었다.

이것은 교회의 일치와 연합을 갈망하던 김윤찬 목사의 주도적인 헌신의 결과였다. 12월 14일 오전 9시에 속개된 합동 총회에서 임원 선출을 하여 고신측 한상동 목사를 총회장에, 부회장에 김윤찬 목사가 당선이 된 것을 보아서도 잘 알 수 있다. 당시 분위기는 "이리하여 신앙 때문에 나뉘었던 양 총회가 신앙을 위하여 합해지는 감격스러운 장면이었다"고 전해지고 있다.

비록 한상동 목사가 1962년 10월 17일 '고려신학교 복교 선언'을 함으로써, 신학교 문제가 시발이 되어 다시 합동 총회가 34개월 만에 분열하는 아픔을 겪었다. 하지만 그 명분이 미약하여 고려파 590개 교회 중에 150여 교회가 합동측 교단에 그대로 남았다. 이것은 고려파의 환원이 신학적인 이유가 아닌 한상동 목사 개인의 뜻에 의한 것임을 짐작할 수 있는 부분이다.

또한 합동 총회는 통합측과의 재합의 움직임을 보였다. 총회는 1960년 통합측이 합의할 경우 합동 총회를 소집할 용의가 있음을 밝혔다. 이 때 제시된 합동 원칙은 세 가지였다. 첫째, W.C.C.적 에큐메니컬 운동을 전폐하고, N.C.C를 탈퇴할 것, 둘째, 신학교는 보수적이며 복음적 정통신학을 고수하고 경영하며, 셋째, W.C.C.적 에큐메니컬 운동을 반대하는 선교사를 환영한다는 것이었다.

이와 같이 통합측과의 합동을 적극적으로 추진하던 총회가 통합측과의 합동 논의를 더욱 활발하게 재개하게 된 것은 김윤찬 목사가 총회장을 역임하던 1964년과 1967년이다. 1964년 9월 통합측으로부터 양 총회가 무조건 합동하기로 가결하고 합동위원 12명을 선정했다는 공문을 받고 합동측 총회도 12명을 선정하였다. 그 후

1967년 제52회 총회에서는 경북노회와 충남노회로부터 합동 추진에 대한 청원이 들어왔다.

이에 합동위원회가 신학문제, 연합운동, 신학교 관계 등 합동 안을 마련하고 그것이 양 총회에서 통과되면 합동 총회가 소집되도록 결의를 하였다. 하지만 결국 불발로 끝나고 말았다. 그 이유는 통합측이 합동위원회를 만장일치로 통과해 놓고도 속회 총회를 개최하지도 않고 모 이사가 반대하여 일방적으로 합동을 파기해 버렸기 때문이다.

대부분 교회가 찬성하였지만, 통합측 일부 W.C.C.를 지지하는 교권주의자들 때문에 그들은 결국 에큐메니컬 사상을 포기하지 못하였다. 통합측과 합동이 성공하지 못한 부분에 대해서는 안타까움이 있었지만, 분열된 한국 교회를 다시 하나로 연합시키되 철저한 보수주의 신학의 틀에서 추진하려 했던 노력은 가히 역사에 길이 남을 일이다.

이렇게 김윤찬 목사는 총회의 발전과 부흥을 위하여 다방면에서 헌신하였을 뿐 아니라, 한국 교회의 연합과 일치를 위해서도 노력을 경주한 교단의 탁월한 지도자였다.

신학교 재건을 위해 크게 공헌

- 총회신학교(현 총신대학교)

총회의 분열 이후에 통합측은 막대한 자금의 보고인 선교부의 힘을 빌어서 전국 교회와 노회를 향해 물량공세로 전력을 쏟았다. 3장로회 선교부는 '화목 제안서'를 만들어 전국 캠페인을 통해 통합측을 지원함으로써 통합 총회를 합법화하는 데에 일조를 하였다. 이에 합동측 총회는 북장로교 선교회, 남장로교 선교회, 오스트레일리아 장로교 선교회에 경고문을 보내기도 하였다.

더욱이 4·19 이후 장면 정부가 남산에 국회의사당을 세우기 위해 신학교 이전을 통보하면서 그 보상금으로 2,400만 환을 제공하였다. 그 당시 신학교 이사회를 장악한 통합측 인사들은 300명의 학생들을 데리고 대광중학교에 임시 수용하면서 신학교 부지 물색에 나섰다.

반면 총회신학교는 철수 통보에 따라 200명의 학생들을 이끌고 남산 중턱 한양교회 구내에 있는 대한신학교 교사를 빌려 임시 수업을 할 수밖에 없는 비참한 지경에 이르렀다. 이 때 수습위원 12명 가운데 한 분이었던 김윤찬 목사는 동분서주하면서 이 위기를 극복하기 위해 안간힘을 다 썼다. 그는 ICCC(국제기독교연합회) 맥킨타이어 총재로부터 10만 불의 원조금을 요청한 끝에 승낙을 받아내었다. ICCC 기관지에는 당시에 김윤찬 목사가 맥킨타이어 총재에게 한국 체류 중에 약속한 자금을 속히 보내달라는 내용의 서신이 기록되어 있다.

그 서신에서 김윤찬 목사에게 가장 중요하고 요긴한 일은 신학교 교사를 건축하는 것과 어떻게 신학교육을 시키느냐 하는 것이었다. 총회신학교가 세워지고 학생들에게 가르칠 개혁신학의 커리큘럼이 정립되어 성경적 정통 신학을 가르치면 에큐메니컬 운동과 세계기독교연합회(W.C.C.)가 무엇인가를 경계하여 알릴 수 있을 것이라고 판단한 김 목사는 미국 ICCC에 시급한 원조를 요청한다.

이 독촉의 결과 12만 불의 원조를 받아 용산역 앞 신학교 교사를 확보하게 되었다. 김윤찬 목사의 노력이 없었다면 오늘날 총신대학교가 세워지기는 어려웠을 것이다. 그가 얼마나 신학교 재건을 위하여 노력을 하였는지 이루 말로 다 할 수 없다. 첫 번째 총회장을 역임하는 1965년 3월에 전국 목사장로 기도회를 개최하면서 총회 임원회 결의로 선교 80년을 기념하는 3개년 사업계획안을 수립하였다. 그 1차안이 바로 신학교의 건축이었다.

그 결과 1965년 3월 13일 기공예배를 드린 후 신학교 신축 공사가 순조롭게 진행되어 1966년 7월 15일에 외부공사까지 완료된 신축교사가 서게 되었다. 통합측 인사들도 감탄하고 돌아갈 만큼 동양 제일의 신학교사라는 평을 받았다. 그리고 개인적으로도 김윤찬 목사의 자녀인 미국 시애틀에서 목회했던 김혜성 목사는 총신에 '김윤찬 목사 장학금'을 세우고 이를 매학기 제공하였다.

이와 같이 총회신학교는 김윤찬 목사를 비롯한 교단 지도자들의 주도적인 협력과 박형룡 박사, 박윤선 박사, 명신홍 박사 등과 같은 흔들리지 않는 칼빈주의 정통신학의 토대를 구축한 신학자들의 협력으로 인하여 다시 재건될 수 있었다.

이후로도 김윤찬 목사는 학생 데모로 시끄러웠던 총신 문제를 해결하고, 새 이사회를 조직하고 이사장에 취임함으로써 새로운 캠퍼스 시대를 열었다. 또한 1972년과 1973년 총회 때 신학교 교수 문제로 인한 혼란을 종식시킨 장본인이 바로 김윤찬 목사였다.

- 칼빈신학교(현 칼빈대학교)

1960년대 후반부터 시작된 교회의 성장 움직임은 1970년대에 접어들면서 더욱 두드러졌다. 이와 같은 놀라운 성장은 총회에 목회자 수급 확대와 평신도 지도자를 육성해야 할 정책의 필요성을 일깨워주었다. 그래서 각 노회가 도시를 거점으로 신학교육을 시작하였다. 그 중 칼빈신학교는 대구신학교와 더불어 총회인준 지방 신학교 가운데 가장 먼저 대학인가를 받았다.

제39회 총회는 인재 발굴과 평신도 지도자 양성을 위한 목적으로 김윤찬 목사가 제안한 바에 따라 총회야간신학교를 설립하기로 만장일치 가결을 하였다. 설립위원으로 김윤찬, 이환수, 박찬목, 안광국, 김규당 목사를 선정하였다. 설립 위원들은 당시 장로교회를 대표하는 거물급 목사들이었다. 본교 이사회는 초대 이사장으로 김윤찬 목사를 선임하고 1950년 9월 미국 콜럼비아신학교(Columbia Theological Seminary)에서 조직신학을 전공하고 신학석사(Th.M) 학위를 취득한 김규당 목사를 교장 서리로 임명하고 신학생을 모집하였다.

총회 결의 후 1954년 7월 28일 서울특별시 용산구 동자동 동성교회에서 총회야간신학교로 진리와 봉사를 건학이념으로 칼빈신학교를 개교하였다. 취임식은 동성교회에서 이사장 김윤찬 목사의 사회로 진행되어 동성교회 성가대의 특별 찬양 속에서 안광국 총회 총무의 기도와 동성교회 김윤수 목사의 성경봉독, 이환수 목사의 신학교 연혁보고와 조봉하 목사의 교장 약력보고가 있은 후 김규당 교장의 설교가 있었고 박형룡 목사의 축사로 진행되었다.

이 날은 평양신학교의 정신과 신학을 이어가는 획기적이며 역사적인 날이었다. 창립 목적은 존 칼빈의 개혁주의 신학의 요람으로서 한국 신학계에 개혁주의 정통노선에 주도적인 역할을 감당하는 것이었다. 그러나 당시 총회는 학교 설립에 대한 가결만 했을 뿐 필요한 재원의 확보나 기타 대책이 전무하였다.

장소 문제, 교수진 문제, 신학교 운영을 위한 재정적인 문제 등 여러 가지 어려움에 직면하자 1956년 당시 이사장이었던 김윤찬 목사는 자신이 시무하던 서대문구 서소문동 58번지 평안교회당으로 신학교 교사를 이전하도록 하였다. 그 결과 이사들의 정성 어린 협조로 훌륭한 목회자들을 배출하기 시작하였다.

칼빈신학교는 장소적으로나 학문적으로나 열악한 환경에 놓여 있었지만 1957년 2월 14일부터 16일까지 신학 강연회를 개최하였다.

- ◆ 2월 14일 -주제 : 미국신학의 동향 -강사 : 이용성
- ◆ 2월 15일 -주제 : 한국 교회와 문서운동 -강사 : 채기은 목사
- ◆ 2월 16일 -주제 : 기독교 교파문제 -강사 : 한태동 박사

초기 교수진으로는 김윤찬 이사장이 요한계시록과 창세기를 강의하였고, 최의원 박사가 히브리어와 헬라어를 가르쳤으며, 김규당은 조직신학과 실천신학을 그리고 계일승, 김양선, 안광국, 정인영, 박창환, 박수안, 임택진, 권선혜, 문희석, 강성렬 등이 강의하였다. 김윤찬 목사는 당시 총회 회계로서 이북 10개 무지역 노회를 총회 인준 받으며 영도했었고 초대 이사장으로 많은 헌신을 하였다.

첫 번째 교사는 서울특별시 중구(지금은 용산구) 동자동 동성교회였으나 김규당 초대 교장 취임식 후에 1956년 11월 19일부터 칼빈대학 설립자요 초대 이사장인 김윤찬 목사가 시무하던 평안교회 서대문구 서소문동 58번지에 위치한 2층 건물에서 학교 수업이 진행되었다. 당시 이곳은 연건평 128평에 대지가 221평으로 동성교회보다는 크고 교회당도 넓고 교세도 든든하여 교사로 사용하기에 충

분하였다.

1958년 3월 11일 11시에 승동교회에서 역사적인 제1회 졸업식이 있었다. 입학은 67명이었으나 졸업생은 27명이었다. 학생 찬양대의 찬양과 함께 성갑식 목사의 사회로 기도에 안광국 목사, 성경봉독에 이환수 목사, 설교에 총회장 전필순 목사, 독창에 김노훈 선생, 학사보고에 정기환 목사, 졸업장 수여 및 훈사는 김규당 교장이 하였다.

졸업생 대표 박초선이 학교에 기념품 증정을 했고 재학생 대표 안순흠은 졸업생들에게 기념품 증정을 했으며, 이사장 김윤찬 목사의 감사 인사의 말씀이 있은 후 이대영 목사의 축도로 제1회 졸업식을 마쳤다. 특히 칼빈신학교는 설립이념과 존재를 평양신학교의 맥을 이은 것을 확인하며 사회와 교회 역사에 설립 정신을 뿌리내리기 시작하였다. 칼빈신학교 첫 졸업자들의 출신지를 보면 동문들의 역사적 위치를 어렵지 않게 추론해 낼 수 있다. 그 출신지는 다음과 같다.

권영관(남, 경북) 김명룡(남, 평북) 김민자(여, 황해) 김보환(남, 평북)
김순구(남, 황해) 김용화(남, 평북) 김익상(남, 평남) 김인걸(남, 평남)
김인봉(남, 황해) 박승천(여, 함북) 박초선(여, 황해) 서재승(남, 평북)
안병익(남, 경기) 이규성(남, 전북) 이대로(남, 경남) 이재철(남, 황해)
이정호(남, 황해) 이준영(남, 황해) 이춘배(남, 평북) 이희전(남, 경북)
전석순(남, 황해) 정병기(남, 경기) 조주섭(남, 경기) 최인석(남, 평남)
최정준(여, 경기) 홍경수(남, 황해)

졸업생 대부분이 서북 출신들이었다. 평양신학교가 처음에는 선교사 마포삼열(Samuel Austin Moffett, 馬布三悅, 1864-1939) 선교사가 1901년 장대현교회 장로 방기창, 김종섭 두 사람을 목사 후보생으로 선발하여 가르치기 시작한 것이 그 시발점이듯 실향민들이 남한에서 생존 자체도 어려웠던 때인데 놀라운 성령의 역사로 칼빈신학교 학생들은 평양신학교의 마포삼열 선교사의 정신과 신학을 전수코자 했던 뜨거운 열정을 볼 수 있다.

그러나 W.C.C. 문제로 총회가 분열할 때에 통합측 인사들이 일방적으로 학적부를 비롯한 일반 문서를 가지고 이탈하는 상황이 발생하여 잠시 문을 닫게 되었다. 하지만 1960년 2월 20일 다시 교문을 열고 평안교회당에서 개강예배를 드릴 수 있었다. 1959년 9월 24일 대전중앙교회에서 제44회 총회가 열렸다. 경기노회의 회원권 문제로 소란이 일기 시작하여 12번이나 총회가 정회하여 뼈아픈 분열의 역사가 시작되었다.

이 때 노진현 목사님이 총회장이었는데 안광국 목사가 회장이 개의를 묻지 않고 불법 사회를 한다며 임원 불신임안을 낭독하여 결국 산화되고 말았다. 그 후 안광국 목사는 연동교회에서 9월 29일에 속회를 선언했다. 그들은 자신들의 모임을 통합 총회라 부르기 시작했다. 이 때 노진현 총회장은 서울 승동교회에서 속회했다. 이 모임이 결국 합동 총회가 되고 말았다.

상황이 이렇게 되자 김윤찬 목사는 연동교회(통합)를 불법으로 규정하고 서울지방법원에 연동교회에서 열린 제44회 총회는 무효라고 소송을 냈으며 안두화 선교사 외 13명을 법정에 고발하였다. 교단의 분열 배후에는 1948년 암스테르담에서 W.C.C.가 조직될 때부터 시작되었다. 경기노회는 W.C.C.가 성서유오설을 주장하는 자유주의자들이기에 강력한 에큐메니칼 거부 방침을 뚜렷이 하였다. 이렇게 되어 한국장로교회는 합동측과 통합측으로 분열의 아픔을 겪게 되었다. 이에 따라 칼빈신학교도 합동과 통합으로 나누어져 칼빈대학교는 그대로 평안교회에서 서울장신대학교는 새문안교회로 갈라서게 되었다.

1960년 2월 통합측 입장을 따르던 교수와 학생들은 평안교회를 떠나 연동교회로 교사를 옮겼다. 이 때 선교사들이 운영하던 기독교 학교들, 병원 및 사회사업기관들은 선교사들이 W.C.C.를 따르므로 다 통합측으로 넘어갔고 합동측은 빈손 들고서도 교단을 지켰다. 이는 성경의 무오설과 이신득의의 신앙인 칼빈주의적 개혁신학을 파수하여 평양신학교를 설립한 "마포삼열" 선교사의 신앙의 맥을 이어 가고자 하는 강렬한 열망의 결과였다.

이 때 평양신학교를 졸업한 김윤찬 목사는 숭실대학교, 숭실중·고등학교 설립이사로 봉사하면서 많은 기독교 기관에 중요 직책들을 맡고 있었다. 그럼에도 보수신앙의 가치를 높이 들기 위하여 모든 직책을 다 버리고 보수교단 설립을 선택하였다. 당시 칼빈신학교를 지킨 신앙의 동지들은 김윤찬 목사를 비롯하여 손두환 목사, 신복윤 목사, 이주영 전도사 등이었다. 그들의 헌신적인 노력으로 곧 1960년 2월 10일에 다시 신학교 문을 열고 감격적인 개강의 기쁨을 맛보았다.

2월 10일 11시 평안교회에서 개강예배로 드릴 때 그 감격은 실로 놀라웠다. 빈손 들고 "죽으면 죽으리라"는 비장한 각오로 강단에 자리 잡은 위원들의 모습은 숭고한 순교자의 모습을 실감케 하였다. 이사장 김윤찬 목사의 흐느끼는 눈물 어린 개회 기원과 더불어 개회선언이 있었고, 신복윤 목사의 기도와 박형룡 박사의 감동적인 설교 그리고 손두환 목사의 광고에 이어 이사장 김윤찬 목사의 축도로 진행된 개강예배는 시종 흐느끼는 눈물과 감격으로 이어졌다.

개강예배 순서

사회: 김장호 장로

개회 선언 및 기도 ………………………………………… 김윤찬 목사
기　　　도 ………………………………………………… 신복윤 목사
설　　　교 ………………………………………………… 박형룡 목사
광　　　고 ………………………………………………… 손두환 목사
축　　　도 ………………………………………………… 김윤찬 목사

이사회에서는 1960년 3월 일본중앙신학교를 졸업한 후 미국 프린스톤신학교에서 수학하고 귀국한 증경총회장 노진현 목사를 2대 교장으로 결의하여 취임케 하였다. 한국장로교의 분열의 역사로 인해 아픔이 있었지만 서로 자신들의 입장을 정당화하기 위하여 열심히 지도력을 발휘하여 교회 부흥을 위해 노력했다. 그 결과 분열의 역사 속에서 동력을 받아 한국 교회는 세계 교회가 깜짝 놀라는 성장을 가져왔다.

합동측 총회에 속한 교회는 12,000여 교회로 성장했고 통합측 총회도 8,500여 교회로 성장한 것을 보아도 알 수 있다. 이러한 거대한 역사의 흐름 앞에서 각 교단의 사명이 따로 있음을 알려주고 있다. 특히 칼빈대학교의 동문들이 1만 명을 넘어 섰으며 서울장신대학교도 9,500여 동문을 배출하였다. 이것만 보아도 대립으로 분

열되어 양단으로 나누어지긴 했지만 두 대학이 피차 그들 나름대로의 역할을 각각 따로 훌륭하게 함께 수행해 나가고 있다는 것을 알 수 있다.

이후 칼빈신학교는 1970년에 대한예수교장로회 직영 신학교로 인준을 받게 되었고, 1996년 문교부 인정 4년제 대학으로 승격되었다. 칼빈대학교는 "성경적 세계관을 바탕으로 영성과 지성을 함양하고 사랑을 실천하며 섬기는 리더를 양육하는 개혁신학의 요람"이라는 교육이념을 바탕으로, 하나님의 나라와 교회를 위한 일꾼을 양성하고 있다.

이처럼 칼빈대학교는 대한예수교장로회 총회의 개혁주의 교리에 따라 앞으로 교회의 미래를 책임질 목회자 양성과 더불어 영성, 지성, 인성을 지닌 교회와 국가를 위한 일꾼을 양성하는 것을 목적으로 삼아 그 사명을 충실히 감당해 오고 있다. 이렇게 한국 교회의 역사를 묵묵히 짊어지고 걸어온 칼빈대학교는 앞으로도 그 사명을 신실하게 감당해 나갈 것이다.

이렇게 칼빈신학교는 대한예수교장로회 직영 신학교로 시작하였다. 그 배경은 선교사 마포삼열(Samuel Austin Moffett, 馬布三悅, 1864-1939) 선교사가 세운 평양신학교에 역사적 시원을 둘 수 있다. 칼빈신학교는 바로 그 마포삼열(Samuel Austin Moffett, 馬布三悅, 1864-1939) 선교사의 정신을 이어 받아 세워졌다. 현재 칼빈대학교에 속한 거의 모든 부동산은 김윤찬 목사의 모금으로 이룩된 것이다. 하나님 나라의 인재를 길러내는 일에 헌신한 김 목사님의 업적은 매우 크다고 할 수 있다.

평양노회의 설립과 재건

제44회 총회의 분열은 하루아침에 한국 장로교를 두 파로 갈라놓아 각 노회들과 교회들이 NAE측과 WCC 에큐메니컬 측으로 나누어져 치열한 싸움터가 되고 말았다. 평양노회도 예외는 아니었다. 평양노회는 선교부와 깊은 관련이 있었기 때문에 에큐메니컬 지지자들이 훨씬 많았다. 그들은 김윤찬 목사의 ICCC와의 제휴문제(1. 긍정적인 면: 반공운동 주로 정부, 2. 부정적인 면: ICCC의 분열(교파), 하지만 근본주의 기반 구축)를 크게 부각시켜서 공격의 빌미로 삼았다. 1960년 총회 분열 이후 처음 맞는 평양노회의 봄 정기회는 목사 7명, 장로 7명이 모임으로써 분열의 비극을 보여주기에 충분하였다.

통합측 교계 통계표에 의하면, 당시 평양노회는 통합측 28개 교회, 26명의 목사, 1,000명의 세례교인이었고, 합동측은 8개 교회, 9명의 목사, 500명의 세례교인으로 나누어졌다. 그러나 평양노회는 이에 굴하지 않고 목사안수와 강도사 인허식을 거행하고 총회 총대로 김윤찬 목사 외 다수를 선출하였다. 그해 11월 22일 제67회 평양노회 정기회에서 지난 총회의 결의대로 성경에 대한 서약식을 거행하였는데 김윤찬 목사의 대표기도로 시작하여 서약식을 진행하였다.

1967년 봄 무지역노회로 80회기를 맞는 평양노회는 미국 정통장로교 소속의 한부선(Hunt, Bruce. F) 선교사를 초빙하여 기념예배를 드렸다. 같은 해 가을 노회에서는 김윤찬 목사가 총회장으로 시행했던 십일조 헌금 통일안을 받아들여 노회에 '재정관리위원회'를 상설하여, 각 교회로부터 경상비의 십일조 노회 상납을 지도 감독하고 노회의 총회 상납금을 취급하게 하여 노회와 총회를 운영할 자금을 조달하는 업무를 감당하게 하였다.

또한 교역자 은급제를 실시하기로 하는 등 타 노회에서 시도하지 못하였던 파격적인 방법을 시행하였다. 그러나 이 방법은 이미 김윤찬 목사가 제49회 총회 총회장으로서 교역자 사례금 기준으로 교역자가 5%, 교회가 5%를 시행한다는 내용의 교역자 은급제(시행하고 있음, 세례교인 총회 헌금, 교단의 큰 맥락)를 조속히 실시할 것을 결의하고 계몽키로 한 것을 따른 것이다.

이러한 노력 끝에 평양노회는 분열 이후 10년 동안 교회 설립 24, 교회 가입 78, 도합 102개의 교회들이 노회의 가족이 됨으로써 대노회로 급부상하게 되었다. 지역교회들이 무지역노회인 평양노회에 가입하는 일이 많아지자 이것이 지역 노회들이 무지역노회 폐지를 주장하는 빌미가 되었다. 당시 지역노회들은 6.25 비상사태가 종료되었기 때문에 이북노회들은 지역노회로 가입해야 하고, 헌법상 무지역노회 조항이 없으므로 이를 폐지해야 한다고 했다.

그래서 지역노회들은 무지역노회 가입을 불법이라고 했다. 그 도화선은 경북노회 이성택 목사와 이병철 목사의 평양노회 가입사건이다. 이 때 무지역노회 문제를 통일될 때까지 더 이상 논의하지 않도록 쐐기를 박고 교단을 이끌었던 분이 바로 김윤찬 목사였다.

1975년 제60회 총회 때에 김인승 목사가 발언한 평양노회의 허위 총대 보고가 사실로 드러나면서 평양노회 뿐 아니라 허위 총대를 보고한 많은 노회들이 큰 시험에 빠졌다. 이것이 빌미가 되어 역사상 가장 큰 참상을 겪은 제60회 총회는 그 와중에도 선교 100주년 기념

사업인 1만 교회 운동의 조직과 사업을 결의하였다(2006년 이후 2만 교회 운동으로 개혁측 교단이 가입을 하였다).

그러나 이미 평양노회는 김윤찬 목사의 지도 아래 교회 가입의 문호를 넓히고 포용하는 입장을 가지고 있었기 때문에 1만 교회 운동의 취지를 잘 이어갔다. 이렇게 1976년 김윤찬 목사가 목회 일선에서 은퇴하고 칼빈신학교 명예 교장으로 추대될 때까지 그는 이남에 평양노회를 설립했을 뿐 아니라 많은 어려움에도 불구하고 노회를 재건하고 성장시켰다.

보수교회의 상징, 평양교회의 목회자

김윤찬 목사는 총회의 지도자였을 뿐 아니라 한 교회의 목회자였다. 그의 삶은 단지 개인의 역사가 아니라, 그가 평생 시무했던 평안교회의 역사이다. 그는 6.25 동란 중 서울 수복 후 서울에 평양교회를 세우기로 하고 시내 중구 충무로 3가에 교회를 설립한 후 교회 확장에 힘을 썼다. 그 후, 1956년 8월 17일 서대문구 서소문동 서문교회와 합동하고, 목조 2층 연건평 128평, 대지 221평에 이름을 평안교회라 부르기로 하였다. 1957년 5월 28일 위임식을 거행하고, 1959년 11월 20일 교회당 40평을 적벽돌 2층으로 증축하였다.

1964년 3월에 중구 순화동 6-9번지에 대지 442평을 매입하여 1965년 8월 2일에 교회당 신축 기공예배를 드렸다(대지 442평, 연건평 589평). 그 후 1967년 9월 20일 신축성전 봉헌 예배를 드렸다. 당시 평양노회의 성전 신축이 교계에 끼친 영향에 대하여 좀더 상세하게 설명하면 다음과 같다. 평안교회의 신축 성전은 보수교회의 상징이 되었으며 김윤찬 목사는 '십일조 헌금, 새 성전 완수, 배가 운동'이라는 이른바 3대 목표를 내걸고 최선을 다하여 마침내 1천여 교우들과 함께 감격적인 입당예배를 드렸다.

성전 건축이 가능했던 것은 모든 교우들이 1천만 원에 가까운 헌금을 하였다. 특히 그 중에 김기용 장로는 250만 원을 헌금하였으며, 교회의 비품은 대부분 교우들이 마련했다. 특히 김윤찬 목사의 훌륭한 목회를 엿볼 수 있는 대목은 3천만 원이나 되는 대공사를 하면서도 단 한 번도 교회에 말썽이 없이 은혜롭고 순조롭게 진행을 한 것이다. 교인들은 당회와 김윤찬 목사에 절대 순종하였다. 그 당시에 사이비 신앙 운동에 많은 한국 교회 성도들이 동요하였지만 평안교회 교인들은 꿈쩍도 하지 않았다. 오히려 박태선 전도관 교인들이 평안교회로 돌아오는 예가 적지 않았다.

평안교회 건축현장에서 낙상하신 후 성령의 불을 경험

1966년 겨울 평안교회 건축 도중에 김윤찬 목사는 거의 4, 5층 높이의 공사현장에서 감독하시다 낙상하셨다. 콘크리트 바닥에 떨어지면서 등뼈 3개가 뭉그러졌고 갈비뼈가 6개나 부러진 상태여서 당시 순화병원에서는 소생이 불가능한데 마음의 준비를 하라고 하였다. 혹시 기적적으로 사셔도 휠체어를 타는 불구자가 될 것이라고 진단했다.

당시에 필자는 대방동에 있던 공군사관학교 헌병대에 근무하고 있었는데 상관으로부터 아버님이 위독하시다는 전갈을 받았다. 특별외출증까지 끊어주어 서대문에 있던 고려병원으로 달려갔는데 그렇게 건강하시고 거구이셨던 아버님께서 입, 코, 옆구리 등에 호스를 끼시고 양손에 주사바늘을 꽂고 병상에 누워 계셨기에 도저히 살 가망이 없어 보였다.

그 때 얼마나 통곡하며 울었는지 모른다. 한참을 울다 보니 아버님 살아생전에 장가라도 가야 좋은 아내를 얻는데 하는 생각이 밀려오니 더욱더 서러웠다. 울고 또 울고 울다보니 나 자신이 부끄러워 또 회개하며 울고 아버님을 한번만 더 소생시켜 달라고 울부짖으며 기도하였다.

그런데 기적적인 하나님의 도우심이 일어났다. 아버님께서 10여일 만에 혼수상태에서 깨어나셨다. 그런데 아버님께서 당장 교회에 가신다는 것이었다. 가족들이 말리고 간호사와 의사들이 말려도 아버님의 고집스런 신앙을 꺾을 사람이 아무도 없었다. 그래서 쇠로 등뼈를 만들고 등뼈 양옆으로 쇠로 갈빗대를 만들어 그 쇠를 가죽으로 입힌 별난 쇠가죽 갈빗대를 코르셋처럼 입혔다. 2, 3일 연습한 후에 3주째 되는 주일날 평안교회당 설교단까지 부축해 세워주면 두 손으로 강대상을 잡고 의지하며 설교를 하시겠다는 것이다. 저와 형님과 누님이 함께 부축하여 강대상에 세워 드렸는데 눈물로 하나님의 은혜에 감사하다는 설교를 하셨다.

그 설교의 내용이 "① 높은 곳에서 나를 떨어뜨려 주신 하나님께 감사합니다. ② 다른 장로님이나 교인 또는 인부가 떨어지지 않고 내가 떨어졌으니 더욱 감사합니다. ③ 그 높은 곳에서 콘크리트 바닥에 떨어졌는데 머리부터 떨어졌으면 즉사했을 것인데 생명은 건져주셨으니 감사합니다. ④ 분명히 하나님께서 정신 들게 하셨으니 때가 되면 전보다 더 강건케 해 주실 것이니 감사합니다. ⑤ 이 일로 인하여 협력하여 선을 이루시는 하나님의 역사를 통해 교회 건축도 더 신속하게 완공될 것이니 감사합니다. ⑥ 이 일로 인하여 교회가 더욱더 영적으로 양적으로 부흥될 것이니 감사합니다. ⑦ 어디를 가든지 산 간증거리를 주셔서 하나님께 영광을 돌리게 될 것이니 감사합니다"라고 설교하셨다.

이 때 목사님 대기실에서는 문을 열어 놓고 온 가족들이 부들부들 떨며 기도했다. 그런데 아버님 김윤찬 목사님은 설교를 더욱 열정적으로 하셨다. 이마에서 땀방울이 흘러내리는 가운데서도 30분 이상 설교를 하셨다. 설교를 마치게 되자 가족들이 다시 부축하여 내려오셨는데 아버님이 다시 간증을 하셨다. 설교를 하는 동안 하나님께서 성령의 불로 등을 지져 주시는데 얼마나 뜨겁던지 뜨거워 땀을 줄줄 흘리고 너무 뜨거워 타 죽는 것은 아닌가 하는 착각도 들 정도였다고 한다.

그러면서 아무래도 이상하다 다 나은 것 같다 하시며 부축도 안 받으시고 걷기 시작하셨다. 월요일 담당의사가 오셔서 X-Ray 촬영과 검사를 하시고는 "의사도 믿을 수 없는 일" 이라고 하면서 "어떻게 뭉그러졌던 등뼈들이 다시 온전해질 수 있느냐?"며 의학적으로는 도저히 설명할 수 없는 거짓말 같은 기적이 일어났다고 했다.

그 후 통원치료를 계속하면서 갈비뼈가 부러지고 금간 것들이 붙을 때까지 병원을 다니셨다. 하지만 그 후로도 89세에 천국에 가실 때까지 약 30년을 건강하게 살 수 있도록 하나님께서 육체를 강하게 붙들어 주셨다.

그 후 평안교회는 꾸준한 성장과 부흥을 하였으며, 마침내 1976년 4월 15일 김윤찬 목사님은 사임하고 1981년 6월 10일 원로목사로 추대되었다. 원로목사가 되시자 자녀들이 거주하는 미국으로 이주하게 된다.

미국 이주 후 활동 상황

미국에 이주하신 후에도 막내아들 김재연 목사가 사는 LA에 거주하시며 왕성하게 주의 일을 하시도록 하나님께서 붙들어 사용해 주셨다.

1976년 4월 미주 총신 설립 후 교장으로 취임하여 1980년 4월까지 재직하시며 후학 양성에 심혈을 쏟으셨다.

1976년 7월 LA영생교회를 설립 시무하셨으며 LA 시티 컬리지 건너편 몬로(Monroe) 스트릿에 있는 미국 교회를 빌려 열정적으로 목회하시던 중 시애틀에 계시던 맏아들 김혜성 목사님을 2대 목사로 추대하고 그후 1829 South Western의 가구공장을 구입하여 성전으로 리모델링하셨고 1980년 1월 원로목사로 추대되셨다.

미국 이주 후에 활발하게 취미생활도 힘쓰시는 중에 안영호 목사, 김순풍 목사, 조천일 목사, 김의환 목사, 정대식 목사, 김진수 목사, 채기은 목사, 정석홍 목사, 최동진 목사, 임동선 목사, 윤철주 목사, 황성수 목사, 홍동겸 목사 등 여러 목사님들과 낚시질, 산행, 여행 등을 열정적으로 하시면서 친분을 두텁게 하셨다.

1983년엔 부부 동반하여 삼남 김재연 목사의 안내로 몇몇 권사님들과 함께 이스라엘 성지순례와 유럽일주 여행을 15일 동안 하셨다.

1984년 6월 말경엔 할렐루야 제자선교회(H.D.M.) 대학생 찬양단 6명과 산호세, 샌프란시스코, 타코마, 시애틀, 캐나다 밴쿠버와 알버타

주 에드몬튼까지 찬양선교하시며 말씀사역에 동참하셨다. 돌아올 때는 글레지어 내쇼날 팍과 옐로스톤 브라이스 캐년, 자이언 내쇼날 팍 등으로 장장 6,500마일(10,400km)을 찬양선교 사역을 하였다.

매월 9월 총회 때면 꼭 한국에 가셔서 총회에 참석하여 증경총회장으로서 지도하셨다. 70세가 넘으셔서 운전을 배우셨고 친히 운전하시며 심방 및 친구들과 교제하셨다. 미 전역을 여러 차례 방문 관광하시며 노후를 바쁘게 사셨다.

은퇴 후에도 미국 전역과 남미, 한국에 부흥집회를 인도하셨고 특히 임동선 목사님이 동양선교교회를 개척하시고 크렌셔에 목회하실 때도 부흥회를 인도하셨고 김의환 목사, 김순풍 목사, 홍동겸 목사, 조천일 목사 등 많은 목사님들의 교회에서 초청강사로 섬기셨다.

1983년 1월 3일 하나님의 부르심을 받을 때까지 하루에 3번씩 예배 드리시며 열정적으로 기도 생활하셨다. 1993년 1월 8일(입관예배)과 1월 9일 발인예배 때는 총회장 이삼성 목사님을 비롯하여 김희보 목사, 우성기 장로(부총회장), 총무 최병환 목사, 조천일 목사, 이주영 목사(칼빈대 총장), 김순풍 목사, 박영창 목사, 채기은 목사, 이익건 목사, 임동선 목사 등이 참석하여 순서를 진행했다.

밸리한인장로교회(김재연 목사)의 성가대가 오케스트라와 협연하였고 LA 교계 역사상 처음으로 글렌데일 메모리얼팍 박물관에서 1,500여 명의 조객이 참석하고 70여 개의 조화로 가득한 Crucifixion Resurrection Hall에서 할렐루야 배경음악과 성화를 교체 상영하며 아름답고 영광스러운 천국환송 예배를 드렸다.

김윤찬 목사 연보

1905년 8월 23일	평남 대동군 청룡면 산사리 77번지에서 김낙환 집사와 정 씨 사이에서 차남으로 출생
1924년	한부흥 씨와 결혼
1934년	한부흥 씨가 하나님의 부르심을 받음
1936년	평양 고등성경학교 졸업
1936년 10월 18일	이은팔 장로와 서은혜 씨의 장녀 이봉각 씨와 결혼
1936년 10월	평양노회 전도사 인허받음
1936년~37년	평남 중화군 풍동면 풍동교회 전도사
1937년~38년	평남 중화군 능성교회 전도사
1939년 3월	평양 신학교 졸업
1938년~40년	평남 강동군 청룡면 청룡교회 전도사로 시무 중 1939년 10월에 청룡교회당에서 평양노회 목사로 안수받음
1938년~45년	평남 강동군 승읍 중부교회 시무
1945년 4월	대한독립운동 사건으로 일본고등계의 체포령으로 피신 생활 중 8·15 해방을 맞음
1945년 8월 15일	8·15 해방 후로 조선건국준비위원회에서 일하다 1946년 3월 북한 적위대에 체포되어 소련 감옥으로 이송되고 온 가족은 제1차 숙청당함
1946년 8월	3개월간 소련 감옥에서 고생하다 석방되어 평양 연화동교회 부임
1947년 2월	체포되어 평양 남대문 경찰소 감옥에서 3개월 옥고
1947년 9월	신의주 제2교회에서 부흥회를 인도하고 돌아오는 도중 체포되어 신의주 감옥에서 6개월 옥고, 그후 평양으로 이송되어 2개월 후 석방
1948년 7월	평양노회에서 공산당을 돕는 북한의 기독교도 연맹에 가입을 거절한다는 이유로 목사 면직을 당하고 감옥생활 혹은 농촌생활을 하다가 1950년 한국동란이 일어난 후 최후로 체포되었으나 하나님의 도움으로 탈출하여 10월에 유엔군 평양 입성으로 자유를 얻음 공산 치하 5년간에 2년간 옥고를 치름
1950년 10월	평양 장대현교회 부임, 먼스키 군정장관의 고문

1951년 5월~1953년 6월	부산 평양교회 목사 시무
1953년 6월~1976년 4월	서울 평안교회 목사 시무
1954년 9월~1957년 10월	대한예수교장로회 종교 교육국장
1951년 5월~1969년	재단법인 평화모자원 이사장
1954년 10월~1964년 10월	재단법인 바울학회 이사장
1952년 9월~1981년	총회신학교 재단이사
1952년 3월~1964년	숭실대 중 · 고등학교 이사
1957년 12월~1964년	장로회 야간신학교 이사장
1958년 8월	일본 동경에서 세계 기독교 교육대회 참가
1961년 4월	미국 빌라델비아 주 훼이스 신학교에서 신학박사(D.D.) 학위 취득
1961년 5월	기독신보 사장 피선
1962년 6월	국제 기독교대회 강사로 초청받음(화란)
1962년 3월~88년	서울 칼빈신학교 교장 시무
1964년 9월	대한예수교장로회 총회장 피선
1966년 4월	대한예수교장로회 평양노회 공로목사 추대
1967년 9월	대한예수교장로회 총회장 재선
1968년 11월 ~1976년 9월	총회신학교 이사장
1967년 12월~1970년 12월	대한기독교 연합회장
1968년 7월~1971년 12월	아세아복음연맹 연합회장
1970년	대한기독교 국민정화회장 피선
1972년 3월~1978년 4월	세계기독교 반공연합회 부회장
1975년 4월~1977년 4월	서대문구 서소문동 새마을금고 이사장
1976년 4월~1980년 4월	미국 나성장로회 신학교 교장
1976년 7월	미국 나성영생교회 설립 시무
1980년 1월	나성영생교회 원로목사
1981년 6월	서울 평안교회 원로목사
1987년 11월	밸리한인장로교회 원로목사
1993년 1월 2일	오후 5시 하나님의 부르심을 받음

김윤찬 목사의 가계도

※ J.D는 법률학 박사 / M.D는 의학 박사

첫째 딸
김성숙(재옥) 사모, 최의원 목사(박사/총신교수 · 칼빈교수 · 백석교수)

외손자	최진호 목사, 김유니스 사모
증외손자	명석, 윤인아, 애드라인
증외손녀	지혜(딸: 지현)
외손자	최진범 목사, 이병진 사모
증외손녀	지원, 지선
외손녀	최진경 집사, 유태선 집사
증외손자	명철, 아일린
증외손자	명원, 명한
외손녀	최진이 집사, 원용준 집사(박사)
증외손자	성준
증외손녀	성미, 에드윈 웡
	성진, 벤최
외손녀	최진애 장로, Keith Loftis 집사
증외손녀	예은

첫째 아들

김혜성(재성) 목사(Ph.D), 남정숙 사모(Ph.D)

손녀	김 Debbie 집사(J.D)
증손자	아담, 멧듀 권
증손녀	사라 권
손녀	김 Christine 집사(J.D), John Campos 집사
증손자	존, 멕시밀리안
증손녀	이사벨라
손녀	김 Claire 집사, Brad Chisholm 장로
증손자	Cole
손자	김 Ted 장로(J.D), Kimberley Lim 집사
증손녀	Madison, Kaitlyn, Jordan
손녀	김 엘리자벳 집사(J.D), 마이클 송 집사
증손자	Nicholas, Nathaniel
증손녀	Julia
손자	김 다니엘 집사(J.D), 제니퍼 전 집사
증손자	Barrett
증손녀	Josie
손자	김 피터(J.D), 하나 김
증외손자	Eliot, Caleb

둘째 아들
김재형 장로, 이명희 권사

손녀	김미경(크리스틴) 집사, 윤기덕 집사
증손녀	선혜, 지혜, 다혜
증손자	지훈
증손녀	은혜, 정진용
손녀	김현경(엘리자벳) 집사, 강익수 장로
증손자	지호, 신유니스
증손자	지석, 지우
증손녀	지연, 지은
손녀	김지선(수잔), 민석기(치과의사)
증손녀	레이첼, 케이렌
손자	김정현(아브라함), 심소라
손녀	김혜선(그레이스), 맞즈 하인스테드
증손자	미일수, 조나스
증손녀	아니따

둘째 딸
김선옥 박사, 정윤두 박사

외손자	데이비드 정 장로, 수잔 정 집사
증외손자	케이든
증외손녀	케라
외손녀	소피아 정 전도사, 팀 최 전도사
증외손자	나다나엘
증외손녀	알리, 조이
외손자	사이몬 정

셋째 아들
김재연 목사(박사), 성혜숙 사모(박사)

손녀	김 에스더 사모, 강 윌리엄 목사
증외손자	Caleb
증외손녀	Daniela
손자	김현(Samuel) 목사, 구혜영 사모
증손녀	Abigail
증손녀	Joley
손녀	김 미리암 집사(J.D), 김 헨리 장로(M.D)
증외손자	John
증외손자	James
손자	김 빌리 장로(C.P.A), 이 제니스 집사
증손자	Noah
증손녀	Iris

셋째 딸

김혜옥 권사, 정도영 장로(박사)

외손녀	사라 정
외손자	조셉 정, 그레이스 김

총 자녀손 126명 (2016년 12월 3일 현재)

목사 9명 박사 18명 의사 2명 변호사 7명 C.P.A 1명